実践 自治体行政学

自治基本条例・総合計画・行政改革・行政評価

金井利之
東京大学大学院
法学政治学研究科教授

第一法規

まえがき

戦後日本の地方自治は、集権的制度とはいわれながらも、各自治体ではそれなりの自治実践を蓄積してきた。その蓄積の結果が、制度面で反映したのが、一九九五年から開始された分権改革である。それは、二〇〇〇年の分権一括法の施行により頂点を迎えた。しかしそれはベースキャンプに過ぎないのであり、第二次・第三次の分権改革が求められた。と同時に、制度的な分権改革の「逆コース」への滑落もまた著しく、二〇〇〇年以降の制度改革に対する評価は、多岐に分かれている。

蓄積の結果が運用面で反映されてきたのは、各自治体で様々に取り組まれてきた自治実践であり、福祉、環境、まちづくり、教育、経済などの分野での個別政策・行政の自主的な展開である。それと同時に、自治体行政の進め方に関しても、自主的な実践が取り組まれてきた。本書で採り上げたのは、まさに、自治体の自治運営の方式に関する自治実践の蓄積である。それが、自治基本条例、総合計画、行政改革、行政評価である。しかし、これらの営みといえども、集権的な国による統制とのせめぎ合いのなかにある。また、個々の自治体による自治実践は、それが必ずしも、住民による民主的統制の深化を意味するものではない。むしろ、自治体当局と住民とのせめぎ合いのなかで、展開されているのである。

さらに、二〇〇〇年以降の国策による「平成の大合併」は、戦後日本の各自治体の自治実践の蓄積を大きく揺るがすものであった。自治体とは、単なる行政サービスの提供機械ではなく、政治的意思決定の場であり、場の存在なくして意思決定はあり得ない。場の変更は、意思決定の仕方やパターンの変更であり、具体的に反映される利益の変更にも繋がるものであり、それまでの自治運営の価値の蓄積を一掃しかねないものでもある。しかし、個々の自治体は、同時にこうした暴風雨のなかで、少しでも自らの蓄積を維持・発展させようと努力もしてきた。こうしたことも、自治基本条例、総合計画、行政改革、行政評価のなかに見られるものである。

これらの関心から、筆者は『自治フォーラム』誌に、二六回にわたって、実践的な観点から、自治体行政学についての連載を行う機会を得た。この連載では、本書と同様、住民による自治体行政職員・行政組織への民主的統制という観点を軸に、専門家である自治体行政学者が実践的に貢献できそうな領域を選択して、論述を展開した。当初は、もっと多くのテーマを採り上げる企図はあったが、結果的には、右記の四テーマに限定せざるを得なかった。この点は、筆者の能力の限界ゆえやむを得なかったのであるが、自治基本条例、総合計画、行政改革、行政評価とも、いずれも重要なテーマであると思われる。さらに、幸いにして、『自治フォーラム』の連載を、本書のような単行本にして世に問うことができた。骨格は連載時の原稿と変わりはないが、情報内容を刊行時点に併せて更新したり、連載脱稿後の考察を加味したりして、原稿の修正を行っている。

二〇〇〇年の第一次分権改革、さらには、鳩山・民主党（一応は民・国・社連立）政権の地域主権改革など、今日でも制度改革はアジェンダに乗り続けてはいる。しかし、小泉・自民党（一応は自公連立）政権の平成の大合併と構造改革・三位一体改革以降、加えて世界的金融危機後、さらには政権交代後の国の迷走的な政策転換に伴う自治体への様々な余波により、自治体の自治運営の現場は厳しさが続いている。しかも、少子高齢化と右肩下がり経済という構造要因は、二一世紀前半の地方自治の環境与件として埋め込まれているようであり、高度成長的な「明るい」戦後地方自治の再現は予見し得ない。そのなかで、新たな自治運営を開発できるか、個々の自治体はその真価を問われているのである。

最後になるが、本書の刊行に際しては、第一法規株式会社・出版編集局編集第二部の木村文男さんおよび西島理津子さん・山崎嘉絵さん・栗本芙美さんに大変にお世話になった。途中でデータが壊れたり、筆者が他の業務の多忙を口実に改稿や校正を遅延させていたなど、いろいろな困難があったが、適切に進行管理を再構築していただき、刊行に至ることができた。ご面倒をお掛けしたことにお詫びしつつ、厚くお礼を申し述べたい。また、松井望・首都大学東京准教授には、今回も校正や参考文献などで大変にお世話になった。この点も深謝をしているところである。

なお、本書の校正中に、鳩山・民主党政権は退陣してしまった（二〇一〇年六月八日）。

二〇一〇年四月三〇日

著　者

目　次

第四章　行政評価

カバーデザイン／篠　隆二
カバー写真／柿沢真希

序章 ◇ 自治体行政学とは何か

1　自治体行政学の領域

(1)　自治体行政学とは何か　～暫定的な定義～

自治体行政学とは、何であろうか。これに答えることは、実は極めて難しい(1)。そもそも、自治体行政が何であるのか、あらかじめ簡単に分かるのであれば、自治体行政学は要らない。いわば、遙か彼方にある自治体行政とは何であるのかを、永遠に追い求めることが、自治体行政学の役割であろう。とはいえ、遙か彼方に霞んでいるにすぎなくとも、朧気ながら姿が見えなければ、追い求めることもできない。ということで、暫定的な定義が必要である。筆者は以下のように考えている。

自治体行政学とは、自治体の行政活動に関して、広い意味では政治学的な観点から、より狭い意味では、行政学的な観点から研究教育する学問である。もっとも、これでも何のことかさっぱり分からない、という声も聞こえそうである。ということで、ここで読むのを中止されては困るので、しばらくはお付き合いいただきたい。以下では、行政活動、自治体、政治学的な観点、行政学的な観点、という四つの要素に分けて、もう少し詳しく説明しよう。

(2)　自治体行政学の対象

①　行政活動

行政活動とは捉えにくいものではある。暫定的に姿を描けば、行政活動とは、必ずしも選挙によって選ばれたものでない行政職員（役人・官僚などの職業公務員）が、公権力を背景に行う活動で、裁判などの司法活動を除いたものである。誤解を恐れずに簡単にいえば、《民主主義体制のなかの非民主主義的な主体》（＝選挙によらない行政職員）による活動をテーマとしているのである。

もっとも、このように定義しても、行政活動とそうでない活動との境界は曖昧である。公権力を背景にしているという意味は、行政活動は常に法的権限を直接に見せびらかしたり、権力を振りかざしているわけではないことに由来する。しかし、背後には、法的権限が所在する。そもそも税金や自治体組織自体が、法的権限に依拠しているからである。行政指導を「お願い」と位置付けるにせよ、「お願い」する行政職員の給与は税金で賄われ、組織はあくまで法令・例規で根拠付けられているのであり、つまりは、公権力を背景にしている。

ただ、このような「後光」あるいは「オーラ」としての公権力を持っている活動を広く捉えると、行政活動は、必ずしも職業公務員の活動だけではないことになる。実際、自治体の行政活動の現場では、これまで通常イメージされてきたお役人、一日八時間（あるいは七時間四五分）勤務する常勤で、試験で採用され、身分保障があり、事実上は終身職あるいは生涯職である人、だけではない。再任用や再雇用、非常勤職員、臨時職員、さらには、外郭団体職員、民間業者（委託・請負関係がない場合もある）、さらには、アルバイト、インターン、研修生、派遣、ボランティア、NPO、行政委嘱員など、色々な人間から形成されている。むしろ、こうした色々な人間のなかでは官製ワーキングプアが社会問題になりつつあるのが、格差・貧困時代の自治体の実像でもある。

いずれも、これらの人々は、選挙によって選ばれる公選職ではないので、《非民主主義的な主体》である。もともと、日本の行政活動は、自治会町内会・商工会・農業協同組合・防犯協会や社会福祉協議会・民生委員、学校法人・社会福祉法人などの公益法人など、いわゆるお役人以外によって担われてきた傾向が強い。さらに、近年の民間化・市場化で、民間事業者やＮＰＯがさらに関わる方向で、行政活動の非職業公務員性が再編されつつ再強化されており、行政活動の外延は拡散している。

しかしながら、このような外延の無限拡大の可能性は否定しないが、本書では、職業公務員の活動を中心としたい。職業公務員が行政活動の核だからである。そこで、本書のテーマも、自治基本条例・総合計画・行政改革・行政評価というように、まずもって、自治体行政組織に対する統制と管理を中心とするテーマに限定する。もちろん、行政職員だけに焦点を当てるのでは、行政活動の全体を捉えるうえでは不足することは了解している。非職業公務員による行政活動（あるいは公共活動）については、他日、別の書物を書くときまで、とっておくことにしよう。

②　自治体

自治体とは、抽象的にいえば、全国政府（国）[2]ではないが、何らかの民主的な意思決定をすることができる政治・政府単位のことである。しかし、そのようなややこしいことをいわずに、現代日本の現状に即していえば、都道府県と市区町村のことである。

自治体のメルクマールは、（地域）民主主義的な意思決定の制度を持っていることである。間接民主主義を前提として、もっと簡単にいえば、住民の直接選挙で選ばれる議会・首長を持っていることである。[3]一般に、これは住民自治[4]と呼ばれてきた要素の一部になっている。官選首長では自治体とはいえない。[5]また、これらの自治体を基礎にしつつ作られる一部事務組合や広域連合も、住民から全く遊離しているものではないが、住民からの直接選挙にはよらないため、自治体とはいえない。

そして、このような住民自治が機能するには、それが意思決定の場として他に従属していないことが必要となる。これが団体自治であり、団体自治は住民自治を実効的にする。そして、住民自治があれば、選挙された議会・首長は、何よりも住民の意向に応えることとなり、国などの住民以外からの指示や命令には服従しにくくなる。住民自治は団体自治を強化する。このように見れば、住民自治と団体自治とは、相互補完的に強める作用がある。

（3）自治体行政学の観点

① 政治学的観点

自治体の行政活動を研究教育するとしても、多様な観点がある。例えば、経済・財政的観点からアプローチすれば、地方財政学になる。法律的観点からアプローチすれば、地方自治法学・自治体法学になる。政治学的観点とは、自治体の行政活動のうちで、政治的な側面や要素に注目する。

例えば、「誰が統治するのか」（ロバート・ダール）という問いを立てる。結局のところ、誰が自治体の意思決定を行っているのか、さらにいえば、真の権力者は誰か、というのは重要な関心である。これは専門的に言うと「地域権力構造」を研究することである。この点からすると、自治体において意思決定をしているのは、首長なのか、議会なのか、幹部行政職員なのか、第一線職員なのか、はたまた、国の官僚なのか、職員組合なのか、地元経済界なのか、住民運動なのか、などが問われる。特に、選挙によらない行政活動の担い手である行政職員が権力を持っているのかどうかは、重要なテーマとなる。《民主主義体制のなかの非民主主義的な主体》である以上、勝手に行動してもらっては困るという、「あるべき論」が背後にあるからである。

また、政治学的観点からは「諸価値の権威的配分」（デイヴィッド・イーストン）という問いを立てることもある。平たくいえば、誰が得して、誰が損をしたのか、いつ、どのように、ということである。そして、そのような損得配分が納得されるような実体・手続を備えたものなのか、あるいは、どのような過程でなされたのかが検討される。単なる「配分」ではなく、「権威的配分」という意味には、強制があることを前提にしつつ、納得性とか、正統性とか、承認とか、合意形成とか、妥協とか、公共性とかが、確保されたかどうかに関心が残っている。ここでも「あるべき論」が背景にはある。

②　行政学的観点

行政学的観点とは、広い意味で政治学的観点に立ちながら、さらに、特殊な観点に興味がある。すなわち、《民主主義体制のなかの非民主主義的な主体》への関心である。本来、国でも自治体でも民主主義が基本であるとすれば、選挙によらない職業公務員＝行政職員は、いない方がよい。しかし、現実に仕事をするには、何らかの実働部隊が必要になる。住民が手弁当で分担するよりは、専業の実働部隊を作った方が効果的効率的と考えられている。民主主義は、ただ話し合って合意を作ればいいというのではなく、そのような意思決定を実現するための方策が必要になる。決定のための準備を行う「立案」や、決定された意思を実現する「執行」などである。事を為すには、それなりの仕組みがいることが了解されている。こうして、《民主主義体制のなかの非民主主義的な主体》（＝選挙によらない職業公務員）が発生してくる。

行政学的観点は、《民主主義体制のなかの非民主主義的な主体》が、どのように組織され、活動しているのか、を研究教育する。さらにいえば、「あるべき論」を展開することもある。行政学的観点は、まず、実態がどのようになっているのかを観察・記述することが必要である。それによって、《民主主義体制のなかの非民主主義的な主体》が、どのようなメカニズムや傾向性に基づいて作動しているのかを分析する。いわば、行政組織と職業公務員

（行政職員）の生理と病理を明らかにする。そして、「あるべき論」としては、解明されたメカニズムを踏まえて、処方箋が考察されなければならない。そして、その処方箋を適用した結果、改善されたのかどうかも含めて検討し、フィードバックする必要がある。

（1）「自治体行政学」という名称を用いたのは、大森彌である。大森彌の四部作は、『自治体行政学入門』良書普及会、一九八七年、『自治行政と住民の「元気」』同、一九九〇年、『自治体職員論』同、一九九四年、『変化に挑戦する自治体――希望の自治体行政学』第一法規、二〇〇八年、である。本書も、基本的にはその延長線上にある。この他、森田朗「入門講座自治体行政学（一）〜（一五）」『自治実務セミナー』四二巻五号、二〇〇三年五月〜四四巻一〇号、二〇〇五年一〇月や、辻琢也他「自治体行政学研究（一）〜（三）」『地方財務』二〇〇一年一・二・四月号などがある。

（2）しばしば、国のことは「中央政府」と呼ばれる。審議会でも、例えば、「中央教育審議会」のように、「中央」を僭称している機関もある。しかし、本書では「全国政府」と呼ぶ。国は全国という空間を対象に、自治体はそれぞれの地域という空間を対象にしていることが違いである。あらかじめ、国が「中心／中央」と決まっているわけではないからである。国＝「中心／中央」という、自己中心的あるいは天動説的な表現を採用する必要はないからである。

（3）直接民主主義を前提にすれば、住民投票や住民総会で、自治体としての意思決定ができることである。現代日本の場合には、これは例外的である。

（4）近年の実務では、「住民自治」という表現で、「自分たちのことは自分たちでする」というような標語に敷衍され、住民が自主的に活動して公共サービスを担うことで、自治体に行政サービスを求めないこと、を意味していることがある。しかし、この表現は全く不見識かつ不当である。いわば、自治体行政が、住民による問責などの民主的統制を受けないことを「住民自治」と言っているのである。時代劇のお奉行様が「お上の手を煩わせて不届き至極」という口調と同じである。職業公務員は、《非民主主義的な主体》なのであり、職業公務員に住民が仕事をさせるのが、「住民自治」の基本である。「自分でする」とは、「自分が指揮命令する」と言うことであり、「自分が具体的に仕事をすること」とは限らない。

行政に仕事をさせることが「住民自治」とは、行政当局者にも活動する住民にも考えられてこなかったのは、行政が住民の民主的統制に従っていない、という意識と実態を反映しているのである。「行政依存」とか「行政に要求するだけの住民」という発想も、行政が住民の指揮監督に従っていないことを意味している。しかし、住民は本来は、行政に依存したり要求したりするのではなく、行政に指揮命令を行うのである。

（5）　戦前の府県は、官選知事であったので自治体ではない。しかし、府県会は公選議会だったので、自治体的な要素もある。その意味で、半自治体であった。戦後改革で「府県が完全自治体になった」という意味は、知事と議会が双方とも公選になったことを指す。

2　自治体行政学の体系

（1）　教科書的体系

行政学の体系は、制度学、管理学、政策学の三つの魂を持つ、などといわれるが、[6]自治体行政学でも同様である。自治体行政の大枠を決め、行政への統制の機能も果たす制度や機構がどのように構成されているのかを検討するのが、制度学である。管理学は、《民主主義体制のなかの非民主主義的な主体》である行政組織・職業公務員が、どのように組織として編成され、日常の作動を行っているのかを明らかにする。特に、人事・財政のような行政資源の管理が、重要なテーマとされてきた。そして、政策学では、実際に地域社会に働きかけをする政策活動を、自治体行政はどのように行っているのかを検討する。行政組織の内部的には、政策過程がどのように管理されるのかを問い、対外的には、地域社会との接点で何が生じたのかに注目する。

筆者も共著者として参加した教科書も、基本的にはそのような構成である。すなわち、制度、機構、政策、管理、住民の五部構成である。(7)

本書では、自治体が行政組織・職業公務員を必要とすることは認めつつ、それをどのように、住民代表である首長・議会や住民が民主的に使いこなすのか、という手法・方式に焦点を当てる。これらの手法には多様なものがあるが、本書では、近年特に注目を集めている自治基本条例・総合計画・行政改革・行政評価という四つのテーマに絞る。いずれも、制度・管理・政策の三つの魂を内包しているものである。

ただ、国を中心とする行政学の体系と、自治体行政学の体系が異なるとすれば、個々具体の住民との関係を特に重視して分析することが必要である。もちろん、国の行政においても人々（国民など）との関係がないわけではないが、住民との関係が最も先鋭かつ広範に生じるのは、自治体である。さらにいえば、市区町村といった基礎的自治体である。「住民に身近な」というよくあるフレーズは、単なるレトリックではない。自治体行政学は、住民との関わりを無視して体系を立てることはできない。

とするならば、得てして、住民から遊離して行われがちな内部管理事項に関して、どのように住民と関係を持っているのかが、自治体行政学では大きな関心事項となろう。本書では、自治基本条例・総合計画・行政改革・行政評価という事項に関して、住民とどのような関係が成立しているかを探ることが、一つの焦点となる。

（2）　実践自治体行政学における学問と実務の関係

①　実践的住民と実践自治体行政学

本書は、「実践自治体行政学」と銘打っているように、自治体職員という実務家や、自治体の行政活動に実践的な関わりを持とうとしている住民・学生・議員・専門家・研究者などを主たる読者と想定している。そこで、必ずしも、右記のような教科書的な構成にはこだわらない。

むしろ、住民として、従来の自治体のスタイルではあまり接点が生じなかった、しかし、近年の実生活で自治体との実践的関わりが生じがちなテーマに絞って、解説をしたい。逆に、自治体職員から見れば、内部管理事項は従来、住民とは無縁で有り得たような領域であった。本書ではむしろ、近年では住民との接点が非常に増しているテーマを、中心的に採り上げている。

しかし、自治体の内部管理のうち最も内部的な予算編成や人事管理は、本書では採り上げない。これは、予算編成や人事管理が実践的に重要ではないといっているわけではない。重要なのは当然なのであるが、現時点の実践では、予算編成や人事管理が、直接に住民との接点を多く持つまでに至っていないという実態を反映しただけである。近い将来には、予算編成あるいは査定過程や、人事異動や給料の検討などに、住民の視線が直接に入るようになるかもしれない。また、いくつかの自治体では、予算編成過程の公開や、予算編成・執行への住民の直接参加なども行われつつある。しかし、なお、これらの動きは萌芽的であり、採り上げるには時期尚早である。

教科書的構成は、第一義的には、大学・大学院の学生や研究者を念頭に置き、次いで、一般市民を念頭に置いているため、それは幅広く網羅的に実態を解明する必要がある。必ずしも、自治体との実践的関わりを持つことを想定しているわけではない。しかし、本書では、実践的に関わりのありそうなテーマに、対象を絞ることにする。

②　自治体行政職員と実践自治体行政学

このように、実践に関わりを持つ住民を念頭に置く実践自治体行政学は、《民主主義体制のなかの非民主主義的な主体》を対象としており、民主主義体制のなかの民主主義的な主体である住民の側に足場がある。そのため、本書は自治体行政を実践している自治体行政職員のための指南書では、必ずしもない。

《民主主義体制のなかの非民主主義的な主体》である自治体職員は、それ自体が悩ましい立場である。生活者として見れば自治体職員も一般市民であり、ときには大学・大学院で学び、あるいは、自主的に研究を積んでいる。同時に、《民主主義体制のなかの非民主主義的な主体》として、分析・研究される立場でもある。しかも、日常的には、制度・管理・政策の担い手であり、まさに、自治体行政活動を実践している。そもそも、《非民主主義的な主体》である自治体職員の支援・補佐なしに、民主主義的主体である首長・議員・住民は、自己の意思を形成・実現することも困難である。さらに、民主主義的主体を支援・補佐する形態を採って、他の《民主主義体制のなかの非民主主義的な主体》を管理・統制することもある。自治体職員は、日々、色々な側面を折り合わせながら、活動をしなければならないのである。

自治体行政学は、学生・研究者と一般市民を念頭に置いているので、従来は、必ずしも、実務家向けの学問ではなかった。政治学を学ばなくとも政治家になれ、経済学を学ばなくとも経済人として成功し得るように、自治体行政学を学ばなくとも自治体行政職員にはなれる。法律家になるために法律学を学ばなければならず、医師になるために医学を学ばなければならないのとは、訳が違う。しかし、《民主主義体制のなかの非民主主義的な主体》としての自治体行政職員が自治体行政学を学ぶことは、自らの微妙な立場を再確認し続けるためには、重要な素養となる。いわば、公務員の生理・病理を踏まえた「公務員倫理」の学問である。

③　実践的研究者と実践自治体行政学

また、近年の大学および学問は、社会や実務との関係をより重視する方向にシフトしつつある。その一つの現れが、専門職業人養成のための公共政策系大学院の設置である。自治体行政学でも、教育・研究・実践の有機的一体性が模索されつつある。

もともと、自治体行政学の研究者は、自治体行政の実践に関わることは少なくはなかった。ただ、これまでは、そのような個人的実践を、研究教育の学問体系にフィードバックすることは、重要性を認識しつつも、謙抑的であった。[8] 今後は、このような実践的経験から得られた知見を研究教育に活かし、また、研究教育が《民主主義体制のなかの非民主主義的な主体》に関わる実践に活かされる途が、より強く求められるであろう。

（3）　本書の構成

本書は、体系的に自治体行政学を展開するより、実際の自治体行政における実務と研究教育が交錯するようなテーマに、絞って解説したい。それぞれについて、自治体行政学の伝統的な観点である、制度、機構、政策、管理、住民の諸観点を踏まえつつ、検討する。そして、その際には、《民主主義体制のなかの非民主主義的な主体》である自治体行政職員の複雑な諸側面に配慮していきたい。

具体的には、近年の重要な実践的課題となっている、自治基本条例、総合計画、行政改革、行政評価の四テーマである。もちろん、これだけが実践的課題になっているわけではなく、例えば、職員研修＝人材育成、外郭団体管理、住民投票、個人情報保護、自治体シンクタンク、議会改革、などというトピックスも重要である。これ以外にも、人事・給与制度改革、予算・財政制度改革、自治体法務・政策法務などの管理のテーマや、近年の自治体の地域経営の構想を示す参加・協働など、重要なテーマは沢山ある。こうした残されたテーマは、また、他日の機会を期したい。

（6）西尾勝『新版　行政学』有斐閣、二〇〇一年。
（7）礒崎初仁・金井利之・伊藤正次『ホーンブック　地方自治』北樹出版、二〇〇七年。
（8）例えば、西尾勝「未完の地方分権改革…我が原点を回想する」『自治体学研究』九七号（二〇〇九年）、二〜七頁、佐藤竺『日本の自治と行政（上）（下）』敬文堂、二〇〇七年、特に第三章・第四章、など。
（9）協働の他に「きょうどう」には、協同、共同、共働、協動など、色々な表記があり得る。ただし、教導、協道、教道、嚮導、狂働、強恫、恐動などという表記が用いられることは、ないようである。

【参考文献】

○礒崎初仁・金井利之・伊藤正次『ホーンブック　地方自治』北樹出版、二〇〇七年
○金井利之『自治制度』東京大学出版会、二〇〇七年
○大森彌『自治体行政学入門』良書普及会、一九八七年
○大森彌『変化に挑戦する自治体――希望の自治体行政学』第一法規、二〇〇八年
○西尾勝『新版　行政学』有斐閣、二〇〇一年
○西尾勝編著『自治体改革5　自治体デモクラシー改革』ぎょうせい、二〇〇五年
○松下圭一・西尾勝・新藤宗幸編著『岩波講座　自治体の構想　全五巻』岩波書店、二〇〇二年

第一章◇自治基本条例

1　はじめに

近年、相当数の自治体では、いわゆる自治基本条例を制定する動きが見られる。ここで、「いわゆる」と表現したのは、自治基本条例とはどのようなものを指すのかについては、法制上の定義はないからである。その意味では、各自治体が個別に、「これが自治基本条例だ」といったものが、自治基本条例になるともいえる。自治基本条例とは、常に、「自称・自治基本条例」というわけである。しかし、現実には、自治基本条例の「デファクト・スタンダード（事実上標準）」が発生する。いわば、「自称・自治基本条例」群から、最大公約数あるいは最小公倍数的に抽出したものを、狭い意味あるいは広い意味の自治基本条例と呼ぶことができる。このように、帰納法によって、自治基本条例とは何であるかを「析出」することができる。

とはいえ、「自称・自治基本条例」群をとにかく収集し、そこから抽出すれば自治基本条例なるものが見えてくるというのも不思議な現象である。そもそも、《本物》と「自称」するには、何らかの《本質》《実質》が必要ではないか、という気もする。そのような《本質》を欠いた「自称・自治基本条例」は、所詮「自称」に過ぎず、もっと悪く言えば、「詐称」であって、《実質的な自治基本条例》からは排除されるべきものかもしれない。やはり、自治基本条例たるものは何かについて、理念的・演繹的に「導出」される必要もある。自治基本条例のなかで、《本物》と《偽物》の真贋鑑別が必要である(1)。

しかしながら、誰がどのようにして、「これが自治基本条例の《本質》だ」と決められるのかは、大いに悩むところである。こうして、帰納法と演繹法を右往左往し、あるいは、理念と実態の間でぶれることで、自治基本条例とは何かについて途方に暮れることとなる。また、実際にも、「自称・自治基本条例」を「最高規範」であるとしたとしても、それは「自称」に留まる。自治基本条例を重視したいと考える関係者は、その「権威付け」と「認知」に苦慮する。多くの他者が認知したものが、《実質的意味での自治基本条例》なのかもしれない。

（1）近年の実践では、自治基本法条例とは、住民が自治体に頼らずに、自分たちのことを自分たちで担うことを決めたルールと理解されることもある。そのために、コミュニティや地域自治組織あるいは自治会町内会を規定し、さらには、住民が自分たちで担う責務を定めることになる。このような自治基本条例は、本書でいう《実質的な意味での自治基本条例》ではない。むしろ、地域住民の「最大動員」（村松岐夫『日本の行政』中公新書、一九九四年）を目指すルールである。

2　《実質的意味での自治基本条例》

（1）観点

さて、このように逡巡していると議論は全く先に進まないので、学者的に割り切ることにする。この「学者的」とはどういうことかというと、法制度や現実の実務・実践とは切り離して、学者・研究教育者が学問を論じるときに使う分析道具というような意味である。当然、当の学者・研究教育者の主観が反映されるし、そもそも、制度・実践などの権力も権威も裏付けもない。要は、「私はこう考えるが、皆さんも納得したら使って下さい」と〝教育的指導〟（おねがい）をするものである。認知を求めるには、内容で訴えかけるしかない[2]。

本書の考える《実質的意味での自治基本条例》に含まれる内容の要素は、以下のようなものであり、自治体行政学の制度的な側面を反映している。つまり、《民主主義体制のなかの非民主主義的な主体》を前提に、どのようにして、自治体に対する住民による民主的統制に有効な道具立てを構築できるか、という観点である。「住民自治」あるいは「住民主体」「住民本位」という観点である。(3) 住民と自治体は対等なのではなく、あくまで、住民が主人であり、住民が自治体より上位なのである。

(2) 住民の権利保障・実現

第一に、《実質的意味での自治基本条例》は、究極的には、住民の権利を保障・実現することを目指しているものである。「住民本位」とは、住民が全ての出発点である。自治基本条例の成文に明示的に規定される必要は必ずしもないが、何が究極目的であるかをはっきり認識していることは重要である。

住民の義務をマゾヒズム的に規定するのは、《実質的意味での自治基本条例》ではない。住民の権利を制限し、または、義務を課すのは、《並の条例》の任務である。《実質的意味での自治基本条例》には、仮にあったとしても、訓辞的な「責務」が最小限の程度で規定できるに留まる。あるいは、住民は他の住民の権利を尊重するという意味で、住民相互間での義務はあり得るだろう。しかし、住民が自治体に対して義務を負うのではない。

もちろん、権利とは、我が儘とか、やりたい放題とか、自分勝手とか、を意味するのではない。現実の住民には、権利と我が儘をはき違えて、多くの住民から顰蹙を買い、そのことが、心ある住民に「権利要求ばかりではなく義務を果たすべき」という心情を抱かせているのは事実である。また、人間的な美徳としても、義務を果たそうとすることは、確かに立派なことではある。しかし、権利は我が儘ではないのであり、それなりに納得性のある正当な内容でなければならない。従って、心ある住民は我が儘住民に対しては、「自分勝手な要求ばかり言わずに、皆が納得できるような正当な内容（＝権利）を主張すべき」という心情を持つべきなのである。[4]

自治体の実践の局面で、安易に義務を強調すると、結局、自治体当局者が住民の意向を無視して、仕事をさぼり、住民に負担を求めることに繋がってしまう。《非民主主義的な主体》に、手抜きや居直りの口実を与えてしまうのである。自治体当局者に任務懈怠・職務怠慢の口実を与えるのが自治基本条例であるならば、それは、《実質的意味での自治基本条例》とはいえない。

（3）権力者への拘束・統制

第二に、《実質的意味での自治基本条例》は、自治体の権力者が支配のために使う道具ではなく、自治体の権力者を拘束・統制するための道具であることである。権力者を住民本位で使いこなすことによって、住民の権利も実現する。これが地域民主主義と住民自治である。

権力者とは、第一義的には、選挙で選ばれた政治家である。つまり、公選職たる首長と議員である。《民主主義体制のなかの民主主義的な主体》であるはずの公選政治家が、民意から乖離すれば、《非民主主義的な主体》に転落してしまう。そうとはならないようにすることが大事なのである。政治家以外にも、権力者はいる。すでに述べたように、自治体行政学の観点からは、《民主主義体制のなかの非民主主義的な主体》である自治体職員が重要である。また、地域の公共サービスに関わる団体・事業者なども、自治体政治での政治的権力は持っていなくとも、住民に対して社会的・経済的などの権力を振るうことがあるから、重要である。そのため権力者とは、おおむね、

●　首長
●　議員

● 自治体職員
● 公共サービスに関わる団体・事業者

である。

その時々の権力者は、色々な考えを持って権力を行使するであろう。また、権力者は、権力を正しく使う義務がある。使わないこと自体が不当な場合もあるから、使うこと自体が悪いのではない。権力を悪く使うのが問題なのである。もちろん、悪意を持って振るうとは限らないのであるが、色々な間違いを犯す可能性もある。自治基本条例は、具体的な事件や事象が発生する前に、あらかじめ冷静なときに、権力者が従うべきルールを決めておく。こうして、その時々の権力者が間違えたり暴走したりすることを防ぐのである。

この点は、地域民主主義からいって、極めて難しい問題を含んでいる。その時々の政治的権力者は、通常は、住民の民意の多数派の支持を受けるべきものである。そこで第一には、権力者が常に住民多数派の意思から逸脱しないようにするルールや仕組みが重要である。しかし同時に、第二には、その時々の多数派でさえ間違えることを想定し、あらかじめ、その多数派でさえ従うべきルールを決めることも含む。

もっとも、多数派でさえ従わなくてはいけないルールは、誰がどうやって決めるのか?は難問である。大多数の賛成あるいは全員一致によるべきか。それとも多数決でも覆せないように、少数者の拒否権を相互に認めることか。実際に、自治基本条例を制定するときには、厄介な問題になる。大多数の賛成が得られるような内容は、角が削り取られてしまい、ほとんど何も決めていないような抽象的な無内容になりかねない。しかし、少数の「意識の高い」者が、方向性を提示して、多数派でさえも従うべきルールを作れるというのも、珍妙な話である。

（4）中長期的視座　～過去反省・蓄積確認と中長期的将来方向性～

第三に、《実質的意味での自治基本条例》は、自治体が進むべき望ましい展望と方向性を、中長期的な視野から示すものであり、価値中立ではないことである。

具体的には、

（ア）間違った過去を反省する（過去反省）

（イ）望ましい過去の蓄積を確認する（蓄積確認・継承）

（ウ）将来に対しては、進むべき方向と、目指す目標を掲げる（中長期的将来方向性）

ということである。

《実質的意味での自治基本条例》は、過去に対しても未来に対しても中長期的にも耐え得る内容を持つ。実際には、過去を反省することは、よほどの事態でもない限り難しい。自治体を含めて権力というものは、過去や歴史を賛美したがるものだからである。一時的に反省しても、すぐに忘却するものでもある。また、中長期的な将来を見据えるビジョンを出すには、相当な洞察力と構想力を必要とする。《実質的意味での自治基本条例》は、相当な倫理的・知的な覚悟を要する。

《実質的意味での自治基本条例》は、時々の多数派や政権の意図を超えたビジョンを含む。むしろ、権力者を統制するという観点からは、時々の多数派や政権を、中長期的な方向に誘導することを目指すのである。ある政権一代限りの自治基本条例は、《実質的意味での自治基本条例》ではない。政権一代限りの内容は、マニフェストで充分である。

しかも、《実質的意味での自治基本条例》の示す方向性は、必ずしも権力者にとって心地良いものではない。そもそも、権力者にとって心地良いようなものは、《実質的意味での自治基本条例》に規定するまでもないからである。むしろ、権力者にとって心地の悪いものができたときに、よい《実質的意味での自治基本条例》ができたといえる。首長や議員や自治体職員や団体が、「よい自治基本条例が出来た♪」などと小躍りしているならば、それは住民としては怪しんだ方がいい。むしろ、首長や議員や職員が、内心は不満な内容が多いのだが、それを口には出せないような苦渋の表情をしているときにこそ、《実質的意味での自治基本条例》ができたといえよう。《実質的意味での自治基本条例》は、あまり祝福されていないときにこそ、本来の効果を発揮する。《実質的意味での自治基本条例》は、権力者が背負うべき十字架なのである。誤解を恐れずにいえば、《実質的意味での自治基本条例》は、〝不磨の大典〟として後の政権を〝呪縛〟しなければならない。

(2) 金井利之「広がりを見せ始めた『自治基本条例』」『月刊自治研』二〇〇四年一月号。

(3) 近年では、「主権者としての住民」というように、主権概念を安易に用いることもある。しかし、本書では、国民主権を前提にして、軽々には主権概念を用いない。なお、さらに「地域主権」などという、もっと不思議な用法まで見られる。しかし、人間の姿が不明確な「地域」が主権を持つことは、理解が難しい。

(4) 本来、権利（right）とは、正しい（right）ことである。従って、得を意味する「利」ではなく、正しさを意味する「理」を当てて、「権理」と表記されたこともある。むしろ、「権理」という正しい主張を国民にされては困る明治政府としては、得ばかり要求する「権利」にしたかったのである。むしろ、義務の方に、正義・義理と親近する用字を当てて来た。そして、明治政府のそのような試みは成功し、今日まで、「権利」＝我が儘・要求という意識が根強い。明治国家の呪縛である。さらに言えば、権利（right）とは、右派（right）の立場に親近する。ところが、戦後日本では、しばしば、権利と右派は切り離され、右派は（他人の）権利の抑制を指向することが多く、むしろ、社会性や公共性を指向する左派が「人権派」などと称して、権利を主張してきた。ただし、これは観念的なレベルであり、戦後日本では、実態としては、右派も「自分党」とも呼ばれるように、（自分の）権利の主張はしてきた。

3　事例研究　～川崎市における《実質的意味での自治基本条例》～

（1）経緯と分析態度

自治基本条例は多くの自治体で制定・運用されるようになり、いろいろな事例報告・研究も既になされている。(5)ここでは、川崎市を採りあげて分析してみたい。

川崎市自治基本条例については、二〇〇三年一〇月に、公募市民委員三〇名と学識委員四名からなる自治基本条例検討委員会が設置され、具体的な検討が始まった。同委員会は、本委員会一六回、世話人会一五回、報告書案作成委員会一七回などを開催し、中間報告と市民討議・市民討論会を開催して、二〇〇四年八月に報告書を市長に提出した。これを受けて、市の行政当局は九月に条例素案を作成し、タウンミーティングとパブリックコメントを経て、条例案を作成した。最終的には、一二月に議会の議決を得て制定され、二〇〇五年四月から施行されている。

以下では、川崎市自治基本条例を、2で設定したような《実質的意味》の有無という枠組み・観点から、外在的に分析してみたい。ここでいう「外在的」とは、自治基本条例の制定過程に踏み込んで、関係当事者の意図したものなどを丹念に分析するものではなく、学問的に筆者が設定した枠組みに沿って、当事者の意図したものを離れて《実質的意味》を解読するということである。実際の制定過程は、多数の関係者間の「多元主義」的な調整過程であり、その過程では、全体を通して自治基本条例がいかなる《実質的意味》を持つかについての討議は必ずしもなされなかった。本稿の作業は、事後的であるが、全体を通じて浮上する《実質的意味》を発見しようとするものである。

三〇名の公募市民委員からなる検討委員会が、いかなる意味で、〝正統〟な会議体なのかについては、また、検討委員会内での意思形成過程がいかなるものであったのかは、政治学的観点からは重要な論点である。検討委員会報告＝制定条例であれば、この分析は必須である。しかし、右記の経緯から明らかなように、検討委員会報告書は、行政側に対する入力情報の一つに過ぎない。むしろ、入力としての検討委員会報告書と、その後の条例素案・条例案・条例との異同の方が、現実的には重要である。もっと言えば、行政内部の検討過程や、議会・議員の意向の反映の過程が重要である。誰の意見がより強く反映されたかで、「自治基本条例が誰のものか？」が見えてくるからである。

しかし、以下の分析では、できあがった自治基本条例の《実質的意味》を事後的に再構成することに主眼を置く。委員会の内部過程や行政・議会での検討過程に関しては、基本的には触れないこととする。

なお、以下で参照する頁数は、制定経過を関係した市民サイドから編集した冊子である『一〇〇〇の意見から条例へ――自治基本条例検討委員会記録』（川崎市自治基本条例検討委員会記録編集会議編、二〇〇五年三月）のものである。制定された条例は川崎市ホームページでも見ることはできるが、策定の経過を追跡するには、右記冊子は有用である。

（2） 市民の権利保障・実現

① 権利カタログ

市民の権利保障・実現は、それ自体が目的であるとともに、権力者への拘束・統制でもある。その意味で、《実質的意味での自治基本条例》の中核的要素である。川崎市自治基本条例でも、市民の権利が規定されている（六条）。日本国憲法やかつての川崎市都市憲章条例案のように、多様な権利カタログを掲載してはいない。むしろ、具体化することを避け、「市民は、すべて人として尊重され、平和で良好な環境の下で、自らの生命、自由及び幸福追求に対する権利が保障され、自己実現を図ることができる」と「包括的権利保障」（一四二頁）が規定されている。

具体化すると、「書かれていないものは権利ではない」と反対解釈されることを恐れたためかもしれない。しかし、具体化されていないため、自治基本条例が目指す実体的な究極目標が「空虚」であるともいえる。あるいは、実体的目標を定めるための手続・仕組みを決めるのが自治基本条例であるとされているのかもしれない。

そのうえで、市政情報を知ること、政策過程への参加、市政への意見表明・提案、行政サービスを受けることが、権利カタログとして具体的に列挙されている。これらは「自治運営のため」という《手段としての権利》とされている。右記の「包括的権利保障」が《目的としての権利》であることに対応し、主として市民と市政との関係に関わる権利を規定している。権力者への拘束・統制を重視した権利カタログといえる。

従って、市民の権利に対しては、市（議会・議員・市長等）の責務がセットとなっている（一一条、一二条、一四条）。さらに、「行政運営の基本」（一五条二項）は、市民の《手段としての権利》と対応している。その権利を具体化するため、「行政運営の基本」保障が組み込まれている。例えば、市政への意見表明・提案の権利（六条三号）は、的確応答の「行政運営の基本」（一五条二項三号）と対応している。このように、《手段としての権利》は、かなり網羅的に規定がされている。

なお、《手段としての権利》として整理されていないものが、協働に関する権利である。基本三原則（後述）のうち、情報共有と参加に関しては《手段としての権利》も設定されているが、協働に関しては権利カタログにはない。市民には協働請求権・協働拒否権はないのか、協働は権利ではなく市民の責務という趣旨なのか、権利であるとともに義務なのか、単なる規定漏れなのか、合意形成できなかったということなのか、興味深いところである。

また、「居住地、関心又は目的をともにすることで形成されるつながり、組織等」という「コミュニティ」が尊重される。これは、市民検討委員会では、市民自治のうちの市に信託されない残りの部分である「市民間自治」として議論された事項である。義務（感）の優先する強制加入に基づくコミュニティではなく、自由意思に基づくコミュニティ形成の権利を確認したものである（九条一項、「結社の自由」の一種であろう）。市には、コミュニティの尊重と施策推進の責務が課される（同条二項・三項）。

②　権利の主体

市民の権利を掲げる自治基本条例では、権利の主体である「市民」とはどの範囲とするかが問題になる。定義規定からは、市内に住所を有する人（地方自治法上の「住民」であり、外国人・法人を含む）、通勤・通学者、市内活動者となっている。議会審議などでは、法人などが自然人と同様の権利主体になることへの批判もあったが、最高裁判決や地方自治法などに基づき、法人も含むとされている。また、「住民」よりも拡大した範囲としているのは、条例案の市側説明によれば「幅広い人々が力を合わせていくことが必要であるとの認識」に基づくとされている（一四〇頁）。市域で閉鎖・孤立するのではない、開放系の自治が想定されている。

ただし、権利は内容・性質から、主体が自《おの》ずと限定されることがある。その典型は、第一に、住民投票（三一条）に見られる。そこでは、市民ではなく住民に限定したうえで、さらに、法人を除いている。市外居住者や法人が投票権を持たないのは、地域民主主義という、ことの性質からいって当然視されているようである。ただし、この規定だけでは、外国人と未成年者も含まれているし、今日から住所を有することになった人も含む。実際の制度化においては、合理的な範囲内でさらなる限定があり得るだろう(6)。また、第二に、区民会議のメンバーとなれるのは、「区民」とされている（二二条一項）。定義方法は市民の定義を区レベルに準用したものである。

③　市民の義務または責務

すでに述べたように、「権利と義務はセットだ」とか「権利ばかりではだめで義務も必要だ」などといわれることがあり、「心ある住民」「力ある住民」「活動していると自負している住民」や権力者などを中心に、政治的にも一定の支持を受ける。また、権力者が市民に義務を課そうとするのは、《欽定憲法》的（後述）である自治基本条例では、政治的力学としては、当然かもしれない。しかし、権力への拘束を主とする《実質的意味での自治基本条例》には、義務は不要である。具体的な義務を課すのは《並の条例》の任務である。川崎市自治基本条例でも義務規定はない。

「ものとする」という表現で、ややマイルドな責務が規定される。その内容は、基本的には、他の市民の権利への配慮としての責務である。互いの自由と人格を尊重したり（七条一号）、「市民間自治」であるコミュニティを尊重する（九条二項）。参加・協働では、他の市民との相互作用がある以上、自らの発言と行動に責任を持つ責務が生じる（七条二号）。市政運営の負担を、他の市民に負わせて、自分だけが逃げるわけにはいかないだろう（同条四号）。そして、次世代の市民に配慮することも自然である（七条三号）。これらの市民の責務は、本来的には市民間関係での責務なのである。この点は、社会的責任を負う経済的権力者である事業者（八条）や、政治的権力者である議会・議員・市長等とは、扱いが異なっている。

（3）　権力者への拘束・統制

①《実質的意味》と《欽定的意味》

自治基本条例は、条例という形で制定されるには、市長・議会の決定が必要である。自治基本条例を制定するための「制憲会議」が、既存の議会や首長を外して、別途、開催されるわけではない[7]。その意味では、現実に制定された自治基本条例は、二大政治権力者の作品である《欽定憲法》的なものになり得る。《欽定的》とは、権力者が自己の都合で制定したという意味である。住民の権利を認めることもあるが、それはあくまで恩恵的である。権力者への統制を課すこともあるが、それはあくまで、権力者の自己抑制である。

そのような自治基本条例が、権力者への拘束・統制を果たせるかは、根本的な疑問があろう。自治基本条例は、形式的にいえば、常に、権力者の自己拘束・自己統制に過ぎない。そのようなものであるから、当然、自己に都合の悪そうな内容は、骨抜きにしようという誘因が働くかもしれない。

だからこそ、内心はともかく、表立っては権力者たちも反対できないような理念・原則（建前と呼んでもよい）を掲げて、制定してしまおうというのが、自治基本条例のプロジェクト（企て）である。権力者あるいはその候補者が、選挙の際に自治基本条例の制定を公約に掲げるような状況を作ることは、権力者への拘束と統制を可能にする構造要因である。

しかし、権力者は同時にしたたかである。そのような公約を掲げることが、住民からの支持につながり、ひいては自己の権力を強めることがあることを知っている。また、他の権力者への牽制の手段として、自治基本条例が使えることも知っている。自治基本条例は、理念・原則を規定して権力者を拘束することを目指すものであるが、実際の制定・運用過程は、政治過程そのものでもある。その力関係如何によっては、《実質的意味》を持つ場合もあるし、《欽定的意味》にしかならない場合もある。

②　基本理念・基本原則・基本原則に基づく制度・行政運営の基本

川崎市自治基本条例では、基本理念の市民自治として、市民が自治の一部を信託して市を設置すること（一部信託）、市民の目的は個人の尊厳と自由の尊重と市民福祉の実現される地域社会を創造すること（個人尊厳・市民福祉）、市と国・県との対等・協力関係（自律・自立）、が掲げられる（四条）。国・県との関係については、他の自治体との連携関係と合わせて再掲されている（三四条）。

このうち一部信託とは、（1）市の設置は市民からの信託によること、（2）しかも、それは全部を信託してしまうことではなく一部であること、（3）さらに、信託した後にも市民が主体的に関わること、という意味である。つまり、権力者への《三重の拘束》が係っている。

次いで、基本原則として、情報共有、参加、協働の三つを挙げている（五条一項）。さらに、これらの基本原則を具体的な制度に連結するため、基本的な制度のメニューを列記している。《実質的意味での自治基本条例》における「制度的保障」である。具体的には、情報提供制度（二三条）、情報公開制度（二四条）、個人情報保護制度（二五条）、会議公開制度（二六条）、その他情報共有手法の整備（二七条）、多様な参加機会整備（二八条）、市民委員公募（二九条）、パブリックコメント手続（三〇条）、住民投票制度（三一条）、協働推進施策（三二条）、自治運営制度の調査審議機関（三三条）である。

また、基本原則に基づくべき行政運営の基本などでは、計画的行政運営（一五条一項）、行政運営の基本（一五条二項）、市の組織（同条三項）、出資法人運営（同条四項）、財政運営（一六条）、評価（一七条）、苦情救済機関（一八条一項）、市民の権利利益保護措置（同条二項）、区（一九条～二一条）、区民会議（二二条）などが規定されている。「行政運営の基本保障」とでも称すべきものである。

③　拘束・統制の限界

基本原則、制度、行政運営の基本など、さまざまな自治運営のルールと制度を規定し、権力者を拘束・統制することを謳う自治基本条例であるが、しかし、そこには、いくつかの限界がある。そもそも、自治基本条例は、行政・議会という権力者による制定行為を必要とするのであり、市民参加の検討会議体による原案をもとにしたとしても、それ自体が、常に《欽定憲法》的にならざるを得ない。そのため、権力者は拘束・統制を回避しようとする誘因を、ある程度は、持つのである。

（ア）　市

このような回避への誘因は、検討委員会報告書と条例との差異に、特に明示的に現れる。例えば、報告書では、参加・協働しないことで不利益を受けないようにすることが市の配慮義務とされていたが、制定された条例では

「特別の不利益」を受けないようにする努力義務に緩和された（五条二項）。市側説明によれば、参加・協働する市民としない市民は、「当然に違いが生じ」るからという（一二七頁）。参加・協働の選別機能を、正面から認めて、公平性の確保（一五条二項五号）の例外としているのである。

ただ、この点は単なる統制・拘束の限界ではなく、新しい公平観を設定し、それに基づく権力者への統制・拘束という見解もある。参加・協働という自治の入口では機会公平を確保しつつ、政策帰結という自治の出口では結果不公平を公認するという「入口公平・出口不公平」観である。「参加・協働せず自治に関わらないものには不利益は当然」という発想である。しかし、こうした公平観の転換が、検討委員会報告書と制定された条例の間で生じていることは、市民検討による公平観の転換とはいえない。やはり、権力者による拘束・統制の回避の一種であろう。

（イ）　議員・市長

第一に、検討委員会報告書では、議員・市長・助役・収入役などの権力者に対し、自治基本条例の遵守や市民の信託に基づくことなどに関する宣誓義務を課していたが、制定された条例では、市民と並列で、「この条例に定められたそれぞれの役割、責務等に従」うという訓示になった（二条二項）。宣誓義務を課すのは、そもそも《実質的意味での自治基本条例》は、権力者にとって「耳の痛いこと」だからなのであるが、「耳の痛いこと」を一々言わされるのはごめんだ、という権力者の心性が垣間見えよう。

第二に、同報告書では、区選出議員も区民会議の審議結果を尊重するとされていたが、制定された条例では、区選出議員の尊重義務は外された。

第三に、住民投票制度に関しては、同報告書は、充分な情報の周知や討議の確保を図ることを市長の努力義務としていたが、制定条例では「必要最小限の規定内容」ということで削除された（一三二頁）。しかし、市長の発議権だけはしっかり残されている（三一条一項）。権力者が何を残したいか、何を削りたいかは、よく伺える。

第四に、「この条例に基づく自治の取組の状況について審議」する「自治推進委員会」が、制定された条例では、「自治運営の制度等のあり方について」の調査審議に限定された（三四条）。市側説明によれば、自治基本条例によって市長・議会の役割と責任が明定された以上、「自治推進委員会」が市長・議会について審議対象とするような「誤解」が生じてはいけない、という趣旨である（一三三頁）。「自治推進委員会」は、市長・議会に「口出し」してはいけない、ということである。

このように、公募市民を中心とする検討委員会から、実際の条例制定に至るまでに、議会・市長の義務を緩和し、議会・市長の裁量を保持する方向での修正がなされている。このようなところに、川崎市における現実の政治過程の一端を推察することができよう。市長、行政職員、議会、公募市民のせめぎ合いという市政構造である。そして、それを織り込んだうえで、制定過程が進行しているのである。

（ウ）　職員

さらに、より深刻な拘束・統制の限界は、必ずしも明示的な論点として浮上しない問題である。自治体行政学の観点からは、行政職員をいかに市民が統制するかが重要である。しかし、検討委員会報告書でも、職員には「市民とともに自治を担うものとしての認識に立」って自治基本条例などを「遵守し、誠実かつ公正に執行しなければならない」とされたにすぎない（九一頁）。制定された条例では、自治基本条例の遵守義務が削除されたうえで、「市民と共に自治を運営するものとしての認識に立ち、職務を誠実かつ公正に執行」するとされたに留まる（一四条三項）。

市民と市の関係では、そもそも法制上は、議会・市長等が矢面に立つため、職員への直接的統制が規定しにくい。そのうえ、「市民全体に対する奉仕者（サーバント）」というよりは、あたかも市民と職員が対等な関係にあって、「共に自治を運営する」存在に位置付けられている。市民と市の協働原則からすれば、市民と職員が「共に自治を運営する」のは当然の帰結かもしれない。協働の観点から何か規定できるかが検討されたともされるが、それを可能にするような制度設計の構想力・想像力がなかった。

いずれにせよ、当事者の意図はどうであれ、制定の調整過程の中心にいたものは、せめぎ合いでも有利なのである。条例制定過程は、当初、職員と市民が交渉して検討委員会報告書をまとめ、ついで、条例案を職員が市長などの了承を得ながらまとめ、執行機関側から議会に提案して制定されたのであり、行政職員は常に制定過程の要の位置にいる。(8)《民主主義体制のなかの非民主主義的な主体》である行政職員が、自治基本条例の制定過程の中心に常に存在し、その結果、できあがった自治基本条例では、統制されるべき客体としての行政職員は、巧みに姿が見えないようになっているのである。

④　区の両義性

川崎市は政令指定都市であるから行政区が必置される。特に、自治基本条例制定と並行して、区行政改革がアジェンダであったため、区の位置付けは重要なテーマであった。しかも、細長い市域、市内の激しい地域差、それぞれの地域が放射線状の交通網でそれぞれ東京に直結して市域の一体性が欠けていること、などが川崎市の特徴でもあり、区ごとの多様性を確保する要請も少なくないものであった。こうして、自治基本条例では、区は、身近なサービスを効率的・効果的・総合的に提供するとともに、参加・協働の拠点とされた（一九条）。そのため、市長は区の組織・機能・予算への努力をする（二一条）。しかも、参加・協働によって区の課題解決のための調査審議をする区民会議が置かれ、市長・区長に尊重義務を課した（二二条）。

区へ市長の権限を委ねる、いわゆる都市内分権は、市長の権力を分割することであり、既存の権力者への制限を意味するようにも思われる。実際、市長・区長は区民会議の結論に、ある程度は拘束される。そのため、区民会議に関しては、「東京都の特別区制度をイメージさせる」という報道もあった（神奈川新聞二〇〇四年八月二九日付社説）。であるからこそ、市議会サイドからは、区民会議の構成（特に、区選出県議・市議がメンバーとなるか否か）や、区民会議への尊重義務に関して、疑念が出された。

しかし、「区長準公選」を否定し、市長による任期付職員として外部から区長に登用する構想とセットであるため、実際には、市長が区長を「準政治任用」することにもなり得る。その場合には、市長の政治的資源を増やすことにもなる。自治基本条例は、これらの諸点を書ききっておらず、両義的なままにしているのである。

（4）中期的視座

①　蓄積確認

川崎市自治基本条例では、中期的視座の（ア）過去反省、（イ）蓄積確認、（ウ）中長期的将来方向性の三つの要素のうち、（イ）の側面が強い。望ましい過去の蓄積とされたものは、将来にも継承・尊重・延長・拡大すべきものとなることが普通であるから、（ウ）の中長期的将来方向性にも自然につながる。

例えば、基本原則に基づく制度では、情報提供・情報公開・個人情報保護・会議公開は、「統合的情報公開制度」として位置付けられてきた諸制度の蓄積のことであり、その意味では新味はない。ただ、現状の蓄積に留まることなく、何らかの形で拡張したいという意向が、一般補足条項（二七条）に示されているようである。とはいえ、その方向性を見極めるにまで至らなかったという点では、将来方向性は打ち出しきれなかったようである。なお、過去蓄積の確認という点では、「統合的情報公開制度」の要素であるはずの「公人の資産公開制度」が落とされていることは、市政構造を見るうえで意味深長なことである。（3）③で既述の拘束・統制の限界の一例である。

また、例えば、行政運営では、市政への苦情処理・救済機関（一八条一項）が規定されているが、これは、川崎市市民オンブズマン制度のことを指し、市民の権利利益保護措置（同条二項）では、人権オンブズパーソン制度などを含むものである。このように、名称を自治基本条例には掲げていないので、一定の制度改革の余地は確保しつつも、制度の蓄積の成果は確認されている。

自治基本条例における蓄積確認の要素は、制定時の政権の有り様によって意味が違ってくる。長期政権の末期であれば、当該政権の「成果」を確認して、将来に政権交代があっても、短期的な多数意思の交代を超えて、受け継ぐべきと想定されるものを示すことになる。ニセコ町はこの事例である。逆に、政権交代の直後であれば、前政権から受け継ぐべきものを確認し、「市政の継続性」と呼ばれる、短期的な多数意思の交代を超えた「何か」を明らかにすることになる。政権交代があったにも関わらず継続されるもの、短期的な多数意思を超えて権力者を拘束すべきものが、現政権という政治権力によって選択され、明示化される。川崎市の場合には後者であり、前政権（伊藤・高橋市政）の蓄積を現政権（阿部市政）が全面的には清算しないことを確定したのである。

②　中長期的将来方向性

自治基本条例を制定して何が変わるかを問われれば、将来方向性として何を打ち出しているかに注目が集まる。

蓄積確認は、何が失われないかを示す点では価値が大きいが、別の見方からすれば、何が変わらないかを明示するものに留まるからである。しかし、将来的に目指すべき方向性を、しかも、将来の政権交代を超えて目指すべきものを打ち出すことは、実は簡単ではない。現政権がしたいことを記載するのであれば、マニフェストや総合計画で充分である。《実質的意味での自治基本条例》は、もっと中長期の視野を持つ。それには、相当の長期的ビジョンを練り上げるアイデアと構想力が必要である。

川崎市自治基本条例で、将来的な方向性あるいはアジェンダとしてある程度具体的に設定されたのは、区民会議（二二条）、パブリックコメント手続（三〇条）、住民投票制度（三一条）、自治運営制度の調査審議機関（三三条）である。新聞報道の関心も、これらの論点に集中している（例えば、神奈川新聞二〇〇四年八月一九日付、東京新聞二〇〇三年一一月二一日付、二〇〇四年七月二三日付、同八月二九日付（社説）、同九月四日付など）。いわゆる「目玉」となるのは、これらのテーマであり、実際、自治基本条例が制定された後には、川崎市では直ちにこれらのアジェンダに取り組んだ。

その意味では、自治基本条例が将来の方向性を示すという機能は、一定程度は果たしていよう。また、これらの組織や制度は、単に立ち上げだけではなく、その後も継続的に活動・機能することが期待されているから、それなりの中長期的な射程を持っているものである。あえていえば、現政権を超えて、これらの組織・制度が命を持つことを、自治基本条例は期待しているといえる。そうでなければ、総合計画のリーディング・プロジェクト程度の位置付けで充分である。実は、川崎市自治基本条例には「見直し規定」がない。通常の手続でいつでも改廃できるといえばできるが、観念的には、〝不磨の大典〟のごとく、改廃を想定していないのである。

また、将来方向性を示すという《実質的意味》は、権利保障・実現と権力者への統制・拘束という他の二つの

《実質的意味》と、相反するところもある。後二者の観点からは、具体的に記述した方が望ましい。しかし、中長期的な有効性や発展性を入れるためには、ある程度の基本的・抽象的な規定に限定する必要がある。規定の具体性を強く求める市民委員に対して、「自治基本条例である以上は、そこまでは書き込まない」という議論が生じたのは、このためである。《実質的意味での自治基本条例》は具体性・即効性を欠きがちである。

とはいえ、右記のこと以外に、中長期的な方向性を展望する内容を示すことには成功していない。例えば、本来、市長の多選制限は、権力制限という《実質的意味での自治基本条例》に相応しい事項であるが、川崎市の場合には、現市長の一代限りの「自粛」とされ、中長期的な制度ではないとされ、自治基本条例のアジェンダにも挙げられていない。また、基本原則に基づき「何か色々あるかも知れない」ものを「体系化」することを規定しているが（二七条、二八条、三二条）、ほとんど無内容である。そのため、市民活動支援策を求める声があったりもした（二〇〇四年四月二四日市民討議、東京新聞二〇〇四年四月二五日付）。

将来が不透明・不確実で変化が早く、一方向的な〝進歩〟の方向が見えない現在では、ある意味で当然ともいえる。しかし、将来展望を打ち出すほどの知的構想力がなかったことは、行政・議会・市民・学識者を含めた川崎市の自治の現状を示すものであろう。その意味で、果たして、中長期的な利用に耐え得る《実質的意味での自治基本条例》たる内容になっているかには、懸念もあり得よう。

③　過去反省

敗戦後や経済崩壊・財政破綻後の非常時ならばともかく、平常時のしかも自治体レベルで、過去の反省などということは、政治的には困難なことである。個人的あるいは党派的には、これまでの市政運営や川崎という地域社会への批判・不満はあるとしても、それを「総意」として総括するには至りにくい。あるいは、仮にあるとしても、わざわざ「負の遺産」について言及することは避ける配慮が働こう。市民意見を集めるためのワークショップは、そもそも、そのような機能は果たしにくいであろう。川崎市政の過去として反省すべきことは、川崎市民しか書くことはできず、外野から「あれを反省せよ」などと、とやかくいうのも困難である。

　さて、このように難しい過去への反省であるが、「前文」などの表現ぶりから、実は読み込むことが可能である。「前文」を持つ条例は、川崎市では、情報公開条例、男女平等かわさき条例、子どもの権利に関する条例、環境基本条例であるとされ、権利や市政における理念的な比重が重い条例に限られているようである（一二五頁）。おそらく、これらの条例は、内容的にも自治基本条例附属条例的な位置付けができる。情報共有原則に基づく制度である情報公開、住民の権利のうち、特に追加的に留意すべき男女平等と子どもの権利などは、そのように理解できる。そして、環境基本条例がそれだけ重い位置を占めることは、川崎市の過去を反映している。

　「前文」を、途中の「課題の克服に、全市民の英知を結集し」てきたなどの〝よいこと〟の蓄積確認の部分を飛ばしてつなげると、以下のようになる。「川崎市は、多摩川や多摩丘陵の自然に恵まれ」ていたが「公害や急速な都市化の進行」が進み、「成長と拡大を基調としてきた社会の仕組みや制度の再構築が求められ」「地球環境への配慮が求められる」ので「持続可能な社会が広く世界に築かれることを希求」する、と。川崎市といえば、京浜工業地帯の臨海部工業を抱える〝公害都市〟であり、大都市への人口集中を収容するために、郊外緑地を開発してきた〝緑地減少都市〟である。それだけ公害対策・緑化・環境への比重が高まる。環境基本条例が、他の分野別条例と違って「前文」を持つのも、その歴史的重みを抜きにしては理解できない。川崎市自治基本条例での過去反省は、公害・環境破壊にあるようである。

もっとも、条例本体にそのような趣旨が反映されているようには、あまり見えない。市民の権利（六条）にも、明示的には環境権などの規定はない（環境権は環境基本条例に規定されている）。行政運営や基本原則に基づく制度にも、環境への特段の配慮はされていない。しかし、市民の権利とは「良好な環境のもとで、……権利が保障されることとされる（六条柱書）。また、市民の責務の一つに、あえて「次の世代に配慮し、持続可能な地域社会を築くよう努めること」（七条三号）が特掲されていることや、「事業者の社会的責任」（八条）が規定されていることに、趣旨は反映されている。事業者の社会的責任は広いものであるが、条例案の市側説明によれば、「環境の保全」が例示されているからである（一四三頁）。公害への反省は、川崎市のアイデンティティのようである。

もちろん、他にも反省すべき過去はあるかもしれない。また、その一部は、「前文」や本文、あるいは、これまでの施策の蓄積にも反映されていよう。川崎市自治基本条例は、さらなる読み込みも可能ではあるが、少なくとも、《実質的な自治基本条例》として、一定の過去反省を含んでいることは確かなようである。

（5）　例えば、木佐茂男・逢坂誠二編著『わたしたちのまちの憲法――ニセコ町の挑戦』日本経済評論社、二〇〇三年、大和市企画部編著・牛山久仁彦監修『ドキュメント・市民がつくったまちの憲法――大和市自治基本条例ができるまで』ぎょうせい、二〇〇五年、山口道昭・西川照彦編著『使える！岸和田市自治基本条例』第一法規、二〇〇五年、内仲英輔『自治基本条例をつくる――「みたか市民の会」がめざしたもの』自治体研究社、二〇〇六年、石平春彦『「自治体憲法」創出の地平と課題――上越市における自治基本条例の制定事例を中心に』公人の友社、二〇〇九年。

（6）　その後、川崎市では、住民投票条例が二〇〇八年六月に制定、二〇〇九年四月に施行されている。同条例三条によれば、投票権者（投票資格者）は、三カ月以上川崎市に住んでいる一八歳以上の日本国籍・外国籍（ただし、外国人登録が必要。特に、永住者以外は三年以上の外国人登録が必要）を有する自然人としての住民である。

（7）　市民からなる検討委員会に、「制憲会議」的な機能を期待することは可能ではあるが、現実には、検討委員会は市長の諮問機関である。市長・市議会・職員抜きで市民だけで検討しているのではなく、市長・職員の発意と支援のもとで検討しているのである。

（8）　堤中富和・藤島光雄『自治基本条例をつくることになったけれど（自治体職員のための政策法務入門1　総務課の巻）』第一法規、二〇〇九年。

4　おわりに

以上のように、川崎市を事例に、《実質的意味での自治基本条例》という分析枠組み・観点で検討を行ってみた。川崎市自治基本条例は、一定程度は《実質的意味》を有していること、同時に、それを空洞化させる《欽定憲法的要素もあることが、観察できた。

しかし、同基本条例は、まだ、施行されて五年に過ぎない。《実質的意味》の有無は、まさに、中長期的な経年のなかで、蓄積・成長または形骸化していくものである。すでに触れたように、自治基本条例の施行後に住民投票条例の制定が着実に行われ、二〇〇九年四月から施行されている。また、二〇〇七年二月に第一期自治推進委員会が設置され、二〇〇八年一一月から二〇一〇年三月までの任期で第二期委員会が置かれている。第一期委員会では、自治基本条例の運用に関して調査審議を行い、一〇の提言を含む報告書を二〇〇八年三月にまとめているし、第二期委員会も八の提言を含む報告書をまとめている。また、区政改革としては、二〇〇五年度に区民会議の設置を試行的に行い、二〇〇六年四月に区民会議条例の施行となり、それぞれの区ごとに会議を開催している。

自治基本条例の制定後に何が起きるのかは、具体的に見えにくいところがある。制定段階において当面の具体的な作業を埋め込んでいかないと、形骸化しやすいのである。そこで、川崎市では、区民会議、自治推進委員会、住民投票条例の制定が、作業として設定された。しかし、逆に、これらの作業をこなすだけでも、形だけが先行して形骸化しやすい。区民会議はただ時折に開催してただ議論するだけ、自治推進委員会も議論するだけ、住民投票制度は制定しただけ、にならないとも限らない。そして、全国的な自治基本条例の同時並行的「運動」も、同様である。なによりも、《実質的意味》には、本書の指摘した要素以外に多様にあり得る。従って、今後とも、中長期的な観点から、自治基本条例を運用し、観察していくことが、重要であろう。(9)

（9）元川崎市自治基本条例検討委員会有志（川崎市自治基本条例検討委員会記録誌編集会議）『自治基本条例フォーラムin川崎　自治基本条例で地域自治はどう変わるか』二〇〇六年。

【参考文献】

○礒崎初仁編著『自治体改革４　政策法務の新展開』ぎょうせい、二〇〇四年
○伊藤三郎『ノミとカナヅチ——人間都市づくりの一〇年』第一法規、一九八二年
○『地方自治職員研修　臨時増刊号七一　自治基本条例・参加条例の考え方・作り方』公職研、二〇〇二年
○神原勝『自治・議会基本条例論——自治体運営の先端を拓く』公人の友社、二〇〇八年
○木佐茂男・逢坂誠二編著『わたしたちのまちの憲法——ニセコ町の挑戦』日本経済評論社、二〇〇三年
○『分権型社会における自治体法務』日本都市センター、二〇〇一年
○松下啓一『協働社会をつくる条例——自治体基本条例・市民参加条例・市民協働支援条例の考え方』ぎょうせい、二〇〇四年
○森田朗・田口一博・金井利之編著『分権改革の動態』東京大学出版会、二〇〇八年

第二章 ◇ 総合計画

1　はじめに

（1）総合計画とは

総合計画とは、必ずしも法制上の定義のあるものではないが、実務でも学問でも、ごく自然に使われている用語である。本書でいう、総合計画とは、自治体の各種政策・行政分野を総《すべ》て合わせて含んだ、自治体の政策・事業の全般に関して、複数年度に跨って決定した一覧文書であり、市区町村の場合には地方自治法（二条四項、二〇一〇年三月現在）に定められていた「基本構想」を含んだものである。実務・講学の現実では、各自治体で、自称〝総合計画〟とされているものを指すとしてほとんど差し支えはないが、「長期計画」などと呼ばれることもある。一般には、《基本構想―基本計画―実施計画》の三層構造がイメージされており、一種の「デファクト・スタンダード（事実上標準）」にはなっている、しかしこの構造でなければならないというものではない。

（2）定着から変容へ

現在の総合計画の起源は、一九五〇年代後半から六〇年代にかけての、先駆的自治体による計画策定の試みを受けて、一九六九年の地方自治法改正で導入された《基本構想策定・議会議決の義務付け制度》にある（二条四項）。もっとも、法の文言は、「基本構想を定め、これに即して行なうようにしなければならない」（傍点筆者）であって、「行なわなければならない」ではないので、策定義務ではなく、策定努力義務のようにも読めるが、基本構想に即して事務処理を行なうようにしなければならないということであって、基本構想の策定自体は一般には義務付けがされていると解されている。いずれにせよ、このような基本構想議会議決の法定化を受けて、一九七〇年代から急速に市区町村に普及した。こうして、一九九〇年代の調査によれば、九〇％以上の策定状況となり、現代日本の自治体に完全に定着した仕組みとなった。

基本構想制度を含む総合計画制度は、自治体では「標準装備化」されているのであり、むしろ、総合計画を取り巻く情勢への対応や、自治体のあり方と総合計画の関係が、問われている。総合計画も、近年の新たな政治・経済・社会情勢などに応じて、様々な課題への対応が求められている。高度経済成長時代の末期に制度化・普及した総合計画は、一九九〇年代後半から新世紀にかけての「失われた／改革の一〇（二〇）年」あるいは「第三の改革」の時期に、無変容ではあり得ない。そこで、2では、《民主主義体制のなかの非民主主義的な要素》に留意しつつ、総合計画を取り巻く課題の代表的なものについて、概略を採り上げてみたい。

2　総合計画の課題と対応

（1）　総合計画と自治の枠組み

①　「平成の大合併」と総合計画

総合計画は、既存の個別の自治体を単位として策定するものであるから、市町村合併によって自治体の単位自体が変更される場合には、既存の総合計画は消滅してしまう。民主主義とは、まず持って自治の単位が決まっていなければならない。市町村合併とは、既存の自治体の民主主義を根底から覆す、《民主主義体制のなかの非民主主義的な要素》の典型である。

住民参加などを経て折角策定した総合計画であっても、合併によってご破算になり得る。市町村合併は、編入合併で呑み込む側でないならば、総合計画に基づく自治体運営という基本原則とは両立しない。関係する複数の自治体が、たまたま、総合計画の終期が近接しており、主要な計画事業を完遂している場合には、市町村合併と総合計画とはあまり矛盾しない。しかし、現実には、そのようにタイミングが巧く合うとは限らない。特に、「平成の大合併」のように、国策として全国一律的な期限が付された場合には、なおさらである。

自治体は、総合計画という基本的ビジョンをもとに、個々の政策課題に対応するというのが、総合計画の想定である。その場合には、一つの政策課題である市町村合併への対応も、それぞれの自治体の総合計画に基づいてなされるべきである。しかし、現実の自治体の対応は、そのようにはなっていないのが普通である。市町村合併への対応は、総合計画とは別個に、総合計画より上位の意思決定として、そして、総合計画より短期的・非計画的・非総合的な意思決定として、さらに、《民主主義体制のなかの民主主義体制自体を変更するという非民主主義的な要素》として、住民参加などの手続が充分にとられる余裕のないまま、進められることもあったのが実態である。

つまり、

《想定》　長期・計画ビジョン＝総合計画　→　短期・具体的決定＝市町村合併への対応

《現実》　短期・具体的決定＝合併への対応　→　既存の総合計画の消滅（長期・計画ビジョンの消滅）

という関係である。このように見るならば、外見的には定着しているかに見えた総合計画ではあるが、その内実はかなり形骸化していたことが窺えよう。総合計画の形骸化は、「平成の大合併」を支えた隠れた条件だったと思われる。

② 合併後の新自治体の総合計画

市町村合併が目的ではなく手段であるならば、合併によって既存の自治体は何を目指すのか、という目的が存在しなければならない。本来であれば、目指すべき目標があって、その手段としての合併の採否が決定されるべきであろう。あるいは、少なくとも、目指すべき目標と、その手段である合併とが、同時に決定されなければならない。そのため、合併協議では、新たな自治体の総合計画づくり自体が、既存の自治体群によってなされなければならない。実際にも、合併の手続では、いわば、合併のマスタープランとしての「新市（町村）建設計画」が策定される。

しかし、現実には、「新市建設計画」に、総合計画の機能を期待することは困難である。そもそも、新市建設計画は知事協議（異議なしとの回答を要する）を経るため、基礎的自治体が自主的に決定できる計画ではない。総合計画の策定に類する入念な作業は、合併協議では不可能である。様々な利害計算、因縁や恩讐、メンツ、不安感などが複雑に交錯して進められる合併協議では、住民参加などを踏まえて、じっくりとマスタープランを検討することは、ほとんど不可能だからである。「新市建設計画」は、合併に際して合意できる範囲の限られた公約を決めるに過ぎない。そのため、合併協議のなかで、「箱モノ」を中心とする文字通りの「建設計画」がドタバタと策定されてしまうこともあり得る。特に、合併特例債などの「飴」が、合併の接着剤になっているときには、なおさらである。

さて、市町村合併それ自体が目標となったときに成立した新たな自治体の単位の形成は、新たな自治体での総合計画づくりを要請する。実際にも、多くの合併自治体では、合併後数年のうちに、総合計画の策定作業を進めることになる。こうした作業が完成することで、自治体は平常時の計画的行政運営に復帰することが可能になる。そして、新たな自治体での総合計画の検討作業は、新たな自治体のビジョンを定めることであるから、本来的には重要な意義を有するはずである。問題は、合併協議・新市町村建設計画で既成事実として決められたことがどの程度あるか、つまり、合併後の最初の総合計画で決定できる余地がどの程度残されているのか、となる。つまり、合併に際して、既存自治体がどのくらい目標を決めたか、新たな自治体がどのくらいフリーハンドを持っているか、である。

とはいえ、合併後の最初の総合計画が見据えるのは、一般的には一〇年程度の目標である。ところが、合併は五〇年単位の自治の枠組みを決める場合もある。そのような、長期の器を決める合併の場合には、合併という手段の目標を総合計画で掲げることは困難である。つまり、こうした半世紀を見据えたような大計の合併の場合には、別のところで目標が掲げられなければならない。しかし、そのような長期目標は明確にされる機会は乏しい。せいぜい、「このままでは立ちゆかなくなる」というような、自治体の持続可能性が掲げられる程度である。

③　「国から地方へ」と総合計画

自治の枠組みのもう一つの大きな動きは、「国から地方へ」という流れである。これは、一九九五年以来の第一次分権改革や、二〇〇一年以降の三位一体改革（第二次分権改革）、二〇〇八年からの地方分権改革推進委員会（第三次分権改革）の動きであり、さらに小鳩《しょう》山政権では「地域主権改革」が進められつつある。具体的には、権限・事務・財政負担・税源などを、国から地方へと移譲させていくものである。総合計画も、このような「国から地方へ」の流れに対応する必要がある。

第一に問題となったのは、地方自治法による基本構想策定の義務付けの問題である。構造改革特区への志木市の提案「地方自治解放特区」のなかには、基本構想策定の義務付けの撤廃が含まれている。それによれば、現実の総合計画は、総務省（旧自治省）が示した「基本構想一〇年－基本計画五年－実施計画三年」という形に嵌め込められてしまい、必ずしも情勢に適したものになっていない。そのため、基本構想の義務付けは廃止すべきという提案であった。総務省側の見解は、自治体運営に関して計画を定める必要があり、かつ、その計画は首長と議会で考えを共有すべきであるから、議決事件としての基本構想を義務付けるというものである。それ以外の、総合計画を何層構造にするか、計画年限をどうするか、計画内容をどうするかは、全く任意であるので、自治体の自主性を害していない、という。

このようなやりとりの結果、法制上の縛りというより、運用上の自己規制（あるいは、都道府県の指導）が問題であるとして、総務省から、基本構想の内容は市町村「自由に作ってよいということを周知徹底する」（二〇〇五年七月二七日、構造改革特区に関する有識者ヒアリング席上での久元総務省審議官発言）ということとなったのである。こうして、この時点では、基本構想を含む総合計画の中身は、自治体が自主的に決められるという「分権的法制」を、国からの通知という「再確認＝指導」をすることで、決着が付いたようである。実際、地方自治法の条文を見る限り、何をもって「基本構想」とするのか、具体的なメルクマールや要件はない。

もっとも、このような法制は、旧自治省が想定している〝総合計画〟イメージのように、中身は「空」で、本当にどのようなものでも許容するという趣旨なのかは判然としない。自治体が、様々な創意工夫をして、総務省の「想定外」の〝総合計画〟が出現したならば、その段階で、問題が再燃することもあろう。いずれにせよ、その後の「地域主権改革」では、基本構想の義務付けは、廃止される方向で動いている（二〇一〇年五月現在）。総合計画が形骸化していることの現れかもしれない。

第二は、日本全体の行政において、自治体が担う役割が大きくなることは、国の府省が自治体がいかなることを決定・実施するのかに関心を高めることでもある。このため、国による計画の法定・義務付け、ないしは、努力義務付けが発生することがある。しかし、このような統制は、自治体による自主的かつ総合的な総合計画との綱引きを生じさせることがある。国の法制約義務付けまたは関与に基づく計画は、しばしば、個別分野ごとの総合的ではない分野別計画であり、策定時期や期間なども、国の法制・計画・政策のなかで規定されるので、自治体の情勢と合致するとは限らないからである。

④「官から民へ」と総合計画

公共サービスに占める行政の役割が減少していくと、自治体の政策・施策・事業を定めた総合計画の役割もそれだけ縮小することになる。しかしながら、そのような行政領域の縮小が、単純な地域社会の公共サービスの総量減少に至ることを避けようとすると、公共的サービスでの民間の役割が浮上してくる。

公共サービスの存在自体の廃止という「官から無へ」ではなく、公共サービスの担い手の変更という「官から民へ」という場合には、「役割分担」の変更であり、むしろ、民間主体への期待感は高まる。「補完性の原則」論にせよ、「自助・互助・共助・公助のバランス」論にせよ、「行政の守備範囲」論にせよ、このような構造を持つ。「官から民へ」という場合には、「民」がどのようなことをするのか、ということに関する公共的・政策的関心が高まってしまう。非常に逆説的であるが、「官から民へ」というベクトルは「民」の活動への公的関心と介入意欲を高める作用がある。しかし同時に、自治体は「民」への公的介入の手段を持つとは限らない。また、公的介入をすべきともいえない。「官から民へ」という発想は、公共サービスの純減を「素直」に許容しない限り、「民」の担う領域への公的関心と公的期待を増大させる。かつ、その期待を実現する関与手段は縮小する一方であるから、恒常的な欲求不満を生む恐れがある。

総合計画の場合には、住民活動などの民間活動と、自治体行政の計画をどのように関連づけるかという問題である。従来型の総合計画は、基本的には、当該自治体が自ら行える政策・施策・事業の計画であり、その意味では《単独型計画》《行政計画》あるいは《行政経営計画》であった。あるいは、他に期待・陳情するとしても、都道府県や国という行政が中心であった。《陳情計画》である。しかし、地域社会における公共サービスは、自治体行政だけが担っているのではないとすると、地域社会の民間活動を含めた公共的サービスの計画が期待されるようになる。こうして、民間諸活動を取り込んだ（拡大型）総合計画が、《協働型計画》《社会計画》あるいは《地域経営計画》という形で、立ち現れてこよう。もっとも、これ自体は完全に新規なものではなく、《地域振興計画》というこれまでの地域開発を含んだ総合計画も、民間企業の誘致などによる地域振興を目指していた。

これらの《協働型計画》《社会計画》《地域経営計画》《地域振興計画》は、《行政計画》としての総合計画とは異なり、それを比較的確実に実現する手段というものを、必ずしも自治体は持たない。その意味では、「説得」「お願い」または「期待」もしくは「おねだり」の計画でもある。あるいは、単純に「予測」あるいは「希望的観測」の計画かもしれない。しかし、全体的なビジョンを示すことで、民間諸活動に一定の全体像と方向性を示すという意味では、「指導」ないしは「誘導」の計画でもある。「ビジョン行政」である。あるいは、地域資源を公共的サービスのために活用したいという「（地域総）動員」の計画でもある。計画文書での「大風呂敷」と、実際のサービス提供体制の「脆さ」と水準の「低さ」は、《総動員計画》では観察されよう。

総合計画が「官から民へ」の流れに晒されるとき、かなりの変容を来すことがあろう。それは、「小さな自治体」の総合計画になり得る。乏しい行政サービスのみを示す総合計画である。とともに、地域資源を「最大動員」（村松岐夫『日本の行政』中公新書、一九九四年）して、公共サービスを確保しようとする「拡がった自治体」の総合計画になり得るかもしれない。大風呂敷であるが担保する手段がない総合計画である。

⑤　自治の枠組みとしての総合計画の制度化

市区町村における基本構想が議会の議決を要するということを除き、総合計画をどのように策定すべきかの法的規定は、特段にはない。基本構想を策定するということだけが、自治の枠組みとなっている。さらには、基本構想の策定義務の規定がなくなる方向である。規定が特段にはないという場合には、首長の裁量権限であると推定されているようであり、実際にも、首長のもとで総合計画は策定されている。

しかしながら、各自治体では、いつ、どのような手続で、どのような総合計画を策定するのかなど、総合計画の具体的な制度設計はなされていないのが、普通である。さらにいえば、総合計画を作るかどうか、あるいは、総合計画を作成する根拠自体という、総合計画の基本制度さえ、必ずしも確立したものではない。このため、総合計画の策定・改定の時期や手法は、そのときどきの、首長および担当部局（主として企画部局）の政策判断に委ねられているのが、多くの自治体の実態である。逆にいえば、特段の法制化がなくとも各自治体に広く普及しているということは、それだけ、総務省による〝枠付けの指導〟が、不文制度として、効果的であったことを物語る。

⑥ 自治基本条例と総合計画

ところが、近年、幾つかの自治体で自治基本条例を制定する動きがあるが（第一章参照）、そのなかに、総合計画を策定することの根拠規定を設けることが見られる。自治基本条例が、それぞれの自治の形を明示するものであるならば、総合計画についても言及するのは自然であろう。

ただし、自治基本条例は、大まかな根拠規定を置くだけであり、具体的な策定手法や、総合計画の構造、総合計画の期間や改定方法などを規定することは、難しいようである。例えば、第一章で扱った川崎市自治基本条例では、「市は、その将来像を示す総合的な計画を策定し、部門別の基本計画等と調整を図りながら、計画的な行政運営を行います」（一五条一項）とし、その「着実な実行と進行管理を行う」（一七条一項）とだけ規定されている。総合計画は、そのときどきの政権の柔軟な政局・政策判断の余地を留保することが期待されているとするならば、権力者への制限を本旨とする自治基本条例に書き込めることは、あまり多くはないだろう。

なお、初期の自治基本条例の制定の試みのなかでは、総合計画と自治基本条例の棲み分けが苦心された。例えば、一九七三年の川崎市都市憲章条例案では、ちょうどその前の一九六九年に、基本構想議決制度が創設されたこともあって、都市憲章のある部分は、地方自治法でいうところの基本構想でもあると想定されていた[1]。基本構想も条例も、議会の議決を要するという点では、原案を提案する首長側から見れば、手続的には似たようなものだからである。つまり、自治基本条例＝基本構想、という制度化を想定していたといえよう。そのため、川崎市都市憲章条例案第二編には、個別の行政分野の施策・事業の指針となるような、個別的な諸権利が書き込まれているのである。「権利」という表現形態をとって、基本構想の各行政分野別の「政策公準」を示そうとしたのである。

それより四半世紀のち、今日的な自治基本条例の嚆矢であるニセコ町まちづくり基本条例の策定過程でも、総合計画との棲み分けが問われた。策定過程のニセコ町庁内での漠たるイメージでは、自治基本条例は最高規範であることから、（ニセコアンヌプリか羊蹄山の）「山頂」部分に置き、総合計画は、山頂のすぐ下くらいから中腹までにかかる「雲」のような位置付けであった（図表1）。最終的には、自治基本条例は、自治基本条例の目的・趣旨に則って総合計画を制定すること、その際には参加の手続を経ること、他の計画は総合計画と整合性を保つことというような、制度・手続あるいは「器」に純化したものとなった。施策・事業あるいは「中身」に関する決定は、総合計画に委ねるという仕分けがされたようである。その後、このような仕分けが、自治基本条例と総合計画の関係の整除としては、ほぼ事実上標準となっていった。

図表1　自治基本条例と総合計画（ニセコ町のイメージ）

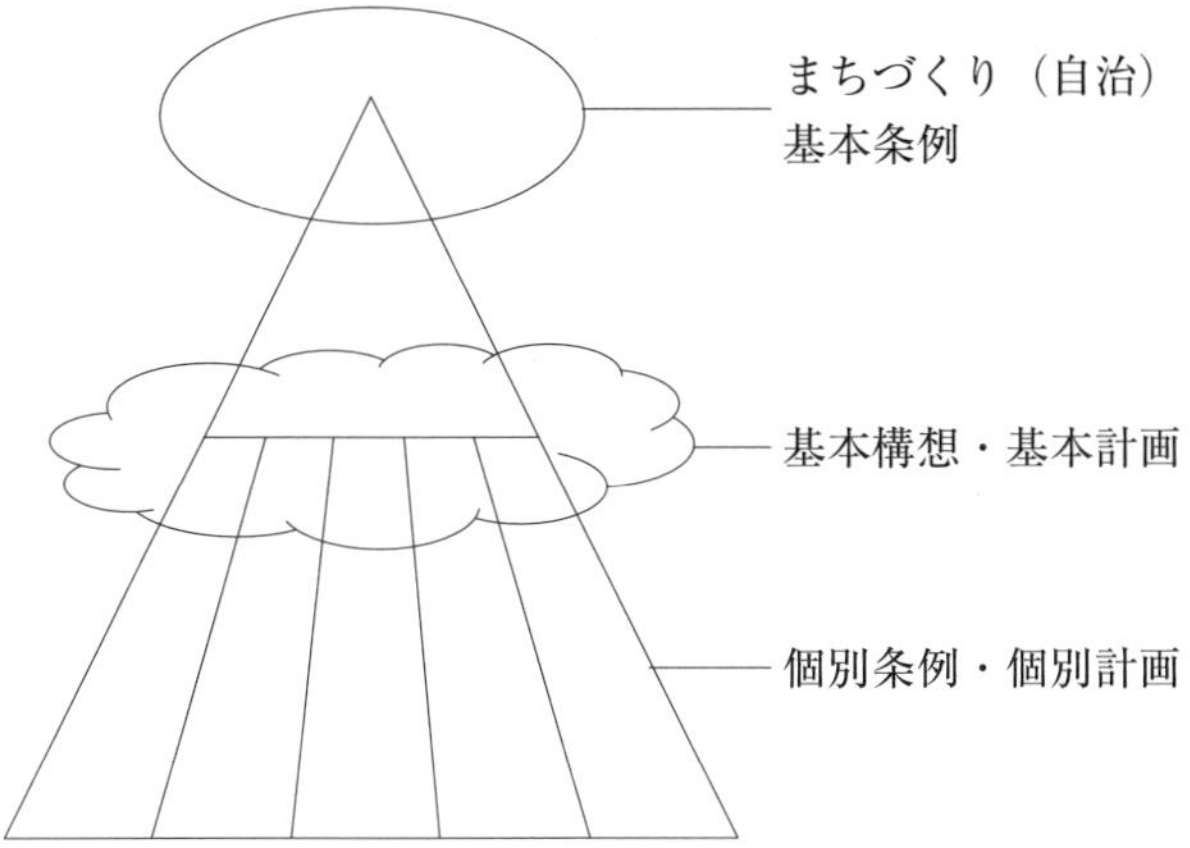

（2000年8月9日　ニセコ町現地ヒアリング調査担当者の説明描図より）

（2）総合計画と民主的統制

① 首長を通じた民主的統制

総合計画は、首長が配下の自治体行政職員を管理するための手段でもある。首長は、個別の決裁や、人事任用・予算査定・機構改革などを通じて、行政職員や組織機構を管理することもできるが、それを包括的・総攬的に行うためには、施策・事業の体系だった一覧文書である総合計画が非常に有用である。首長が行政・職員機構を管理できることではじめて、住民は、首長を通じて自治体行政を民主的に統制することができる。

そのような総合計画が、自治体の行政・政策運営の方針を定めているならば、それは住民の意思を反映したものでなければならない。二元代表制を前提とすれば、住民意思は、一つには首長選挙を通じて表明される。したがって、総合計画は首長の意思を反映していなければならない。選挙で首長が交代しても、前首長の時代と全く総合計画が同一であるならば、民主的統制の観点から見て問題である。なぜならば、

（ア）選挙で示された住民意思が総合計画に反映できない

（イ）首長が交代しても変更がいらないくらいの形骸化した総合計画でしかない

のいずれかだからである。このように見ていくと、総合計画は、各首長の任期四年ごとを一つの「基礎的計画期間」として、改定されていくのが筋論のように思われる。

このような設計思想を反映しているのが武蔵野市方式である（図表２）。首長任期である四年を基礎的計画期間として、総合計画体系を構成する。具体的には、六ヵ年の下位計画（「実行計画」）を設定し、四年経過したら、新たな六ヵ年計画（「調整計画」）に改定（ローリング）する。つまり、下位計画は四年ごとに更新されるのであり、実質は四ヵ年計画である。この改定を二回行う（「第二次調整計画」）と、都合一二年間の期間となり、これを上位計画「第二期／第三期基本構想・長期計画」の計画期間とする。このようにして、一般の通念として見られる一〇年程度の（上位）計画期間を活かしつつ、四年の首長任期を下位計画のレベルで整合させるものである。要は、実質的な基礎的計画期間が四ヵ年であればよいのであり、五ヵ年計画を五年目に改定してもよいし、改定のない四ヵ年計画でもよい。実質的な上位計画期間は四年の倍数であればよく、上位計画を一〇ヵ年計画とし、八年経過した段階で、上位計画を改定してもよい（図表３）。実際、武蔵野市では、二〇〇五年度からの一〇ヵ年計画の「第四

図表2

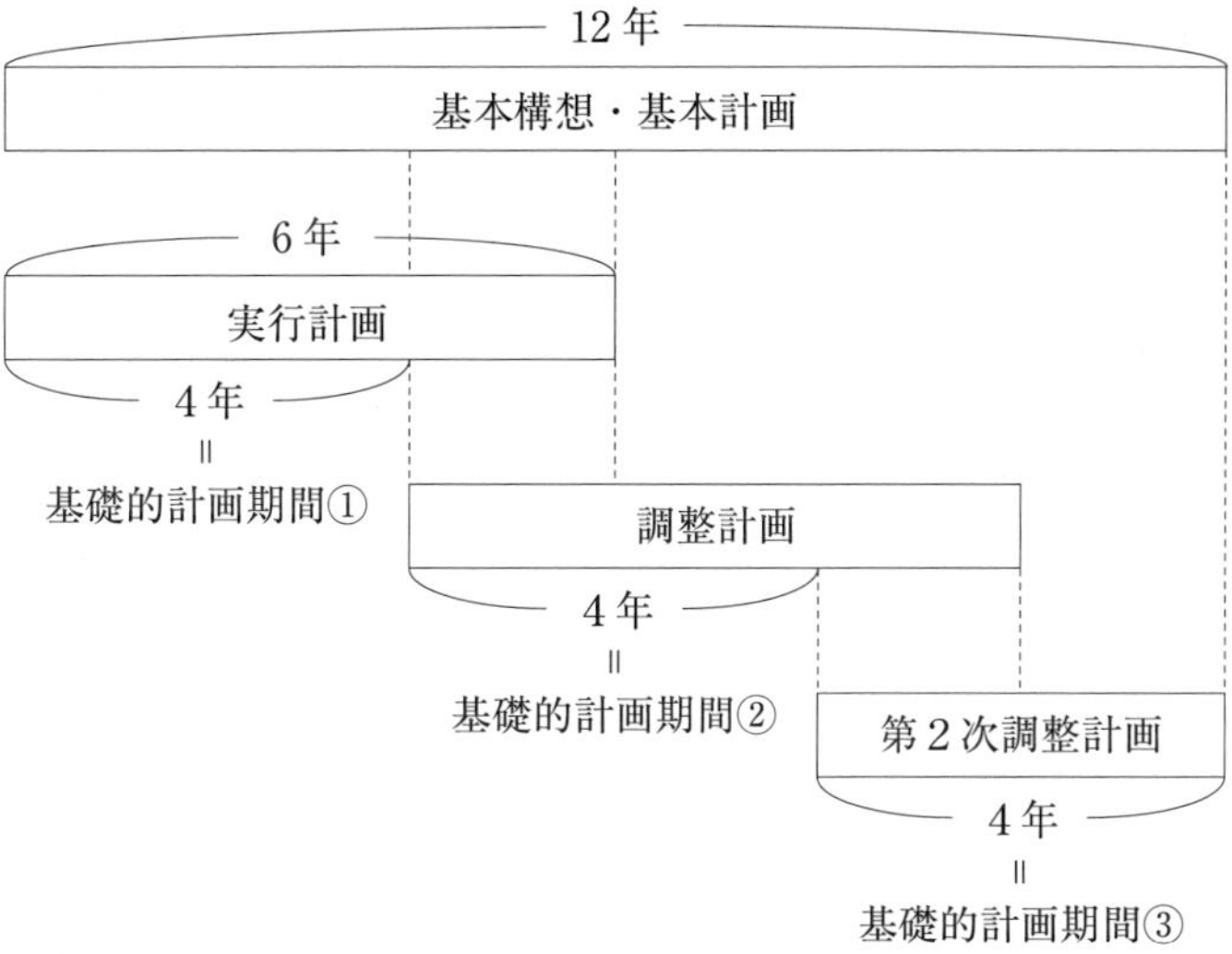
12年
基本構想・基本計画
6年
実行計画
4年
=
基礎的計画期間①
調整計画
4年
=
基礎的計画期間②
第2次調整計画
4年
=
基礎的計画期間③

図表3

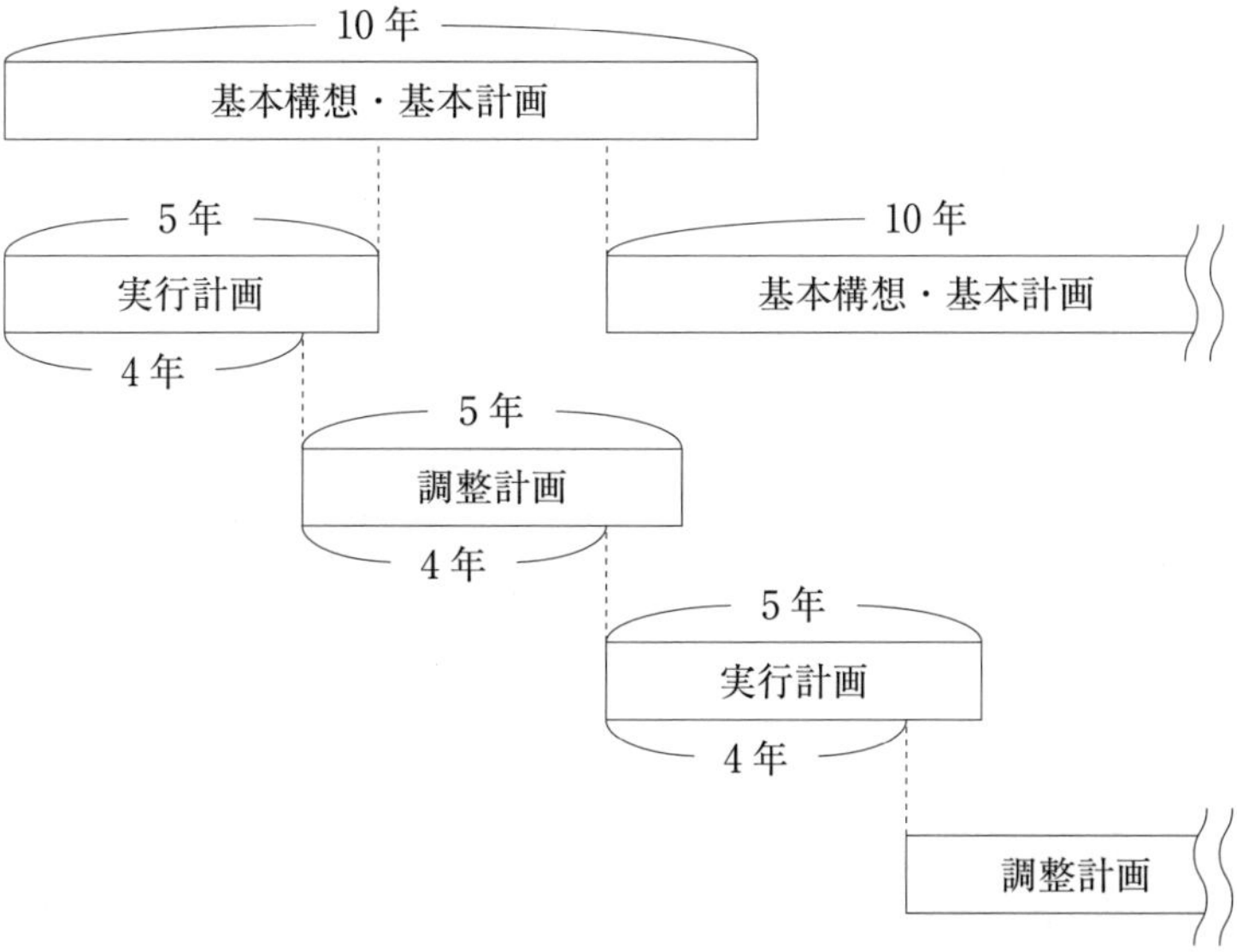
10年
基本構想・基本計画
5年
実行計画
4年
10年
基本構想・基本計画
5年
調整計画
4年
5年
実行計画
4年
調整計画

期長期計画」では、五ヵ年の下位計画（「実行計画」「調整計画」）を四年経過後に改定し、上位計画は八年経過後に改定して、「第五期長期計画」を策定することとなっている。つまり、実質的な基礎的計画期間は四ヵ年、実質的な上位計画期間は八ヵ年である。

② 政局としての首長任期と総合計画の策定・改定時期

自治体の首長任期は、国の政権（首相）の任期に比較すれば相対的には安定して、予測可能ではあるが、きれいに四年ごとに蓄積されているとは限らない。例えば、

（ア） 首長の再選・三選は広く見られることであり、多選もある。実質的な首長任期は四年ではない。とはいえ、八年なのか一二年なのか一六年なのかは、あらかじめは分からない

（イ） 首長は、他の選挙への出馬、スキャンダル、病気・死亡、失職などによって、常に四年任期を全うするわけではない

などの場合がある。簡単にいって、首長任期がいつ切断されるかは、まさに政治過程そのものであり、あらかじめ「計画」できるものではない。四ヵ年を基礎的計画期間として人為的に想定することは、必ずしも首長を通じた民主的統制には馴染まないこともある。実質的な上位計画期間と、首長の実質的な任期＝連続当選任期とが整合する保障もない。

例えば、武蔵野市では、第四期長期計画（一〇ヵ年）・実行計画（五ヵ年）が開始されたばかりの二〇〇五年に前市長が辞任してしまい、二〇〇五年一〇月に市長選挙が行われ、（前市長の後継候補ではない）新市長が誕生した。当初スケジュールでは、二〇〇七年の市長選挙後に調整計画の策定作業を行い、二〇〇九年度から調整計画を

開始する予定であった。しかし、このままのスケジュールでは、市長任期と基礎的計画期間が整合しないこととなる。そこで、「第四期基本構想の枠組みの中で、第四期長期計画を見直し」することとなった（武蔵野市役所ホームページ、二〇〇七年四月一〇日更新版）[(2)]。

具体的には、二〇〇六年九月（市長任期一年経過ごろ）から市民会議を設置し、二〇〇七年四月に策定委員会が設置され、同月には市民会議による提言書がまとめられて策定委員会に提出された。策定委員会では、ほぼ一年間の検討を経て、二〇〇八年二月に調整計画案を市長に提出した。それを受けて、二〇〇八年四月（市長任期二年半経過ごろ）開始の五ヵ年の「第四期長期計画・調整計画」が策定された。このように、調整計画策定が一年前倒しになった。これに連動して、第五期長期計画の開始も、一年前倒しの二〇一二年度になる見通しである。

こうして、市長任期の変動に、下位計画は適応できることになる。しかし、上位計画（第四期長期計画）は簡単には適応できず、前倒しされるとしても前市長の遺産として二〇一一年度まで残存する。論理的にいえば、調整計画の策定という形で、事実上、上位計画の全面改定という規模でなされる可能性はある。実際にも、策定方式の大幅変更と相俟って、比較的大きな内容改定になるとも見込まれている。しかし、右記の通り、基本構想の枠組みからはフリーハンドではない。また、市長任期と市議任期が乖離するのも、新たな状況要因となっている。

現実には、多くの自治体では、首長を通じた民主的統制は、選挙で選ばれた首長にフリーハンドを認めることで、間接的に住民意思を反映するように運用されてきた。いわば、首長選挙とは、総合計画に示される「政策」の方針を選択するのではなく、総合計画を策定する「人」を選択するものである。住民は「政策」ではなく「人」を選ぶ。選ばれた「人」＝首長は、総合計画の施策・事業の中身だけでなく、期間・改定時期・策定手法なども含めて、決定していくのである。総合計画の期間は、自治体ごとの政治日程を反映する。

一般に、首長は再選・三選と任期を重ねるため、基礎的計画期間を四ヵ年にする必要は、民主的統制の観点からもあまりない。新首長が誕生したときに、新たな総合計画への策定・改定がなされれば、充分だからである。実際、新首長は、前首長のもとでの総合計画をそのまま遵守する気がなければ、機を見て、総合計画の策定・改定に着手する。首長は、いつでも計画策定・改定を開始できる。逆に、前首長の「継承者」「後継者」である場合には、総合計画の改定の必要がない、あるいは、改定することができない、ということもあろう。

ところで、総合計画はすぐに策定改定できるという代物ではなく、様々な手続を想定すると二年くらいかかることが多い。また、新首長は、総合計画の策定改定のためには、庁内の職員の人事を把握して、職員に自己の政治・政策信条を浸透させ、策定改定体制を構築していく必要があり、それにもある程度の時間がかかる。こうしていくうちに、四年の一期目はあっという間に過ぎていくのである。このような「自治体時間」がゆったりすぎる流れであることの是非はともかく、現実には総合計画の策定・改定は時間がかかる。総合計画はしばしば「長期計画」と呼称されることがあるが、それは、「計画期間が長期であるから『長期計画』なのではなく、計画策定に長期を要するから『長期計画』なのだ」という笑い話があるくらいである。

実際、右記の四ヵ年の基礎的計画期間を前提とする武蔵野市方式でも、市長選挙の年とその翌年が計画策定期間であり、下位計画は市長任期の中間の三年目から開始され、次の市長任期の前半二年間は残存する。つまり、かならずしも、下位計画の期間と市長任期とは一致していない。

再選・三選を前提に、策定に二年間程度かかると想定すると、総合計画は、新首長の一期目の途中から、再選の選挙を挟む時期に策定・改定の時期が設定されることとなろう。新首長が、比較的に早期に策定体制を立ち上げることができれば、新たな総合計画の策定・改定を受けて、ときには、実施を開始してから一～二年程度を経て、首長選挙に臨むことができる。このときには、現職首長にとって総合計画は、一期目の実績であるとともに、二期目への選挙公約になる。また、もう少し満を持して、二期目に総合計画の策定に着手することもできよう。一般に、一期目は体制構築と試運転であり、当該政権にとって本格的な政策展開をするのは二期目であるから、そのときに、首長の総合的・長期的な政策体系を示す総合計画を示すことは、もっとも強力なビジョンとなろう。そして三選を想定すると、ほぼ一〇ヵ年の上位計画の計画期間と照応するようになる。

③　首長への多元的統制

法制的にはなんら明示されていないが、旧自治省が想定していた総合計画なるものは、一〇年・五年・三年というような計画期間であり、必ずしも、首長の任期四ヵ年と連動させることは含まれていなかったようである。いや、むしろ、総合計画の「計画的」という意味は、首長の任期＝「人気」という短期的な思惑を超えて、長期的な視野を持つことを想定していたのかもしれない。実際、「長期計画」の名称を付している自治体もかなりある。この意味では、総合計画は、首長による恣意的な政策運営を統制しようとする、自治体へのガバナンス（統制・牽制）の機能を期待されているともいえる。問題は、誰による、誰の期待を反映した、統制機能であるかである。

旧自治省によって法制的に埋め込まれた総合計画制度は、ある程度は、右記のような首長への統制を、自治制度として構築したものであり、国からの自治体への統制の一種である。長期的・計画的な視点を持って、自治体の行政運営をせよ、ということである。そして、基本構想を議決事件としたことに表れるように、首長に対して、議会による統制を組込んでいる。また、首長任期を超えた計画期間を想定するということは、そのときどきの住民の多数意思を超えた、長期継続の民意を想定することでもある。より実質的には、前首長時代の多数意思の遺産を議決された基本構想として残すことで、現首長時代の多数意思が急激に展開されることを抑止し、一定の継続性と安定性を確保するのである。

直近の首長選挙に示された当期の民意およびその代表である首長に対して、（ア）国による制度に込められた統制、（イ）もう一つの代表機関である議会による統制、および、（ウ）前の首長選挙に示された民意およびその代表である前首長による統制、が埋め込まれているのである。総合計画制度は、首長の自治体運営の道具として、首長を通じた民主的統制だけを企図した仕組みだけではないのである。（ア）の意味では、総合計画制度とは、《民主主義体制のなかの非民主主義的な要素》を含んでいるし、（イ）（ウ）の意味では、《民主主義体制》における民意の多元性を前提にしている。

もちろん、どのような計画期間を設定しても、現職首長は常にその改定に着手できることは、②で触れたとおりである。その意味では、総合計画によって現職首長を統制しようとするのは、過大な期待かもしれない。しかし、事前に定められた計画期間には、一定の制約効果がある。首長には政策判断のフリーハンドは与えられているが、その判断には説得的な理由づけが必要である。露骨に「政局」的に、「選挙目当て」や「自分色」を打ち出すために総合計画を改定することは、かえって現職首長の政局運営に逆効果である。総合計画の改定・策定は、「計画論」的にも、無理のないスムースなものでなければならない。新首長が露骨に人事を壟断できないのと同様に、計画を変にいじることも危険である。可能であれば、すでに設定されていた計画期間の終期を巧みに利用して、「自分色」の総合計画の策定・改定の好機にすることが政治手腕である。

④　住民による首長への統制　～マニフェスト型選挙～

近年、自治体の首長選挙では、国政選挙と同様に、「マニフェスト(3)（manifesto）」というものが注目を集めている。マニフェストとは、政権担当を目指す候補者が、その選挙に際して、政権を獲得した暁には何をどのようにいつまでに実現するかを、詳細かつ体系的に示した文書である。その意味では、「政権公約」である。選挙に際しての文書であるから、自治体の場合には、対象期間は首長任期＝四年間である。

もっとも、従来から、選挙に際して候補者は、さまざまな「選挙公約」を掲げていたものであり、その意味では新鮮味はない。ただし、従来の選挙公約が、ややもすると、抽象的・総花的でありながら、体系性のない、つまみ食い的なものであり、実現のための手段も行程も明らかでないこととの対比を行うことで、マニフェストは、中身が違うことをアピールしている。マニフェストは、具体的であるから、それが実現したかどうかの事後評価がしやすい。つまり、有権者は、選択した候補者が政権を獲得した後の業績を、マニフェストに照らして評価しやすくなる。有権者は、マニフェストと選択することで首長候補者を選択するとともに、当選した首長候補者を、マニフェストを通じて統制することができる、と。

このように、マニフェストは、政権担当を目指す候補者個人あるいは政治家グループ（国政では政党）のものであり、政務に属する。他方、総合計画は、自治体運営を定めたものであり、自治体の計画である。首長は自治体行政の最高責任者である機関として総合計画に責任を負うが、総合計画は首長個人のものではない。総合計画は公務に属する。この両者は論理的には全く別物である。しかし、マニフェストが単なる選挙公約ではないとして、具体的で詳細な政策体系を示すとなると、内容的には総合計画に似てくるのである。マニフェストと総合計画の関係はいかなるものかの整理が、今後は求められてくるであろう。

当選した新首長は、公選職政治家として選挙で掲げたマニフェストを実現すべく、マニフェストを総合計画に盛り込むように努めることとなろう。その結果として、首長のマニフェストの内容が、自治体の総合計画に総て盛り込まれ、さらに、肉付けされることもあろう。②で述べたように、従来は、総合計画を策定する「人」を選ぶのが首長選挙であったが、マニフェスト型選挙のもとでは、総合計画に入れるべき「政策」＝マニフェストを選ぶのが首長選挙となる。

こうして、マニフェスト型選挙は、《自治体の政策を網羅的にパッケージとした住民投票》としての機能を持つようになる。いわゆる、通常の住民投票が、単一争点の是非を問うものが原則であるとするならば、マニフェストは、政策パッケージの是非を問うものである。しかし、いずれにせよ、住民の直接投票という総意による選択であり、その政治的な拘束力は大きくなり得る。マニフェストという住民投票的正統性を持つ手法は、一方で、首長はマニフェストに従って政権運営をしなければならないという点で、首長を政治的に強力に拘束する機能がある。同時に、他方で、首長はマニフェストで承認されたという正統性を背景に、議会、自治体行政職員、さらには、住民に対しても、当該マニフェストに基づく政策運営への服従を要求することができる。マニフェストは、首長の権力を制限するとともに、首長の権限を強化する、二面性のある手法なのである。

理論的には、総合計画とマニフェストは別物であり、かつ、自治体は首長だけのものではないから、マニフェストが総《すべ》て総合計画に掲載される必要性も必然性も妥当性もない。しかし、《総合計画＝マニフェスト》でないとなると、首長を統制すべき議会や住民は、何に基づいて首長の責任を問うべきかが混乱しやすい。首長は、マニフェストと総合計画とを使い分けて、責任を回避することが可能になるからである。

マニフェストが《政策パッケージとしての住民投票》であるならば、民意の直接的反映という正統性をもって、総合計画もマニフェストに政治的には拘束されるべきということになる。その場合には、《総合計画＝マニフェスト》であって当然ということになる。首長は、マニフェストの内容を総合計画に盛り込めないという時点で、マニフェストの実績評価という点では、厳しく責任を追及されることになる。しかし、《総合計画＝マニフェスト》では、首長と他の関係者との討議に基づく計画策定の余地がないということになり、これはこれで、住民参加や熟議に基づく合意形成を欠くことになり得る。人民投票民主主義という「独裁」になり得るのであり、《民主主義体制のなかの非民主主義的な要素》にも転嫁し得る。従って、《総合計画＝マニフェスト》になるのであれば、マニフェストの起草の段階で、住民参加などの充分な討議が求められることになる。しかし、在野の一介の新人候補者のマニフェストづくりに、大がかりに住民参加の仕掛けを作ることは容易ではない。

マニフェストは、新首長が新人候補としての選挙に際して掲げたときには、総合計画との混同は生じないが、現職首長が掲げるときには、かなりの混濁を起こす。現職首長は、自治体の執行機関としては総合計画に責任を負い、同時に、候補者としてはマニフェストを掲げる。同一人物である以上、総合計画とマニフェストは、同一ではないにしても、整合を取れていなければならない。つまり、事実上は、《総合計画＝マニフェスト》、である。そこで、現職首長は、総合計画づくりをすることで、マニフェストづくりをすることになる。庁内職員や住民参加を活用し、現職の立場を利用して、自己のマニフェストづくりという選挙活動をすることになる。現職首長に挑戦する候補者は手作りでマニフェストを作らざるを得ないが、現職首長は「現職の強み」を活かすことができる。

首長選挙が、同時に《総合計画＝マニフェスト》の諾否を決するものであるならば、総合計画への住民参加のためには、マニフェスト作成への住民参加が必要である。しかし、前述のように、新人候補者には容易ではない。これが可能であるのは、現職首長が、総合計画を住民参加で策定し、それをマニフェストとして首長選挙に掲げることである。首長選挙は、《総合計画＝マニフェスト》への批准投票となる。このような仕掛けが、プレビシット（翼賛型住民投票）にならないように運用するには、かなりの賢慮が必要である。

②で触れたように、二期目を目指す選挙が総合計画の策定・改定の時期に重なりやすい政局日程の現実からすると、このときのマニフェストは現職候補にかなり有利であろう。三期目・四期目ともなると、《総合計画＝マニフェスト》による業績評価が効いてくるので、必ずしも現職有利とならないかもしれないが、ただでさえ有利といわれる二期目の選挙は、信任投票的な傾向をさらに増すであろう。マニフェスト型首長は、再選ないしは三選程度でボロが出ないうちに「逃げ切る」のがもっとも有利なのであり、実は多選自粛と親和的である。

逆に、マニフェストがもっとも公平かつ有効なのは、新人候補者同士の選挙のときであろう。そこでは、現職の立場を利用した《総合計画＝マニフェスト》という混濁状況は生じず、純粋に、候補者同士の競争となる。そして、当選した候補者のマニフェストを反映させて、総合計画の策定・改定が住民参加なども加えて一期目から二期目にかけてなされるであろう。マニフェストが、総合計画との混濁を起こすことなく、かつ、候補者間の公正・公平な競争に資するには、現職候補がなるべく存在しないことが望ましい。新人同士の選挙戦が起きやすいのは、現職首長が多選を目指さないときである。この点からも、マニフェスト型首長選挙は、多選制限と親和的である。

⑤　議会を通じた非公式の統制

法制上は、市区町村の基本構想は議会の議決を要する（二〇一〇年五月現在）が、それ以外の総合計画の構成要素に関しては必ずしも議会の議決を要しない。そのため、一般には、三層構造の総合計画のときには、大まかな方針のみを基本構想に定めて議会の議決を受けるものの、より詳細な基本計画・実施計画は首長部局の権限で定める。そして、基本計画・実施計画に掲載されている計画事業も、結局は予算化される必要があることが普通であるから、毎年度の予算議決を受けることになる。いわば、総合計画に関しては、入口（＝基本構想）と出口（＝予算）を議会によって統制している。都道府県の場合には、基本構想の議決制度自体がないので、議決事件追加条例（地方自治法九六条二項）を制定していなければ、議会が統制できるのは、出口の部分だけである。

とはいえ、実際には、総合計画の策定の途上で、議会の非公式の了解を整える手続がとられることはある。第一に、議員あるいは会派は、特に与党系であれば、非公式に首長に対して要望・陳情をすることが可能である。第二に、総合計画の策定の途上で、首長側は、議会あるいは総務企画委員会（名称は多様）などに状況を報告・説明し、質疑・意見を受けることがある。第三に、いわゆる全員協議会などでの報告・質疑などにより、非公式に議会での議論を行うこともある。

第四に、総合計画の策定のために附属機関としての総合計画審議会（名称は多様）が置かれることが多いが、その総合計画審議会に、議会選出委員が加わることもある。

もちろん、首長の附属機関である審議会に、二元代表制の他方当事者である議会の議員が加わることには、実際上でも批判はあり、審議会には議員が加わらないという方針となった自治体もある。特に、審議会での答申は全会一致という慣行がある場合には、基本構想が議会に議案として提案される前に、審議会答申ということで議員が了承を与えることとなるため、当該議員（およびその会派）の議会での審議行動に、影響があることが懸念されるからである。端的にいって、二元代表制でありながら、議員が首長という相手方の「附属機関」に相手方から「委嘱」されるのは、議会による首長部局への統制という観点から不適切であるということである。こうして、総合計画審議会にも、議員はメンバーとはならないという自治体も多い。

しかし、市区町村の基本計画や都道府県の総合計画は義務的な議決事項ではないから、実質的に総合計画の策定内容・過程を議会が統制しようとするために、総合計画審議会に加わることも、あながち否定されるべきこととされてはいない。法制上も、基本構想は市区町村全体の総合計画の最上位計画として、首長と議会の共同決定に関わらせているのであり、その原案の作成段階から、両者が関与することは、それなりに機能があったようである。

ただし、野党会派からの議員にとっては、総合計画審議会での立場と行動は難しい。野党会派の責任として、首長部局提案の総合計画の原案を、簡単に了承することは許されない。しかし、最終的には全会一致の審議会答申に加わることとなり、審議会答申を尊重して作成される総合計画が議会に示されると、一種の自縄自縛状態に陥りかねないからである。そもそも、二元代表制のもとでは、議員に与野党の区分はなく、すべての議員は首長と対峙することを法制上は期待されているということから、「制度的野党」機能を期待されるとするならば、右記の野党会派議員の難しさは、本当は全会派・全議員に共通する問題である。

⑥　基本構想の議決

ところで、法制上は、市区町村議会で議決を要すべき「基本構想」というものの中身・構成に関しては、特段の定めがない（二〇一〇年五月現在）。つまり、首長部局が定めた総合計画らしき文書のうち、どの部分が「基本構想」として議決を受けるべきかが、実は決まっていないのである。このため、不可思議なことではあるが、法制（地方自治法二条四項、二八一条二項）に基づいて、首長が策定して議会に議案として提出し、議決を受けた部分が、《形式的意味での基本構想》になる。首長が通例の基本計画並みに詳細な基本構想を策定すれば、《形式的意味での基本構想》は、通例の基本計画のような詳細な内容を含むこともできる。逆に、首長が、いわゆる「市民憲章」程度の概括的な内容しかない基本構想を策定すれば、通例の基本構想以上に簡略な内容となる。《形式的意味での基本構想》の内実は、首長側の意向によって、詳細にも茫漠にもできる。したがって、法制上の議決の規定は、実質的には無意味なのである。

では、首長が「基本構想」ではない計画文書として作成したものを、議会が一方的に拡張して、「基本構想」として議決することはできるだろうか。また、首長が提案した基本構想を、修正して議決することはできるだろうか。あるいは、議会が自ら「基本構想案」を策定して、議案として上程し、議決することはできるだろうか。

その解答は、「否」かもしれない。《形式的意味での基本構想》は、首長と議会の双方の意思の合致を要するものであり、どちらか一方の意思だけで決定・修正できるものではないと考えられるからである。基本構想議決制度は、首長に立案・策定の独占権を与えたうえで、議会に一括承認・否決権を認めたようにも考えられる。もちろん、予算と同様に、首長側の原案策定権限を損なわない範囲で、議会が修正することは認められるかもしれない。

⑦　議決事件としての総合計画の範囲

現実的には、基本構想は首長側の提案の範囲に限定され、そもそも、都道府県では義務的な議決事項はないから、総合計画に対する議会の統制には、限界がある。しかし、そのような議会の権限は、議決事件追加条例によって、拡張することはできる。一定の範囲の計画を条例で規定して、それを首長が定めようとする場合には、議会の議決を要するとするものである。首長の単独での意思決定権限を制限し、議会との共同決定に変更する点で、自治体の基本的な運営の仕組みを規定するものでもあり、このような総合計画の議決事件追加条例は、《実質的意味での自治基本条例》の一部をなすものである。

例えば、神奈川県では、「神奈川県行政に係る基本的な計画を議会の議決事件として定める条例」が定められている。計画の策定段階から議会が積極的な役割を果たすことが目的である（一条）。条例の対象は「基本計画等」とされているが、その定義はかなり複雑であり、実施期間が五年未満のものを除いたうえで、

（ア）県行政全般に係る政策及び施策の基本的な方向を総合的かつ体系的に定める計画、指針その他これらに類するもの（次号に定めるものを除く）

（イ）県行政全般に係る政策及び施策の基本的な方向を地域ごとに総合的かつ体系的に定める計画、指針その他これらに類するもの

（ウ）（ア）（イ）のほか、県行政の各分野における政策及び施策の基本的な方向を定める計画、指針その他これらに類するもの（法令の規定により、その策定手続が定められているもの又は知事その他の執行機関が策定することとされているものを除く）のうち、行政運営上特に重要なもの

とされている（二条）。このうち、議決が必要なものは、右記の「基本計画等」のうちの基本構想部分、実施期間、実施に必要な基本的政策・施策、とされている（三条一項）。イメージとしては、県全域総合計画（1）、地域別総合計画（2）、分野別基本計画（3）であるが、その全体が議決対象ではなく、基本構想・実施期間・基本的施策である。

しかし、総合計画の議決事件追加条例も、《形式的意味での基本構想》における議会の議決権限と同様に、万能ではない。第一に、議決の対象範囲が実はかなり曖昧だからである。右記の神奈川県条例でも、実施期間はともかくとして、「基本計画等」のうちの基本構想部分や基本的施策部分とは何であるのかは、一義的には決まらない。

計画の原案を策定する執行部側が「基本構想部分」「基本的施策部分」と指定したものが、結局のところ、議案として議決事件の対象となろう。

第二に、議会の提案権や修正権はないか、あっても限界的に留まるからである。それゆえ、最終的には総合計画に対する議決権を留保していたとしても、議会が実質的に内容に影響を与えることは、公式の議案に対する議会審議・議決を通じては容易ではない[4]。このため、総合計画の策定段階での非公式の意見交換と合意形成が必要となろう。この点では、議決事件として追加されていない状態と相違はない。議会による統制は、現実には、非公式の舞台による影響力に依存しているのである。

(3)　総合計画と住民参加による民主的統制

①　総合計画への住民参加

総合計画の民主的統制のためのもう一つの回路は、住民の直接的な参加である。初期の総合計画は、どちらかというと住民参加を重視していなかった。むしろ、市町村の総合計画審議会の構成に、国・県の行政職員が入ったり、当該市町村の幹部行政職員・議員が入ったり、地域の有力経済団体代表が入るなど、これらの関係者が重視されていたことが窺える。しかし、現在では、総合計画の策定に何らかの住民参加の方法を採り入れることは、ごく当たり前になっている。

観察されるところでは、総合計画は、比較的に住民参加が進められやすい領域であるようである。その理由には、以下のようなことが考えられる。

（ア）　内部管理事項というよりは、自治体の対外的な方針を示す

（イ）　個別具体的決定というよりは、自治体の概括的な方針を示す
（ウ）　専門知識を要する判断というよりは、住民世論を反映した政策選択に基づく
（エ）　膨大な作業を要するというよりは、大まかな議論と判断で済む

例えば、予算編成は、今日でも「先進」自治体でさえ、住民参加をすることはなかなかされていない。これは、予算編成が、最終的には財務会計上の収支のやりくりをするという内部管理事項的な性格を含み、個別的・具体的な事務事業の取捨選択にまで踏み込まざるを得ず、しかも、膨大な作業を要するためであろう。実際、住民参加の局面で住民が割ける時間は、それを専業にしている行政職員に比べて、遙かに短い。従って、膨大な予算編成の作業に、住民は深く関与することは容易ではない。ただし、予算編成は、最終的には専門知識に基づく判断というよりは、住民世論を背景にした首長の政策選択に基づくものであるから、右記の問題がなければ、住民参加に不適切というわけではない。

一般に、住民は、個別的・具体的な事柄に関する関心と知識を持ち合わせているのである。しかし、その関心と知識には「偏り」ないし「濃淡」があると、自治体行政職員側からは見なされている。また、住民である以上、特定の事柄に強い利害関係を有し、他の事柄には有していない場合もある。そのため、総《すべ》ての分野を見渡しながら、個別具体の案件に関して、総合的に公平な衡量をしなければならないときには、行政側としては住民参加をうまく運営することができないようである。

住民の意見は、個別・具体の事柄には良く出てくるが、それをそのまま意思決定に直結させることは難しい。このため、住民からの個別・具体的な関心や意見を、一回、抽出・濾過して、一般的・抽象的な内容に変換することが、行政側には好まれる。総合計画への住民参加は、このような仕掛としては、非常に適合的なのである。いわ

ば、予算編成に住民参加を行えば、個別具体的な陳情・要望にならざるを得ず、かつ、それが、分野・事案・地域間で偏向を持って現れる。そこで、総合計画への住民参加という形で、個別具体的な陳情・要望を、一般的なビジョンに昇華させるのである。総合計画への住民参加は、予算編成過程に直接的に、個別具体の陳情・要望が噴出することを予防するための防波堤でもあり、民主主義を実効的に機能させるための《民主主義体制のなかの非民主主義的な要素》でもある。

② 住民参加における住民の「立場」と代表性

本項での関心は、総合計画への民主的統制の仕組みとしての住民参加である。自治体の信託者・主人である住民《民主主義体制のなかの民主主義的な要素》である）が、具体の生身の諸個人として登場するのが、住民参加の局面である。ここで問題となるのが、現実に登場している諸個人が、「住民一般」の代表者であると見なすことへの了解が可能かである。そうでなければ、生身の住民諸個人は、《民主主義体制のなかの非民主主義的な要素》になりかねない。住民参加している現実の諸個人は、いかなる「立場」で活動することが正統であるかということである。

首長・議員という公選職の場合には、一人一票制の秘密・自由投票選挙によって、代表性を付与される、という擬制がなされている。いわば、選挙に、このような「代表性」を付与する「まじない」が込められている。「洗礼」とか「禊ぎ」とか、神懸かった用語が実際に使われるのは、そうした擬制の神技性によるのであろう。もちろん、現実の首長・議員が、代表として相応しい行動をしているかどうかは、全く別問題である。別問題であるが、何らかの代表として行動すべきモデルがあってこそ、現実の首長・議員の行動を問責・批判することも可能になる。

翻って、「普通」の「住民」が登場する住民参加の場合、どのような擬制で代表性を付与されるのかである。これには、以下のように、いくつかの回路がある。

③　選挙方式と団体推薦方式

第一は選挙方式である。首長・議員の代表性が選挙によって確保されているならば、住民参加をする住民も選挙によって選出するのが、最も明解であろう。自治会町内会の役員・執行部・区長などを選挙・互選によることは、ないわけではない(5)。団体内民主主義ということからは、住民団体の内部の代表者の選出が、選挙や互選によることは、なくはない。法定制度では、例えば、土地区画整理審議会は、地権者からの選挙によって議員が選ばれる仕組みになっている。また、制度的には行政からの任命によるとしても、選挙の結果を事実上はそのまま受容するという準公選方式もある。例えば、上越市の地域自治区の地域協議会は、このような準公選方式が採られている(6)。

総合計画の策定に直接に関わる住民が、その背景となる住民団体から選挙・互選・コンセンサスなどで選出されているときには、その団体を代表しているといえよう。しかし、住民代表となるには、背景となる住民団体自体の代表性が問われることになる。単純にいえば、当該住民団体の〝組織率〟が問われる。多数の住民をメンバーとしていない住民団体は、「一部」住民の団体であり、その代表者は、「一部」住民の代表に過ぎない。また、自治会などの住民団体は、自治体の全域での住民ではなく特定区域の住民の組織であり、その意味では、地域代表であっても、全住民代表とはなりにくい。全ての地域から満遍なく住民代表を得るようにしないと、個別地域代表性は得られても、全住民代表性は得にくくなる。そこで、個別地域の自治会町内会の集合体である自治体町内会連合会というものが、重宝されるのである。

また、一般的には、首長・議員などは、参加する住民に選挙によって代表性を付与することには、極めて消極的である。首長・議員が、代表性を主張できるのは、住民から選挙されているという特殊な地位を寡占しているからであり、それを「普通」の住民に拡散させてしまっては、公選職の価値が減殺されてしまうことを懸念するからであろう。首長・議員は、住民代表であることを標榜しながら、普通の住民とは違うことを強調するインセンティヴを持つ。この傾向は特に「議会人」などと称する議員に強い。そして、そのことは、住民参加に応じるような能動的な住民からの不信感を助長し、住民と議員の距離を拡大するように作用する。

そして、参加する住民の側も、選挙されることに意義を見出さない。選挙によるということは、「議員のようになる（なりさがる）」ことであり、それは、「普通」の住民からは遊離することを意味するからである。つまり、住民参加は、選挙された者という資格によらないからこそ、意義があることになる。また、原理的にいっても、公選職と通じた民主的統制は議会を通じればよいのであって、それとは異なる民主的統制の回路が住民参加であるとすれば、参加住民は選挙を通じて代表性を付与されてはならないのである。

そこで、第二の方式として、通常採られるのは団体推薦方式である。これは、特定のカテゴリーの団体を行政側が指定し、具体的な個人の選択はその団体の選出に委ね、それを追認するというものである。具体的な個人の選出を行政側が左右しないという点では、選挙方式と同様の効果がある。つまり、委嘱する行政側から、住民代表としての「立場」の正統性を獲得する度合いが弱まるからである。ただし、推薦を依頼する団体を指定するのは行政側であり、行政側からの正統性の付与に依存し、かつ、行政側の選好にも依存することには違いはない。

第三は、公選職としての代表性を有する首長・議員（議会）からの、間接的な代表性の付与という擬制である。通例は、首長による委嘱という形態を採るので、行政委嘱方式といえる。ただし、総合計画に係る住民委員が議会同意人事となることは、管見の限り、ないようである。

④　行政委嘱方式と協定方式

総合計画審議会の委員は、通常の団体委員・学識者委員だけではなく、公募委員ではあっても、首長による委嘱行為があり、いわば、「委員に委嘱するこの具体的個人は住民を代表していると首長が判断した」と首長がお墨付きを与えたということである。このように間接的代表性を付与されれば、参加住民の「立場」は正統化されるが、その場合には、住民参加は首長の手足としての参加であり、理念的には首長による動員・包摂に近づく。逆にいえば、民主的統制としての住民参加の機能には、限界がある。

第四に、行政委嘱方式の改良版として、住民（団体・会議体）と行政（首長など）との間で締結する協定方式がある。行政側からの委嘱ではなく、行政と住民との対等な意思合致に基づく協定によって、行政側が住民側の代表性を承認することになる。もちろん、行政委嘱方式でも住民側は同意しなければ参加しないわけであるし、協定方式でも行政側が同意をしなければ成立しないから、両者の差異は相対的である。そもそも、統制主体である住民と、統制客体である行政とが、対等な立場で協定を結ぶことは、奇異であるともいえる。しかし、行政とは別個の独立した異なる主体として住民側の正統性を認め、民主的統制の主体としての個々具体の住民の存在を行政側が納得して承認することは、住民参加による民主的統制にとっては、現実には有用である。代表的な事例は、三鷹市の「パートナーシップ協定」である。

行政委嘱方式と協定方式は、参加住民の側の意思を無視して参加を強要するものではないから、行政側の一方的意思で参加住民を選択しているのではない。しかし、行政側が同意をしなければ、参加住民としての資格が認められないというものである。その特質は、公選方式との対比を考えれば分かりやすい。選挙で選ばれた議員は、首長（行政側）の同意なくしても議員になるのは当然である。しかし、行政委嘱でも協定でも、あくまで行政側の同意が必要であり、その限りでは、首長・行政に対する民主的統制の迫力には限界がある。審議会＝「行政の隠れ蓑」となるのは、このような委員選任方式も一つの要因である。独自の民主的正統性（＝代表性）を持たないからである。このようななかで住民参加が機能するには、いずれも、行政側の謙抑性ないし自己抑制が必要である。それがなければ、住民動員・住民包摂（public involvement）ないし翼賛になり得る。

⑤　無作為抽出方式　～住民アンケート調査・市民陪審員～

住民参加の局面で直面する課題は、現に参加している住民個々人が、住民一般の世論を反映しているか確証がないことである。いわゆる「声の大きい住民」と「声なき声」の問題である。自治体職員は、しばしば、いまここに存在しない抽象的な住民の意見なるものを想定して、現前に存在する個々具体の住民の意見に耳を傾けない。悪ければ、「住民エゴ」とか「マニアックな方」などとレッテルを貼り、よくても、せいぜい「ご意見として承っておきます」などと言って、無視するのである。

そこで、参加している住民個々人も、あえて「独断と偏見ですが……」とか「私個人としては思うのですが……」などと自嘲したりする。逆に、特定のカテゴリーに自分を同一化させて、「民間企業に勤める者の常識では……」とか「子を持つ親（介護をしている者）の立場としては……」とか「主婦（女性）としては……」などの話法を使ったりもする。あるいは、端的に、「我々住民は……」などと、自分＝住民そのもの、と逆に僭称したりせざるを得ない。

このようなややこしい問題を回避するには、住民の圧倒的多数を包括すればよい。住民投票・選挙で投票率が重視され、住民団体では組織率が重視されるのは、この発想である。しかし、現実には圧倒的多数の包括は困難である。そこで、住民全体なるものを、少数で統計的に反映できるようにするしかない。しかも、無作為抽出によれば、標本（住民ないし住民意見）の選択は行政側の恣意の入る余地がないため、住民全体の意思の反映あるいは算術的集計には好都合であり、また、民意・世論によって行政を民主的に統制する観点からも重要である。

総合計画の場合にも、住民意識調査や住民アンケート調査というかたちで、無作為抽出の住民意見の反映という手法がしばしば採られてきた。住民アンケート調査方式は、最も古典的な手法の一つである。また、いわゆる市政モニター方式は、ある程度はこれらと近似する意識調査になるが、通常、モニターになるのは応募などの一定の自発性が必要であり、必ずしも統計的（＝平均的）住民とは同質ではない。

ただし、住民意識調査や住民アンケート調査などは、設問の設計によって回答が変動することは知られている。そして、調査の設計・実施は行政側が行うものであり、住民側は受動的な存在に留まる。その意味で、住民アンケート方式は、民主的統制の主体としての個々具体の住民を登場させるものではなく、通常のイメージでは、住民参加と呼ぶことはできない。むしろ、行政側からの広聴・情報収集の一種とされてきた。

そこで、無作為抽出で個々具体の住民を選出する市民陪審員方式が考えられる。また、近年注目を集めているのは、コンセンサス会議方式である。刑事司法の領域では、無作為抽出で委員を選任することは、検察審査会委員や裁判員制度として、日本でも存在している。しかし、無作為抽出で、総合計画に関わる住民代表委員を選任する市民陪審員方式や計画細胞（プラヌンクス・ツェレ）方式は、管見の限りないようである。[7] 当の住民個々人の意向に関係なしに選任しても、現実的には、参加・出席を強制することはあり得ないし、また、やる気のない住民委員がいても計画策定にとって有意味ではないからであろう。総合計画への住民参加には、アンケート調査への短時間の回答などと異なり、ある程度の継続的な参加というコストを負担する必要があるからである。

現実には参加を強制できない以上は、選任しても住民の個々人が拒否することは自由であるから、第一段階としては無作為抽出で住民委員候補を決めて、そのうえで就任依頼交渉していくのも、一つの方式かもしれない。住民参加が盛んになれば、積極的な人、住民参加のコストを自ら払おうとする人、などの参加は益々増えるであろう。しかし、聴かれたら答えるが自ら進んでは意見を言わない人、自らコストを払おうとまでは積極的には思わないが敢えて指名されればコストを負担することもやぶさかではない人、などのタイプの住民もいる。確信を持って住民参加しない住民はともかく、中間的な態度の住民にとっては、このような無作為抽出からの働きかけは、一定の意味があるように考えられる。

⑥　公募方式

総合計画に対する民主的統制のためには、住民参加する住民個々人が、行政側の選好によって選出されない独立性を持つことが重要である。そして、その独立性は、住民代表としての正統性をも備えなければならない。こうした手法として、近年、多くの自治体で導入されているのが、公募方式である。

公募方式とは、特定団体とか特定カテゴリーとか、専門的知識経験を有するとか、そのような「立場」ではない、全く「無地」の立場の住民として、住民個々人からの自発的な応募をもとに住民参加する個々の住民を選定するものである。問題は、応募してきた住民をどのように選出するかである。行政側の意向の反映が強い度合いか

ら、

（ア）　行政選考型

（イ）　審査委員会型

（ウ）　抽選型

（エ）　全数参加型

などがあろう。

行政選考型は、行政側の判断で判別するものであり、最終的には行政委嘱方式と大差がなくなる。そこで、選考をより「中立的」「第三者的」に行うために、審査委員会を設ける審査委員会型もある。また、これらは、誰が選考するかということだけではなく、どのような選考基準によるかも重要である。一般には、地域・男女・年齢（・ときには国籍）構成などのバランスが考慮されるようである。また、しばしば、応募に際して論文の提出を求めることがあるので、そのようなときには、一定の知識や、やる気を問うているともいえるが、論文内容で、応募者の政策的指向性や思考パターンを判別しているともいえる。

抽選型は、右記のような行政側の判断による選別を最小化する仕組みである。また、全数参加型は、応募者全員に住民参加を開くものであり、そこには選別という契機が存在しない。一般に、効果的に住民参加できる人数には限界があるため、応募者全員を住民参加の当事者とする全数参加型は困難と考えられてきた。しかし、近年では、大量市民参加方式として、参加したい住民は誰でも参加できるという手法も、充分に現実的であることが明らかになってきた。つまり、大量市民参加方式の住民会議体は全数参加型とし、そのうえで、人数を限定しなければならない総合計画審議会の住民委員には、この住民会議体から代表者の選出を行うという工夫、などである。

公募方式の最大の問題は、応募してきた個々の住民は、必ずしも住民を代表しているとは限らないということである。選挙との対比で考えれば分かりやすい。いわば、公募に応じた個々の住民とは、選挙でいえば立候補者に過ぎない。立候補者のなかから選挙することで住民代表となるのであり、そこには選出のメカニズムが必要である。この選出メカニズムが、代表的には右記の四つの型なのである。

行政選考型・審査委員会型は、選考する側の考量によって、住民代表性を確保するものである。選考する側の最終責任は首長であり、首長の住民代表性に正統性の根拠を依存している。選考では、例えば、応募者の年齢構成が高齢者に偏っていれば、あえて、壮年・若年世代からも選出するという判断をする。単純に抽選すると高齢者が過大になる可能性が高いからである。しかし、逆にいえば、行政側にとって好ましくない異見の持ち主などを、排除することも可能になる。行政側に都合のよい〝サクラ〟委員を入れることもできる。抽選型・全数参加型では、このような行政側の「恣意的」「政策的」な選別を回避することはできる。しかし、逆にいえば、応募してきた住民個々人の偏りがあっても、それを是正することはできない[8]。

⑦　自発性と反映性

住民参加による民主的統制の核心の一つは、住民個々人の自発的・積極的な参加意思である。それは公募方式に最も典型的に現れる。そして、他の方式でも、住民個々人に参加を義務として強要することはできないから、一定の参加意思が求められている。

選挙であっても、投票するかしないかは住民個々人の自由意思に基づく権利であり、強制される義務ではない。また、そもそも、住民代表として首長・議員を選出するには、まずもって、自ら立候補する人がいなければならない。候補者に「偏り」があれば、代表者にも「偏り」が出てしまうのである。このように、住民参加の際の住民の代表性は、単に、住民全体を統計的・平均的に反映しているというだけではなく、自発性・積極性を要素としている。いわば、

住民参加する個々の住民の正統性＝住民代表性＝反映性＋自発性

である。右記の諸方式は、反映性と自発性のバランスの取り方の工夫の現れである。代表は、単に機械的に平均的な住民を反映するだけではない。

参加する住民個々人は、個人一人では結果としての反映性を担保することはできない。しかし、自発性を体現することはできる。そして、全ての住民個々人に参加の機会が開かれている限り、反映性の機会は充たされる。現状で参加している住民個々人集団が偏っていると判断すれば、そう判断する住民個々人も参加をすれば、結果としての反映性も確保し得る。こうして、参加の機会が公平・均等に開かれている限り、住民個々人も住民代表としての「立場」を持ち得る。例えば、公募方式全数参加型でも、現実に参加している個々人に「偏り」があると思われていても、参加機会が開かれている限り、代表性を持って民主的統制の主体となり得る。「偏り」をなくするように、他の住民個々人はいつでも参入することができるからである。

つまり、代表性を、自発性に重きを置いて、反映性については結果平等ではなく機会平等に留める場合、重要なことは、本当に住民個々人に対して機会が均等に保障されているかである。現実には、このようなことは難しい。例えば、「平日昼間」に参加の場が設定されていれば、自営業者・自由業者あるいは専業主婦・高齢者やフリーター的若者・学生に有利に作用し、壮年世代勤労者には不利に作用する。「平日夜間」の場合には、逆に、専業主婦や子育て世代には不利に作用する。「休日」に設定されれば、子育て・家族責任のある住民には不利に作用する。そ

もそも、仕事・子育て・介護で常に忙しい人は無理である。結果として、仕事・子育て・老親介護をリタイアしたが、なお老老介護もしなくてよい元気な高齢者が、公募住民の多くを占めたりするのである。反映性も、機会均等だけでは、充分ではない場合もあるのである。団塊の世代の大量退職を迎えた今日、前期高齢者世代の過剰代表の可能性は、これまで以上に大きくなろう。

⑧　住民参加の制度化（1）～自治基本条例・権利設定による制度化～

住民参加による民主的統制が確保されるためには、住民参加を行うこと自体が、ときの行政当局の恣意に委ねられるべきではない。ところが、法制上は、住民参加手続を義務付けるようなことはされていない。他方で、現在のところ、総合計画の策定に際しては何らかの住民参加手続をとることは、事実上標準となっている。ただし、どのような住民参加の手法をとるかは、そのときどきの政策判断に委ねられているのが実態である。これは、そのときどきの政権の方針や一般情勢の変化に、臨機応変に対処するには好都合であったといえる。とはいえ、住民参加が行政への民主的統制の一つの回路であるとするならば、住民参加のあり方が、そのときどきの行政当局の政策判断で大きく変更されることは望ましくはない。こうして、住民参加の制度化がある程度は必要になってくる。

（1）⑥で触れたように、自治基本条例のなかに総合計画が制度化されることがある。住民参加の観点からは、単に、総合計画の根拠規定を自治基本条例に置くだけではなく、自治体行政側から見れば総合計画の策定手続における住民参加、住民側から見れば総合計画の策定に関する参加権、としての規定がなされることが重要になる。

例えば、自治基本条例の嚆矢である「ニセコ町まちづくり基本条例」には、基本原則の一つである参加原則（五条）や、これを権利として規定した町民の参加権（一〇条）、情報共有の推進のための会議公開制度（七条二号）

や意見・提言反映制度（同条四号）、審議会等への公募委員参加制度（三一条）、などの規定がある。これを事前手続として具体化したものが計画過程等への参加（三六条）であり、「計画、実施、評価等の各段階に町民が参加できるよう配慮する」とし（同条一項）、そのために、（同条二項一号）仕事の提案や要望等、仕事の発生源の情報、（同条二号）代替案の内容、（同条三号）他の自治体等との比較情報、（同条四号）町民参加の状況、（同条五号）仕事の根拠となる計画、法令、（同条六号）その他必要な情報、の情報提供をするとした（同条二項）。

以上のような一般的な規定は総合計画の策定にも適用されるものであるが、総合計画策定手続が特に定められている。それによれば、総合計画を定める際には、あらかじめ計画の概要、計画策定の日程、予定する町民参加の手法、その他必要とされる事項、を公表したうえで、意見を求める（三八条一項）。次いで、計画案を公表し、意見を求める（同条二項）。そして、これらで提出された意見について、採否の結果と理由を公表する（同条三項）。総合計画の策定に関しては、どのように進めるかという手法レベルと、実際の計画の内容レベルとの、二段階のパブリックコメント手続が制度化されている。

自治基本条例が、具体的な権利カタログを規定することなく、自治運営の手法・手続を規定したものとなっているときには、具体的な権利内容は、行政サービスの展開によって目指されることになり、それを具体化していくのは総合計画ということになる。従って、自治基本条例では、総合計画の策定手続、および、それに関わる住民の権利を規定することが、最も重要になってくる。

⑨　住民参加の制度化（2）～住民参加的行政手続による制度化～

現代日本における行政手続は、行政処分や行政指導という、政策執行の最終段階から制度化が始まった。そして、その観点は、具体的な行政活動の名宛人の権利保護という、法治主義・自由主義の側面が強かったといえる。しかし、行政手続は、政策立案から執行・評価までの一連の過程であり、次第に、行政過程の全段階を守備範囲とするようになっている。そして、行政過程は単に法治主義的に統制されるだけでは不充分であり、民主主義的にも統制されなければならない。特に、政策立案段階では、行政活動の個別の名宛人がいるというよりは、一般的な人々の公益と政策の正統性・妥当性が重要になっている。

自治体の行政過程に、住民による民主的統制を組み込むことが、住民参加的行政手続制度なのである。総合計画の策定は、行政過程では企画立案段階のものであるが、最も重要かつ包括的・一般的なものである。行政過程を行政当局の恣意に委ねるのではないとすれば、総合計画の策定手続での住民参加の制度化は重要である。

例えば、「西東京市市民参加条例」(二〇〇二年制定)では、以下のように規定されている。すなわち、一定の「政策形成過程」においては、条例のなかのカタログに示される一定の「市民参加手続」の一つ以上を設定・実施して、市民意見を市政に反映するものとした(六条一項柱書)。対象となる「政策形成過程」とは、総合計画・分野別計画などの基本的な計画(同条一項一号)、基本的な方向性を定める憲章・宣言など(同条二号)、基本的条例案(同条三号)、市民生活・事業活動に直接かつ重大な影響を与える条例案(同条四号)、権利制限・義務賦課の条例案(同条五号)などのことである。ただし、金銭徴収関係や軽微な条例案は必要はないという(同条二項)。また、緊急などのやむを得ない理由があるときにも「市民参加手続」を経なくてもよいが(同条一項但書)、その理由を公表し市民理解を得るための努力義務が課される(同条四項)。つまり、総合計画の策定には、原則的には、市民参加条例に定める「市民参加手続」を経なければならない。

「市民参加手続」のカタログは条例第二章第二節以下(七条から二四条)に規定されており、この点が特徴的である。第一が、附属機関などの設置（七条一項）、会議公開（八条）、会議録公開（九条）、委員の市民公募（一〇条）である。第二が、いわゆるパブリックコメント手続としての市民意見提出手続制度である（一三条～一六条）。市民の多様な意見、情報、知識等を幅広く収集することが狙いである。第三が市民説明会である（一七条～二〇条）。こちらは、市民と市及び市民同士の自由な意見交換を目的とする。第四は市民ワークショップであり（二一条・二二条）、複数の市民との一定の合意形成を図る必要があるときに、市民と市及び市民同士の自由な議論により市民意見の方向性を見出すことを目的とするという。第五は市民投票であるが、これは実質的には別条例に委ねられている（二三条二項）。もちろん、このカタログ以外の手法を排除するものではない（二四条）。

つまり、総合計画の策定に際しては、「市民参加手続」であるところの、総合計画審議会（公開・市民公募委員）、パブリックコメント、市民説明会、市民ワークショップの一部または全部を行うこととされたのである。西東京市は合併によって新しい「自治のかたち」が設定されたものである。合併時に新市建設計画において当面の「建設計画」は策定されたものの、新しい自治体としての総合計画は、新しい自治体として策定することが筋である。そこで、西東京市は、総合計画の策定手続を睨みつつ、市民参加条例を制定し、それを踏まえて総合計画の策定に着手したのである。

実際には以下のような進行をした(9)（図表4）。

（ア）　総合計画策定審議会：二〇〇一年八月～二〇〇二年四月および二〇〇二年九月～二〇〇三年八月の間に合計二三回の会議が持たれた。委員は一二名であるが、うち市民公募委員が四名である。また、二〇〇二年四月には、審議会委員と職員四名からなる部会を設置し、一〇回の会議を持った。実質的には後述する市民ワークショップとの架橋役を担っていた。

図表４　基本構想・基本計画策定経過の概要

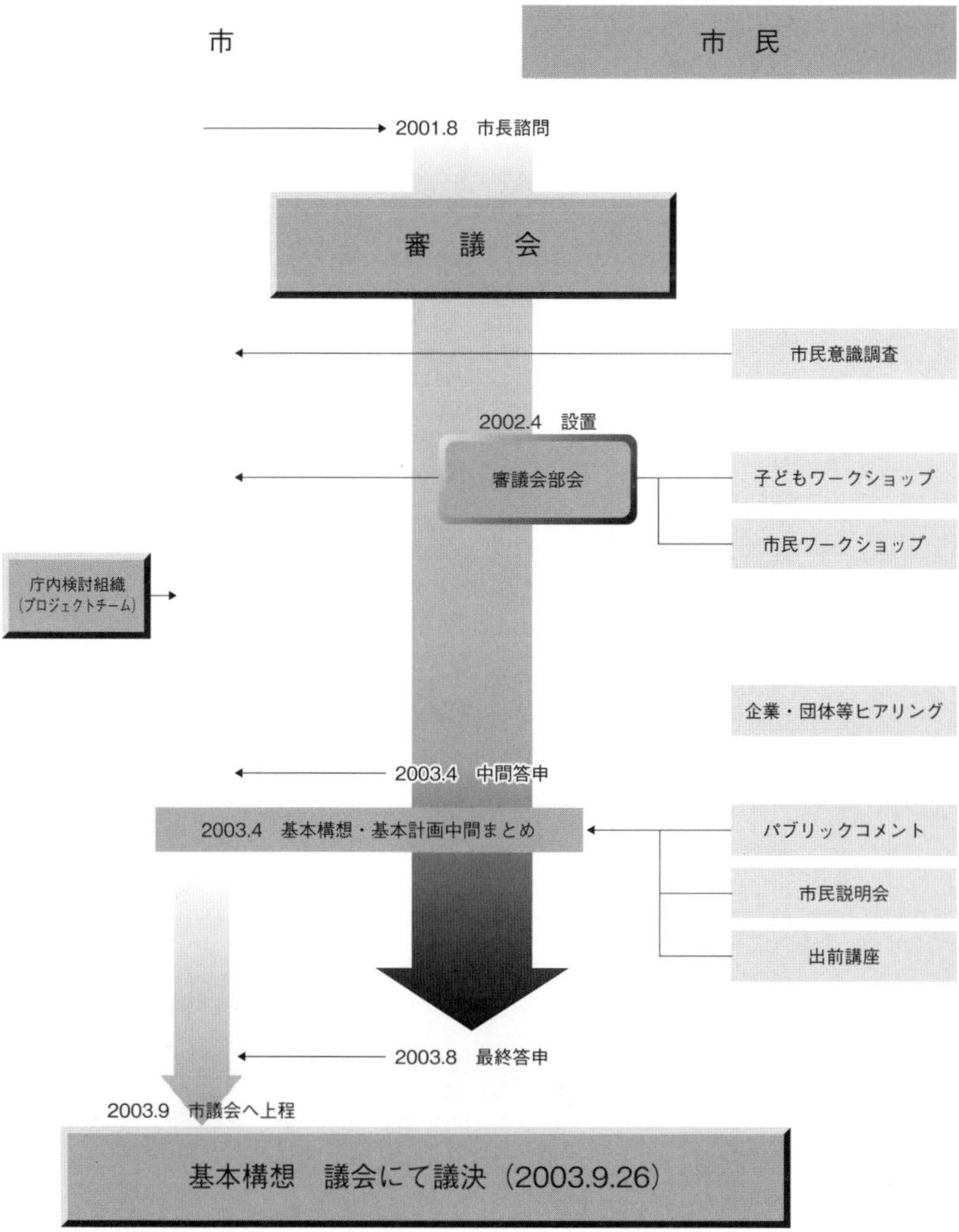

「西東京市基本構想・基本計画」168頁。但し、一部修正。

（イ）市民意見提出手続：二〇〇三年五月二〇日〜六月二〇日に行われた。これは、審議会での「基本構想・基本計画案　中間のまとめ」に対するものであり、市民意見は審議会で検討された。

（ウ）市民説明会：二〇〇三年六月に保谷地区と田無地区でそれぞれ一回行われた。これも市民意見提出手続と同じく「中間のまとめ」に対するものである。

（エ）市民ワークショップ：右記の部会を中心に検討・準備がされた。子どもワークショップ（二〇〇二年七月二二日・二三日、発表会は八月一日）と市民ワークショップ（二〇〇二年八月四日）が開催された。

（オ）市民投票：これは制度化されていないため、実施されていない。西東京市の場合、市民投票を行うべきかどうかは「具体的な案件ごとに判断すべき」で「その政策に最も ふさわしい形で条例を制定」するという方針である。(10)総合計画は、そのような案件ではないという政策判断をしたということである。

（カ）その他：右記の条例上の四手続の他に、市民意識調査（二〇〇一年一一月〜一二月）、企業・団体等ヒアリング（二〇〇二年一一月六日・七日）、出前講座（二〇〇三年六月五日〜二〇日）が行われた。市民意識調査は策定の初期段階、ヒアリングは「中間まとめ」に至る過程で、そして、出前講座は、市民説明会・市民意見提出手続と同様に「中間まとめ」に対して、それぞれ行われた。

このように、市民参加条例で制度化された市民参加手続に則り、そして、「予定通り」に市民投票は行わず、さらに、市民参加条例に上乗せする形で、総合計画の策定手続での住民参加が行われたのである。

⑩　まとめ　〜住民参加の諸方式〜

以上のように、総合計画の民主的統制のための住民参加には、いろいろな論点と工夫がある。最後に、繰返しの部分もあるが、総合計画の策定に係る住民参加の方式として、代表的には、以下のようにまとめることができる。

（ア）住民アンケート
（イ）地縁別住民団体代表の審議会委員
（ウ）機能別住民団体代表の審議会委員
（エ）学識経験のある住民の審議会委員
（オ）公募住民の審議会委員
（カ）住民団体ヒアリング
（キ）住民ワークショップ
（ク）住民説明会
（ケ）パブリックコメント手続
（コ）意見書・要望書
（サ）任意大量住民参加会議体

これらの方式の形態は、具体的には多様であるし、またこれ以外にも色々な方式があるが、本稿ではこれ以上の詳述はしない。いずれにせよ、総合計画での住民参加は、今後とも重要な課題であり続けるであろう。

（4）総合計画の構成

①　総合計画の総合性

首長は、執行機関多元主義のもとでは、執行機関としては全ての行政分野を所掌しているわけではない。しかし、首長が議案（＝基本構想案）の提出権を独占していることや（地方自治法一四九条一号）、各執行機関は首長の所轄のもと一体として行政機能を果たし（同法一三八条の三・一項）、首長が各執行機関を調整することから（同法一三八条の三・三項）、首長のもとで総合計画を策定するのが最も自然であろう。従って、他の執行機関に属する行政分野であっても、例えば、教育分野のように、総合計画に記載されることは、普通に見られる。

このように、総合計画は、全ての行政分野を包括することが想定されているが、文字通りの意味で、「総合」的であることは少ない。

第一に、総合計画（特に、基本構想よりも詳細な、基本計画・実施計画レベル）にも、全ての事務事業あるいは予算事業が掲載されるとは限らない。むしろ、総合計画に掲載される「計画事業」とは、特定のものを抽出したものである。「右肩上がり」の総合計画では、新規事業の登録簿となっていたこともあり、既存・既定事業は含まれなかったこともある。もちろん、掲載するかしないかということで、新規事業の優先順位の取捨選択がされる効果はある。しかし、既存事業を含めた全体としての自治体の総合計画には、必ずしもなっていないことがある。また、既存事業の一部も計画事業として掲載する場合も、同様である。総合計画に掲載されなかった既存事業は、重要ではないと総合計画で戦略判断が下されたというわけではない。むしろ、総合計画に掲載するまでもなく、ルーティンとして存続が自明視されていたことが普通だったからである。

第二に、総合計画は、しばしば「総花」的になるという。つまり、自治体の全分野の政策・行政分野を掲載しただけで、それぞれの間の優先順位付けを曖昧にすることが多いのである。もちろん、自治体は地域住民の多種多様な要請に公平に応えるものであり、特定分野を重点化することが政策的に妥当であるという保証はない。そもそも、総合計画とは、特定のテーマを恣意的に重視しかねない首長・議会・議員に対して、体系性・公平性などの観点から統制を加えることであるとすれば、「総花」性には、首長の政治的恣意性を抑制するという意味で、一定の意味がある。財政フレームなどの枠内での計画事業の選定であれば、一定の取捨選択はなされざるを得ない。しかし、首長・議会・議員が、地域住民の個別的要望に場当たり的・恣意的に、ときには矛盾を気にせずに応じることを、体系性・公平性の観点から統制することが総合計画の機能であるとすれば、何でも取り込める限り取り込もうとする「総花」的な総合計画では、期待される「総合」性を発揮していないことになる。

第三に、そもそも、文字通りの意味の「総合」性のある総合計画は、現実的に策定することは困難である。なぜならば、多種多様で膨大な量に及ぶ自治体の全事務事業を、精査して取捨選択することは、単年度予算編成においてさえ困難であり、数ヵ年を想定する総合計画では、行政実務的にあり得ない。単独の人間である首長が、全てを精査することはできない。さらに、常勤職員やコンサルタントだけによる策定ならばまだしも、住民参加による策定を想定するならば、なおさらである。時間的に限りのある住民が、膨大な文書資料解読・ヒアリング調査などを経て討議することは、およそ実現可能性がない。また、そのようなコストを住民に強いるのならば、一見すると開かれた住民参加のように見えて、それは事実上は住民参加を封殺する運用に他ならない。あるいは、そのようにエネルギーを割くことのできる住民は、もはや「プロ住民」であって、「常勤職員もどき」であり、通常の意味での住民参加ではない。住民参加には、レイマンコントロール（素人統制）として、ある程度のアマチュアリズムが確保されることも必要なのである。

総合計画は、自治体の政策・施策・事務事業のうちの、特定の限定された「ツボ」のみを扱うことに限定しなければ、実務的にも民主的にも、現実的ではない[11]。むしろ重要なことは、自治体の全活動の「ツボ」を的確に抽出した構成になっているか、なのである。民主主義を実効化するには、それなりの工夫が要るのである。総合計画が、自治体の「ツボ」あるいは「経絡」を押さえたものであれば、首長も住民も庁内職員も、その要路にある「ツボ」に働きかければよいからである。その意味で、総合計画の構成が重要であるので、以下②③④でこれに触れたい。

②　政策体系の構成

総合計画は、一般には、いくつかの目的・目標を設定したうえで、その自治体の施策・事務事業を樹形図状に配置する構成を採ることが多い。そして、上位の政策目標に対して、下位の施策が手段となり、施策を上位目標として事務事業が下位の手段となるような、目的・手段連鎖が構成される。実際には、このような目的手段の体系は、いくつかの大括りの政策分野ごとの構成になることが普通である。そして、自治体の行政組織も、行政・政策分野別に、部─課─係というような分業体系が採られていることが普通であるから、総合計画の政策体系と、行政組織の分業体系が、大まかには一致するようになっている。これが、総合計画で通常は想定されている「経絡」なのである。

しかしながら、このような政策分野別の目的手段連鎖の体系化は、現実には簡単ではない。

第一に、自治体は多種多様な政策・行政領域を総合的に網羅するものであり、全体として少数の戦略目標を目指して行動しているというよりは、多種多様な住民の要請に、それぞれに対応している。つまり、少数の戦略目標を設定することは困難であり、仮に、それを行うとすれば、極めて漠然とした包括的な目標とならざるを得ない。しばしば、総合計画で当該自治体が「目指す将来像」などは、漠然としていてどんな内容でも入るような、それゆえ、どの自治体でも大差がない、建前としては否定できないがありきたりのものに、なりがちなのである。それ自体は、総合行政を担う自治体としては当然といえば当然である。しかし、このような曖昧な戦略目標しか立てられ

図表５　政策体系の構成

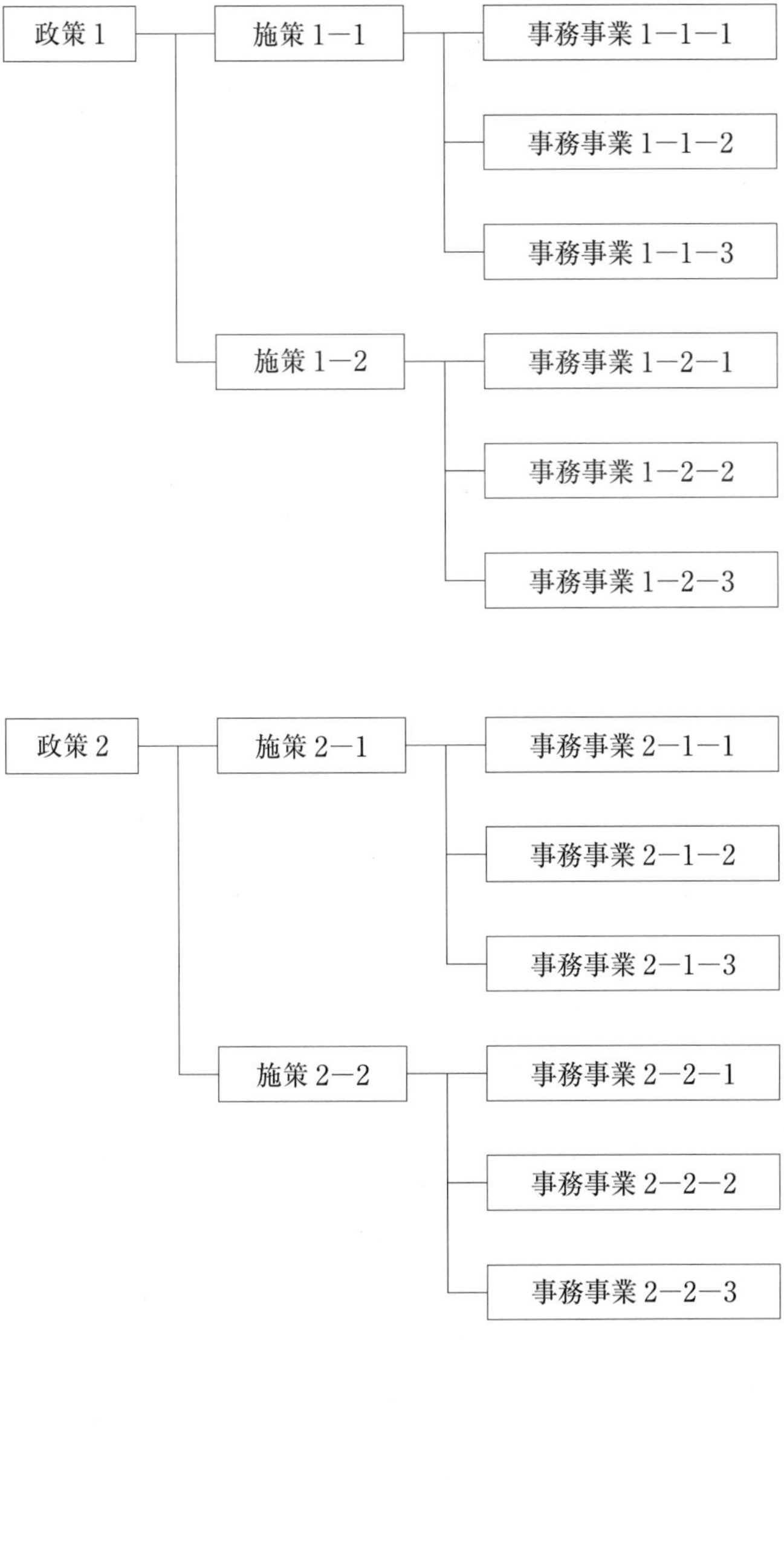
政策1
施策1—1
事務事業1—1—1
事務事業1—1—2
事務事業1—1—3
施策1—2
事務事業1—2—1
事務事業1—2—2
事務事業1—2—3
政策2
施策2—1
事務事業2—1—1
事務事業2—1—2
事務事業2—1—3
施策2—2
事務事業2—2—1
事務事業2—2—2
事務事業2—2—3

ないため、上位の戦略目標に対して、下位の施策・事務事業がどのように貢献できるかも曖昧でしかない。簡単にいえば、目的手段連鎖は、曖昧な文章表現としては繋がっているが、実務的には切り離されて運用できるのである。

第二に、自治体の事務事業は、整然と目的手段連鎖に従って、体系が整序できるものは少ない。多くの事務事業は、複数の目的・目標を持っている。同時に、個々の目的・目標を達成するには多数の事業が組み合わされている。総合計画での政策体系の構築は、本来は、この複雑な関係性を明らかにすることが必要である。しかし、実際には、あまりに複雑であるため、整序することができない。結果的には、複数の事務事業が括られて一つの施策となり、それらの施策が複数集まって一つの政策になるという、樹形図あるいは「入れ子」に整理される。つまり、ある事務事業は、ある特定の施策・政策にだけ貢献する手段となる。そして、実際には他の施策・政策のもとに位置付けられた（「ぶらさげられた」）事務事業と密接な関係があったとしても、その関係性は見えにくくなる。結局、総合計画での政策体系なるものは、個別の事務事業に、例えば「２－２－３」というような「整理番号」あるいは「地番」を付す機能しか持っていないことも多い。これが如実に現れるのが、総合計画の体系に沿って行政評価を行うときである。個別の事務事業にとっての全ての目的・目標が何であるか、総合計画では分からない。また、特定の目的・目標に手段として貢献すべき事務事業の全てが何であるのか、総合計画では分からない。

第三に、自治体では、各種の政策・行政分野別計画を、総合計画とは別個に策定していることが多い。これらの分野別計画は、国からの義務付け・指導による場合もあれば、自治体の内発的な場合もある。いずれにせよ、総合計画の政策体系と整合していることが求められる。しかし、分野別計画と総合計画は、対象期間も異なれば、策定目的も異なるので、必ずしも整合がとれるとは限らない。分野別計画は、当該分野の所管部課・関係団体などの個別利害を反映し、総合計画の全体フレームと両立するとは限らないからである。あるいは、総合計画に対して、各分野・各部局の利害を反映させるための要求手段になっていることもある。

第四に、自治体の政策が複雑・多岐になってくればなるほど、能力的にも全庁的な単一の総合計画の策定は容易ではなくなっている。総合計画が、全庁的な総枠内調整や優先順位付けの機能を失うとき、個別部課の要求・提案や、政策・行政分野別計画を、単に「総《す》て合わせた」だけとなることがある。これが、いわゆる「ホチキス計画」である。実際、政策分野別の政策体系という構成は、このような「ホチキス」的分業に馴染みやすい傾向を持つ。

③　総合計画の再構成

政策分野別の縦割の樹形図状の整理のみが総合計画の政策体系であるとすると、様々な問題が生じることになる。そのため、構成する事務事業の集合体は同じであっても、事務事業を「再掲」することにより、掲載の仕方を再構成することで、総合計画の体系性を補うことが考えられる。それには、

- 政策間での重複掲載
- 縦割と横割の組合せ
- 地区別計画
- 戦略的方針・重点的プロジェクト事業

などがある。

第一に、特定の事務事業が、複数の政策・施策目標を持つならば、それぞれに重複掲載（「再掲」）するという対処が採られることがある。つまり、複数の政策・施策に跨る事務事業という位置付けである。しかし、実際の業務

は特定の部に属する特定の所管課・係に割り振られ、複数の政策目的に関わった実務を行うことは難しい。異なる目的間でディレンマ状況が発生し得るからである。そして、現実には、特定の事務事業は、どのような複数の目的・目標とも関係付けられないまま、それ自体が自己目的化してルーティン業務として継続されることが多くなってしまう。

第二に、政策体系が行政・政策分野別に縦割的に構成される関係から、その弊害を緩和するために、横割的に再構成することも行われる。この場合、一つの事務事業は一つの施策・政策にしか属する（「ぶらさがる」）ことはないとすれば、横割体系には事務事業が属することはできなくなる。逆に、横割体系にも事務事業が属することとなれば、全ての事務事業がマトリックス（行列）的に、再掲されることとなる。いずれにせよ、目的手段連鎖での整序は容易ではない。

第三は、地区別計画と呼ばれるものである。総合計画は政策分野別の政策体系に沿って、樹形図状に政策・施策・事務事業が体系化されるが、自治体の区域がかなり広いときに個々の住民にとって重要なのは、その住民にとって身近な地域で自治体の活動が展開されるかである。そのような場合には、自治体の区域をいくつかに分けて、地区別計画という形で掲載されることもある。いわば、政策・分野別の縦割の体系を、地区別という地域・空間に即して横割の体系に再構成するものである。もちろん、自治体の施策・事務事業には、全地域画一的に展開されるものもあるが、施設や建設事業などは具体的な立地（「箇所付け」）が、実質的には問われる。また、モデル地区を設定する事業も同様である。こうした立地が重要な施策・事務事業にとっては、地区別計画への「落とし込み」はかなりの意味がある。しかし、こうした再構成は、自治体内の地区別の個別利害の噴出を促進する懸念もあり、地区別計画をあえて立てないこともある。

第四は、戦略的方針・重点的プロジェクトの明示である。総合計画は、自治体にとっての戦略的な方向性を示すものであり、そのためには、政策・施策・事務事業間に優先順位を付けることが求められる。いわゆる「重点化」であり、「選択と集中」である。しかし、すでに述べたように、現実には、「総花」的になることは多く、また、総合計画の体系性・公平性の観点からは、ある程度の「総花」性は必要でもある。自治体は特定の住民利害に特化して、特定住民のみを対象とすればよいのではないからである。とはいえ、現実には自治体の利用可能な資源には限界があり、また、施策目標間には相互に両立しない場合があれば、何らかの形で取捨選択をしなければならないし、実際にしていることがある。そのような政策選択を明示することも、総合計画の重要な機能である。

そこで、総合計画では、目指すべき戦略的方針について、重点方向を明示することがある。さらに、それを具体的にするものが、事務事業ないしその組合せとしての重点的プロジェクトである。総合計画に掲載される政策・施策・事務事業は、基本的には相互に同格・同順位ということが推定されるので、あえて、掲載されたもののなかで、より優先するものを明示するのである。

このような重点的プロジェクトは、

- 総合計画に掲載される施策・事務事業のいくつかを抽出して指定
- 総合計画に掲載させる事務事業を、施策とは別個の形で横断的に組み合わせて、重要なプロジェクトとして明示する
- 総合計画の政策体系とは別個の重点とするテーマを設定し、事務事業などを「ぶらさげる」形でのプロジェクトとする

ことなどで構成される。

住民やマスコミが、自治体の大まかな方針を理解するには、多種多様で大量の事務事業を平板に紹介されても、ほとんど意味がない。また、首長としても、自らが目指そうとする自治体運営を直截に表現するには、あまりに長大な総合計画の内容は逆効果である。むしろ、セールスポイントやアピール項目は絞った方が効果的なことがある。そして、住民・議会が首長を民主的に統制するためにも、簡潔な戦略的方針や、数の限定された重点的プロジェクトが明示されていた方が、望ましいこともある。このように関係者の思惑が一致するときに、戦略的方針・重点的プロジェクトが総合計画に掲載されるようになる。

④　フレーム

総合計画は、自治体として望ましい政策・施策・事務事業を掲載するものである。これは、論理的には無限の膨張要求が生じることもある。自治体の資源に限りがないのであれば、無限に事務事業を掲載することができる。しかし、現実には自治体の資源には限りがある。また、限りがあるからこそ、総合計画に掲載できるものとできないものとの選別や、施策・事務事業間の優先順位付けが必要になってくる。つまり、総合計画の策定においては、どの程度の範囲の事務事業までを掲載できるかという総枠が必要になってくる。これを財政面から大まかに推計するのが「財政フレーム」である。

また、総合計画は、数ヵ年の計画期間の将来像を示すものであり、どのような行政需要が発生するかも想定しなければならない。自治体にとって行政サービスがどの程度要求されるようになるかは、様々な環境要因によって異なってこよう。しかし、そのときの最も基本的な要因が、人口（総人口・年齢階層別人口など）である。こうして、「人口フレーム」が必要となる。そして、生産年齢人口があればある程度の稼得があるので、「人口フレーム」

は「財政フレーム」にも影響を与える。

この他、国の法令・制度の動向や、社会経済環境なども、自治体の資源と需要に影響を与えることもあろう。しかし、最も基本となるのが、「人口フレーム」と「財政フレーム」である。

総合計画の政策体系は、文章表現という定性的内容の範囲であれば、いくらでも書き込むことはできる。しかし、具体的な施策・事務事業に、どの程度の顧客・対象数を想定し、どの程度のサービス水準を設定するか、さらに、それに応じてどの程度の財源の裏付けをするのか、という定量的内容を掲載しようとすると、これらの「フレーム」が重要な機能を持ってくる。「フレーム」は、総合計画の「体格」を構成する。

つまり「フレーム」は自治体活動の有限性を示す。「フレーム」の総枠が厳しければ、総合計画に盛り込める施策・事務事業の量は限定されざるを得ない。しかし、限界を納得することは現実には困難である。このため、総合計画の「フレーム」は簡単には貫徹できない。

第一に、「フレーム」を甘く推計することがある。財政・人口の「フレーム」は、低めに推計すれば総合計画に掲載できる事業量は小さくなる。小さくなればなるほど、対外的・政治的なアピール力は低下する。また、事業間の優先順位付けや取捨選択が深刻になる。さらに、低めの推計は、単なる客観的な推計を超えて、当該自治体の「敗北主義」的な目標設定として受け止められることになりかねない。そこで例えば、人口減少・財政危機が推計として出たとしても、それをそのまま「フレーム」とするのでなく、当該自治体の政策努力も織り込んだ「目標」としての「希望観測的推計」をせざるを得ない。こうして、「フレーム」の推計は、甘めになりがちなのである。「フレーム」は、甘くなればなるほど、総枠としての機能が乏しくなる。

第二は、「フレーム」外の外部主体への期待である。総合計画に掲載される施策・事務事業の総量は、「フレーム」が厳しいものであれば、それだけ限られたものになる。しかし、観念的には、公共サービスは、当該自治体だけによって提供されるのではない。かつては、他の提供主体としては、国（および市町村にとっては都道府県）が想定されていた。国などから事業を「引っ張る」ことができれば、当該自治体の地域における事務事業の総量は増えるからである。こうして、直轄事業誘致や補助金獲得を期待した総合計画があり得たし、今なおあり得る。「国から地方へ」という流れはあるものの、国の補助金・交付金や直轄事業が激減したわけではないのである。

また、公共サービスは、民間団体によっても提供され得る。また、「官から民へ」の流れは、近年の行政改革一般の趨勢でもある。こうして、「フレーム」が厳しくなればなるほど、民間主体への期待が盛り込まれることになる。「フレーム」内に収まりきらない事務事業を、「フレーム」外の外部主体に期待するからである。

この点は、すでに、「「官から民へ」と総合計画」として触れたところである（2（1）④参照）。「官から民へ」とは、「フレーム」の縛りを弛緩させるものである。そのため、「フレーム」の推計を甘くしたのと同じ効果を持つ。「官から民へ」の行政改革の意図とは別に、「官から民へ」を想定することは、総合計画の策定段階における取捨選択や重点化を甘くする作用がある。もっとも、民間主体による事務事業を量的に掲載・推計することは、介護保険(12)などの一部の事務事業を除き困難である。従って、総合計画本体の「フレーム」が、文章表現としてはともかく定量的に弛緩するとは限らない。しかし、定性的には弛緩させる。

第三は、「フレーム」の廃止である。近年の人口減少・名目マイナス成長の状況のように、「右肩下がり」に推計すれば、既存事業の膨張だけが推計され、新規事業の余地はなく、むしろ、既存事業を削減しなければ、推計した「フレーム」と合致しない事態となる。このような場合には、そもそも、「フレーム」を設定して、その枠内で新規事業を盛り込むという、「右肩上がり」時代の総合計画の策定手法は、不可能になる。「右肩下がり」の「フレーム」を前提とすれば、総合計画は、新規・拡充・継続事業の掲載ではなく、既存事業のうちの廃止・縮小事業の掲載とならざるを得ない。端的にいって、これは通常イメージされる「総合計画」ではなく、「行政改革大綱・実施計画」である。このような「負の総合計画」を嫌う場合には、「フレーム」を廃止して、定量的記載のない総合計画にすることになる。さらにいえば、総合計画を策定しないという選択にも至るだろう。

（5）総合計画と自治体経営

① 自治体経営戦略計画としての総合計画

（ア）　経営戦略は首長個人のものか自治体組織のものか

自治体を戦略的に経営するために、自治体全体の方向性を定め、行政各部課の職員をはじめとして、自治体関係者の分業と協業を整合的に調整することは重要である。自治体の経営の最高責任者が首長であるとしても、首長が、常に個々の職員の行動に対して指示や決裁を与えることはできない。むしろ、首長が関わることがなくとも、自動的に、各職員が自治体の戦略的方向性を見失わないことが必要である。そのためには経営戦略計画が有用である。個々の部課長・各職員は、そのような経営戦略計画を目標に、自らの行動を意義付けることができる。経営戦略計画は、首長の経営方針を自治体全体に貫徹するものであり、いわば首長戦略計画と呼べる。議会の議決を要さずに策定できる計画は、首長の計画なのである。首長を通じた民主的統制の手段である。計画とは民主化なのである。

しかし、首長も思いつきの恣意的な判断や、全体的な連関やバランスへの賢慮を欠いた判断をすることがあり得るから、首長自体を民主的に統制する必要もある。そもそも、自治体という団体は首長の私物でもなければ、首長そのものでもない。首長は自治体の執行機関に過ぎないのである。首長の経営判断が、団体としての自治体の経営戦略に合致するように、団体によって首長の思考と行動を統制する必要がある（首長を団体によってではなく、住民それ自体によって統制するのがマニフェスト型選挙である）。この場合の経営戦略計画は、団体戦略計画と呼べる。首長を自治体の方針に従わせるための仕組みであり、首長への民主的統制の手段である。ここでも、計画とは民主化なのである。

（イ）　自治体経営戦略としての基本構想

自治体経営戦略計画としての機能を、基本構想が果たすことも期待されている。基本構想は、通常は首長任期と必ずしも一致しておらず、また、（市区町村の基本構想では）議会の議決を要する（二〇一〇年五月現在）ことからも、首長の方針を貫徹するためだけの手段ではない。むしろ、複数の首長任期を跨って、首長と議会の総意による団体意思として、自治体経営を構造的に枠付ける機能がある。基本構想がこのような機能を持つとき、自治体経営戦略計画としての総合計画が存在するといえよう。

自治体経営戦略計画としての総合計画は、《形式的意味での総合計画》（という文書）があればよいというものではない。しばしば、基本構想・基本計画などの総合計画は、実態上は、どこの自治体でも通じるような独自性のないものであることが多い。すでに述べたように、このようになるのはある意味では当然である。自治体が多種多様な住民利害を衡平に配慮すべきものであり、また、住民にとっての基礎的・不可欠的サービスには、地域と時期によってそれほどの違いはあり得ないからである。しかし、そのような基礎的・普遍的な内容の総合計画では、個々の自治体が経営戦略判断を迫られたときの、当該自治体としての経営判断の指針にはならない。

自治体経営戦略計画としての機能を果たしている《形式的意味での総合計画》は、必ずしも多くはない。また、逆に、《形式的意味での基本構想・基本計画》の形態を採らないで、自治体経営戦略計画としての機能を果たす文書などがあり得るのである。むしろ、当該自治体にとって、個別の首長・政権交代を超えて、長期的・歴史的で固有の経営戦略方針を規定した「エポックメーキング」となる決定こそが、自治体経営戦略である。これは、個別自治体ごとに、時期区分を含んだ歴史的分析も踏まえて精査していかなければ、抽出できないのである。

② 行政改革プランと総合計画の一体化 ～「負の総合計画」「正の総合計画」「正負一体の総合計画」～

（ア） 総合計画と行政改革大綱の棲み分け

人口・財政が「右肩下がり」の時代・地域では、旧来型の「フレーム」方式を維持することは容易ではない。すなわち、従来の「フレーム」方式は、既存施策・事業を前提としつつ、将来の人口・財政の伸びを推計し、総合計画で担保し得る財源を総枠として、総合計画に掲載できる事業の取捨選択を行うものであった。これは、「右肩上がり」であれば、総合計画に掲載できる事業の総枠が捻出できる。しかし、「右肩下がり」になると、このような「フレーム」方式では、総合計画に掲載できる事業の余地はなくなってしまう。

「右肩上がり」のときにも、既存施策・事業を整理・合理化するための計画はあった。これは、従来、「行政改革大綱」―「行政改革実施計画」というような形で構成されてきた（第三章も参照されたい）。前者は、大まかな目標や方針・項目・着眼点などを示す。後者は、大綱を受けて、例えば三ヵ年での行政改革の取組項目を掲載する。しばしば、行政改革効果額が金額ベースで掲載される。具体的な整理・合理化は、毎年度の予算編成で確定される。こうしてみると、行革大綱―実施計画の系は、基本計画―実施計画の系を裏返しにした「負の総合計画」であ

図表６　棲み分け

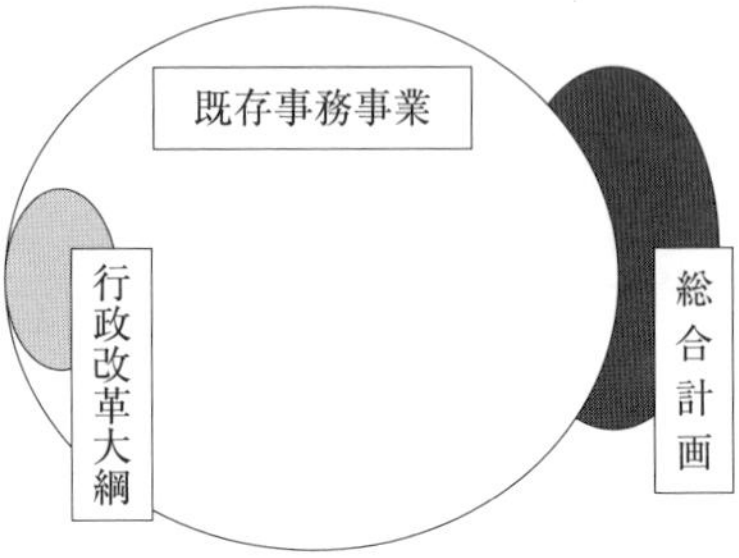

図表７　重複化

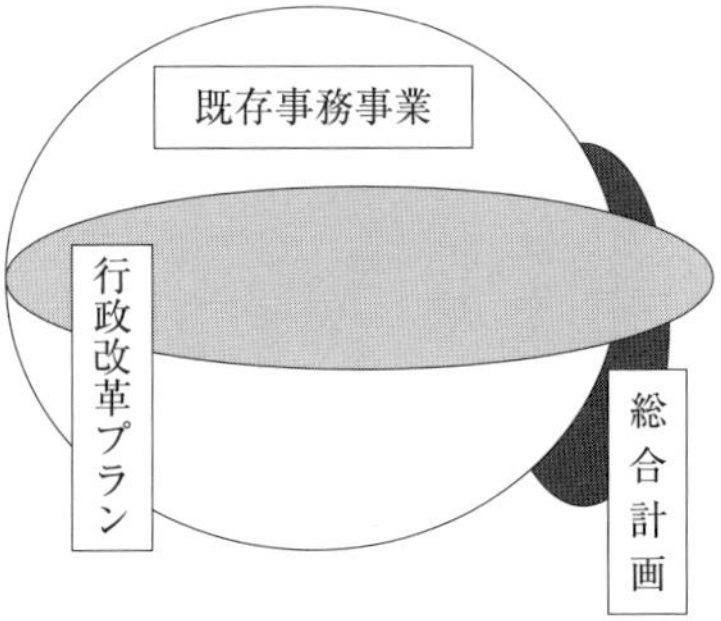

図表８　一体化

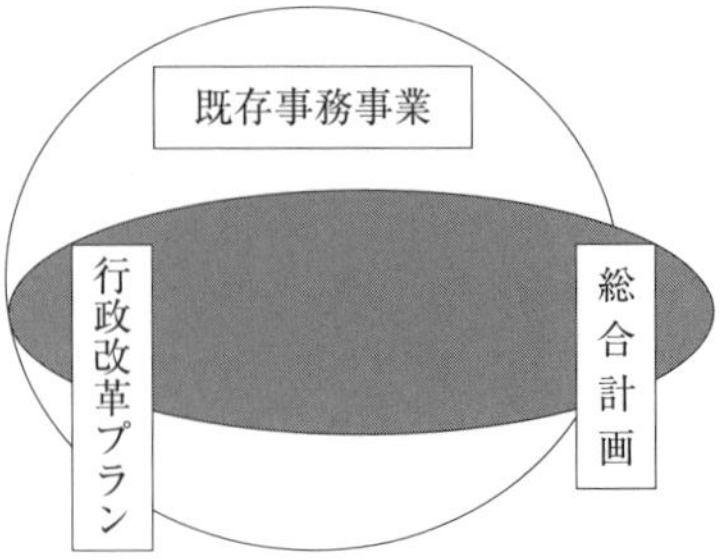

った。通常の「右肩上がり」の「フレーム」を想定した総合計画は、「正の総合計画」であった。

従来、「正の総合計画」と「負の総合計画」とは、相対的に別々に策定されており、相互に棲み分けがされていた。これは、膨大な既存の施策・事業を前提に、それに付加する形で「正の総合計画」＝総合計画の事業が掲載されるとともに、既存事業のごく一部を「負の総合計画」＝行政改革大綱・実施計画の対象としてきたことで済んだからである（図表６）。要は、既存施策・事業が大きかったため、重なりがなかったのである。

（イ）　総合計画と行政改革プランの重複化から一体化へ

ところが、「右肩下がり」になってくると、総合計画に掲載できる総枠が「フレーム」からは充分に捻出できず、既存の事務事業の整理・合理化から捻出せざるを得なくなる。総合計画を策定するためには、行政改革を当てにせざるを得なくなる。また、自治体経営としても、一方でブレーキを踏みながら（行政改革）、他方でアクセルを踏むという（総合計画）、悠長なことは許されなくなる。行政改革の対象は、既存の総合計画に掲載されていない事業だけではなく、総合計画に掲載されているものにまで及ぶようになる。つまり、総合計画を策定することは行政改革プランを策定することであり、行政改革プランを策定することは総合計画を策定することである。つまり両者の重複化が顕著になってきたのである（図表7）。

こうして、「正の総合計画」＝総合計画と、「負の総合計画」＝行政改革プランとの、一体化・融合化が進み、「正負一体の総合計画」に移行しつつある（図表8）。これは、旧来の「総合計画」よりもカバーする範囲が広いという意味で、より「総合的」である。また、「正負一体」の結果が「正」になるのか「負」になるのか「零」になるのかは、「フレーム」の推計次第である。「右肩下がり」を想定すれば、結果も「負」になるかもしれない。しかし、人口減ではあるが少子高齢化という人口構成から支出増が見込まれ、また、「右肩下がり」は敗北主義的で政治的に掲げにくいというときには、結果を「正」にしたいという誘因が作用しよう。

③　総合計画と行政評価の連動

（ア）　ＰＤＣＡマネジメント・サイクル論

三重県の事務事業評価に始まる「行政評価ブーム」は、国・自治体を通じて一巡し、行政評価あるいは政策評価自体は、定着化を見せていった。詳しくは、第四章で詳述するが、ここでは総合計画との関係で必要なことを先取り的に論じたい。

行政評価を導入する際には、

- これまでの行政は企画・プラン偏重であった
- 行政活動の結果がどうなったのかという評価への関心が乏しかった
- 評価からフィードバックするPDCAマネジメント・サイクルが必要である

などと言われた。つまり、企画（P＝Plan）だけ、あるいは、実施（D＝Do）どまり、ではなく、それを評価（C＝Check）し、さらに、対処（A＝Action）に結びつけるという考え方である。行政評価は、CとAが欠けがちな自治体に、CさらにAを導入しようというものである。

しかし、行政評価も、これまでのプラン偏重・実施どまりという自治体行政の「体質」に吸収されると、「評価しっぱなし」になる。つまり、何の目的で評価するのか、評価した結果どうするのか、ということがないまま、ただ、「行政評価をすることを企画（P）し、評価を実施（D）した（＝行政評価票の記載欄に文字と数字を埋めた）」ということに陥る。行政評価によって自治体の「体質」が改善されるのではなく、「体質」に馴化させられた行政評価しか行われないことになる。行政評価の内在的矛盾である。そこで、行政評価が評価それ自体で留まることなく、対処・企画にフィードバックする仕組み作りが重要になる。こうして、行政評価（C）を総合計画（A→P）に連動させることが、模索されるようになる[13]。

（イ）　連動への課題

しかし、総合計画に行政評価を連動させようとするときには、いくつかの課題が発生する。以下では、その代表的なことを採り上げてみたい。

㈠　事業単位・構成

行政評価を総合計画にフィードバックさせるには、計画と評価の施策・事業単位が整合していることが望ましい。現実には、行政評価は、それ自体として出発したため、必ずしも総合計画の施策・事業単位と一致しているわけではなかった。そのため、初期においては、行政評価を総合計画に連動させることは困難であった。もっとも、この課題は比較的簡単に解決される。総合計画へのフィードバックによるＰＤＣＡサイクルを重視するのであれば、総合計画の単位・構成を行政評価に利用すればよいからである。そのため、総合計画（実施計画など）の施策・事務事業を、同時に、行政評価の単位とすることが選択される。

しかし、すでに述べたように、総合計画の構成を前提に行政評価を行うと、ただちに、別の様々な課題が発生する。第一に、総合計画には全ての事業が掲載されているわけではないが、自治体の政策・施策は、総合計画に掲載されていない事業も含めて展開されているため、評価と計画の関係が不整合を起こすことがある。簡単に言えば、総合計画の事業に基づいて事業評価を行うと、行政評価自体が網羅的に行えず、総合計画にうまくフィードバックできないのである。第二に、総合計画は、政策・施策・事業という樹形図状に構成されていることが多いが、それらは目的・手段関係として整序されたものではないため、評価がうまく進められないことがある。ある目的は多数の施策・事業によって進められ、ある施策・事業は多数の目的に貢献する。

つまり、現行の総合計画は、当然といえば当然であるが、評価を想定した構成になっていないことが多く、総合計画の構成を前提に行政評価を行うことは容易ではないのである。従って、行政評価を総合計画にフィードバックすることは、あまり現実的ではないのである。

(二)　数値目標

当初の総合計画は、自治体の政策公準を示すべきという「シビルミニマム」論の影響もあり、目標を明示し、数値目標を設定することが想定された。また、「フレーム」方式は、人口・財源推計という数値を総枠にして、必要および可能な計画事業の数量・金額に絞りをかけるものであった。このように総合計画に数値目標が掲げられていれば、行政評価をすることは比較的容易である。

しかし、数値目標を掲げたとしても、自治体がどれだけの事業金額を投入して、どれだけの事業量を展開したいのかという、投入指標、産出＝活動指標が中心であり、成果指標を掲げることはまれであった。また、数値目標を掲げることは達成か未達成かを一目瞭然とすることであるから、数値目標を維持することは政治的には容易ではない。さらに、行政には必ずしも数値目標には適さないと考えられるものもあることから、数値目標を掲げることは不適切なこともある。しかも、経済成長が鈍化していたにもかかわらず、「右肩上がり」の「正の総合計画」という指向性が強いと、数値を明示することは、なおさら危険であった。「右肩上がり」の数値と、「右肩下がり」の現実との乖離があまりに大きくなったからである。こうして、総合計画は、いつしか、定性的な目標を掲げた「文章」あるいは「作文」になっていったのである。総合計画には、定量化と定性化との綱引きが存在する。

一九九〇年代の行政評価ブームは、ある意味で、総合計画が、数値を欠いた定性的な「作文」と化していったことへの反動であり、定量化への一つの動きであった。しかし、総合計画が定性化していったことには、それなりの政治的・行政的な背景があったのである。そこで、総合計画と行政評価の不整合が発生したのである。この課題は、一方では、総合計画に数値目標を復活させる方向で、他方では、行政評価を定性化・作文化する方向で、解決が図られつつある。とはいえ、前者の方向では、早晩、定量化と定性化の綱引きのなかで、有意味な数値目標が消滅していくことは避けがたいであろう。後者の方向では、文字通り、何を言っているのかよく分からないような「作文」の行政評価をもとに、何でも言っているような「作文」の総合計画にフィードバックするだけになる。

㈢　日程

個人であれば、「一年の計は元旦にあり」というようなことで、PDCAサイクルの日程は容易である。つまり、去年の煩悩の振り返り（＝評価）を大晦日（除夜）に行って、今年一年の計（＝計画）を元旦に立てて、それをもとに残りの三六四日の生活（＝実施）をすればよい。あるいは、一年の途中でも、「日に三省する」というように、毎日、反省（＝評価）して、行動を改め（＝対処）ればよい。個人の日程は連続的である。しかし、自治体組織に流れる「悠長（?）」な「自治体時間」では、こうはいかない。

総合計画の基本計画・実施計画の策（改）定作業は、通常、二年くらいをかけて行っている。行政評価の結果が総合計画の策（改）定に反映されるとしたら、かなり先にならざるを得ない。逆にいえば、少なくとも、数年に一度の総合計画へのフィードバックを想定するのであれば、行政評価は毎年度行う必要はない。むしろ、総合計画の策（改）定のときにだけ行えばよい。実際にも、総合計画の策（改）定時に、住民アンケート調査などを行うのは、こうした総合計画の立案のための評価作業といえる。

さて、通常の毎年度行うという行政評価をフィードバックするとして、最も短いサイクルでは、予算年度と併せて実施計画や行政改革プランを毎年度ローリングしている場合や、計画事業を「前捌き」する主要事業計画（単年度）を策定する場合がある。しかし、行政評価が過去の確定した実績の評価を意味する場合、行政評価が開始できるのは、出納整理と決算数字が固まる年度終了後の六月以降になる。[14] 他方、次年度に向けた予算編成は、前年度九月頃から、遅くとも一一月頃には開始されるから、実施計画・行政改革プランのローリングや主要事業計画は、同時期にはある程度は進んでいなければいけない。また、近年では、前年度決算を九月議会に提出する傾向が増えている。こうした事情を反映すると、大体、六月から八月にかけて前年度の行政評価がなされ、次年度の予算編成・計画策（改）定にフィードバックされることになる。

簡単に言って、最速でも、昨年度の行政評価が、次年度以降の総合計画（あるいは予算編成）にようやく反映できる日程である。しかも、六月から八月にかけての実質三ヵ月弱での行政評価は、自治体庁内所管部課や管理部課・理事者の行動を規定する「自治体時間」からすると、かなりタイトな日程なのである。自治体組織は、個人と異なり、時間が掛かるのである。

そこで、総合計画の進行管理は、通常は逐次情報を集めて、逐次フィードバックする必要がある。例えば、一〇月頃にローリングが行われるとすれば、現年度もすでに半年近くが経過しているのであり、そのような直近の状況も含めて把握する必要がある。また、ローリングに活用するだけでなく、現年度進行中の計画事業の下半期の実施の改善にも使うことが望ましい。総合計画の進行管理というPDCAサイクルは、このように、不断の評価情報の入手と、不断の対処を求めることになる。逆に、大がかりで、しかも確定されるのが遅い行政評価は、総合計画のPDCAサイクルには接合しにくいのである。そして、進行管理に使われる不断の評価情報なるものは、およそ体系的なものではなく、むしろ、突発的な事故・苦情情報に近い性質のものである。

㈣　体制

総合計画にせよ、行政評価にせよ、各所管部課からの積み上げ情報は重要であり、その点では担い手は同じである。しかし、各所管部課からの情報を全庁的に集約・調整する部課が異なることが普通である。総合計画を企画課[15]が所掌し、行政評価を行政経営課[16]が所掌する、という具合である。また、同一課が所掌していても、実際の担当・

係・ラインは分かれていたりする。これは、総合計画と行政評価が機能的に異なることから、ある意味で当然である。そして、分かれていることから当然ではあるが、両者の連動は容易ではない。しかも、両課あるいは両課長が、庁内でライバル同士になっていたりするので、なおさら厄介である。

（1）伊藤三郎『ノミとカナヅチ』第一法規、一九八二年、九八頁。

（2）武蔵野市ホームページ参照。http://www.city.musashino.lg.jp/cms/sisaku/00/00/28/0002854.html、二〇一〇年四月九日最終アクセス。

（3）通称日本語での「マニフェスト（manifest）」とは、産業廃棄物処分の世界では、産業廃棄物が適正に処理されたかを追跡するための伝票でもあり、「M伝」などとも呼ばれる（石渡正佳『産廃コネクション』WAVE出版、二〇〇二年、二三頁）。この比喩でいうならば、候補者という「事業者」が選挙という「事業活動」で排出する選挙公約という「産業廃棄物」が、その後、適正に処理されるかどうかを住民という「規制当局」が追跡するための道具ということになろう。もっとも、政権を獲得できなかった候補者のマニフェスト（manifesto）は、それ自体が直ちに「産業廃棄物」となってしまう。

（4）予算審議と同様に、修正ではなく「組み換え動議」によって、首長側に議会の意向に沿った総合計画への変更を政治的に要求することは可能である。首長がそれを受け容れないならば、総合計画が否決されるから、首長側は議会の動議に応じる可能性は高いだろう。しかし、そのように妥協するのであれば、議案を提出する前段階で調整をすることが自然であろう。

（5）とはいえ、一人一票制や秘密投票制であるとは限らない。

（6）上越市ホームページ参照。http://www.city.joetsu.niigata.jp/contents/town-planning/jitiku/sikumi.html、二〇一〇年四月九日最終アクセス。

（7）日本青年会議所が市民討議会として、このような実践を各地で行っている。市民討議会は、二〇〇五年の東京青年会議所の市民討議会が嚆矢といわれる。http://www.tokyo-jc.or.jp/2009/23ward/discuss.html、二〇一〇年四月九日最終アクセス。

(8) この仕組みを悪用すれば、特定集団のメンバーが大挙して公募委員に名乗りを上げることで、実質的にその場を占拠するという可能性もある。もっとも、そのような事態になれば、行政側は、その会議体自体を開催しないということになろう。その意味では、抽選型・全数参加型でも、住民参加とは行政の掌の上にある。

(9) 西東京市『基本構想・基本計画』「資料編」一六八～一七五頁、二〇〇四年三月、基本構想議決は二〇〇三年九月。

(10) 西東京市『西東京市市民参加条例の解説』一四～一五頁。

(11) 同様のことは、予算編成、行政評価、行政改革実施計画、監査、情報公開、議会審議など、自治体全体を総括管理・統制しようとする全ての活動に当てはまる。住民参加型予算編成がなかなか実現しないのは、このためである。法的統制は、裁判になったごく限られた案件にしか、統制を及ぼさないようにしているし、例規審査や議会審議は条例の制定改廃に限られる。逆に、パブリックコメントのように、仮に自治体の活動を幅広く対象としても、実際に住民が積極的に関わる事案は、少数に限定されるのが常識的である。

(12) 介護保険事業計画の場合には、提供主体が誰であれ、介護保険料などの収入という「フレーム」が存在しているから、定量化が可能なのである。

(13) 行政評価のフィードバック先は、総合計画ではなくてもよい。例えば、事業の整理合理化・休廃止を指向するのであれば、行政改革プランに活用することになる。もちろん、「切るための評価」になると、それに応じた様々な副作用が発生する。あるいは、自治体の具体的な事業を確定させる仕組みである予算編成にフィードバックするのも、一つの考え方である。また、行政改革・予算ではなく、各事業に関する所管部課自身による自主的で「建設的」な見直しにフィードバックさせることもある。もちろん、これは「守るための評価」に堕する可能性もある。さらに、組織と職員個人を関連づけ、個人の人事評価と組織の行政評価を繋げることもあり得る。

(14) 指定金融機関による決済と、コンピューターによる庁内財務会計システムが導入された今日でも、旧来のまま日程で処理をしていること自体に問題があるという「評価」から、まずすべきという見方もあろうが、ともかく、現実には六月以降である。

(15) 企画調整課、企画政策課など名称も所掌範囲も多様である。

(16) この名称や所掌範囲も多様である。

3　事例研究　～豊島区における総合計画の変容～

以上、主として、自治体行政組織・首長・行政職員に対する民主的統制の観点から、総合計画の論点を解説してきた。読者の皆さんも、いささか飽きて（?）きたかもしれないので、最後に、具体的事例として、豊島区基本構想・基本計画を題材に、これらの論点を観察することにしたい。同基本構想は、二〇〇三年三月議決で、二一世紀の第1四半期を構想期間とするものである。同基本計画は、二〇〇六年三月に策定されたもので、二〇〇六年度から前期五ヵ年・後期五ヵ年の計画である。

同区の事例を採り上げるのは、必ずしも「先進的」という理由からではない。むしろ、財政状況が厳しいなかで、①住民参加を活かしつつ、②財政フレームを放棄しながらも、③優先順位付けと重点化を試み、④行政改革プランとの一体化、をすることで総合計画を辛うじて成り立たせた苦悩の産物だからである。

(1)　総合計画と自治の枠組み

①　団体自治の相対的安定性

豊島区の場合には「平成の大合併」を経験していないので、自治体の枠組みが変更になることによる総合計画あるいは新自治体建設計画を迫られたことはない。特別区の区域再編は中長期的な課題としては常に存在しているが、それを直近で促進する要因はない。なぜなら、「平成の大合併」を促進したのは、地方交付税制度の運用変更による存立保障機能への自治体側の懐疑感の広がりであるが、特別区の場合には、相対的な「富裕」地域である東京大都市地域に位置するからである。この意味で、豊島区は、全国的に見れば例外的に、自治の枠組みが安定しているのである。

同様に、都区制度というワンクッションがあるため、「国から地方へ」という分権改革を直線的に反映することもない。都区制度は、事実上は、都区協議という都側と区側の共同決定によるため、都の政策方針も直線的には反映し得ない。都区財政調整制度も、都区協議会という「協議の場」で話し合われるために、国策が直線的に反映することもなく、また、都側の一方的な政策が貫徹することもない。この意味で、都区制度は、自治制度のなかでは相対的な安定を保つことができているわけであるが、逆にいえば、分権改革もほとんど進展していないのである。

②「官から民へ」と総合計画

対外的な自治は相対的に安定していた豊島区であるが、自治体内部の領域ではそうではない。豊島区も「官から民へ」の流れには、確実に直面している。豊島区基本計画第一章「新たな地域経営の方針」中「1　参加と協動のまちづくりに関する方針」がそれに当たる。地域の多様な主体による「新しい公共」の創出を目指し、区民参加の促進と、区民活動の促進が謳われた。さらに、地域ごとの「開かれた協議の場」づくりを提唱している。これを具体化する取組が、「地域区民のひろば構想」である。当初この構想は、児童館・ことぶきの家などの地域施設の統廃合計画のような装いで打ち出されたものの、地元協議を経るなかで、地域コミュニティのための施設再編整備として、基本計画に着地していったものである。

一般に、「官から民へ」という場合には、行政だけが公共サービスを担うのではなく、住民・民間も公共サービスを担うという「担い手論」が前面に出やすく、そのため、公共サービス提供媒体としての「民」が「協働」の名目で唱導されることが多い。しかし、豊島区基本計画では、「協動」という表現で、「担い手」としての「労働」の側面よりも、主体的な意志に基づく「活動」や「行動」を前面に打ち出している。「協動」とは、「区を含む地域の多様な主体の間で、それぞれの役割分担と対等な協力関係、そして対等な協議に基づく共通の目的を実現するために連携し、ともに活動すること」とされている。このために「協動の方針」が規定されている。さらに「（仮称）協動推進ガイドライン」の策定を謳っている。

もっとも、これらの参加と協動に関する基本計画の中身は、「方針」という題名通り、多分に「お題目」の色彩が強い。また、区の協働に関する他の検討会議体・庁内組織との連携がとれたものではない。「協動」という用語も、基本計画だけの用語となっているのである。[17]「最高規範性」（条例五条）を謳う自治基本条例では、「協働」（条例四条など）と表現しており、自治基本条例と表現上は整合していない（定義はほぼ同一とはいえ、基本計画での定義にある「協議に基づく」が自治基本条例の定義にはない）。さらに、公共サービスの提供媒体としての側面を弱めたため、協動（働）事業の総量や一覧メニューが示されているわけでもない。むしろ、「作文」としての参加と協動を打ち出すことで、「官から民へ」の総合計画にありがちな住民・民間がサービスの「担い手」となることへの空虚な期待を、本基本計画に記載させなかったのである。

③　自治基本条例と総合計画

豊島区の自治基本条例である「豊島区自治の推進に関する基本条例」は、基本計画と同時期の二〇〇五年四月に施行に移されたものである。基本構想には、「(仮称)自治基本条例」の制定が掲げられている関係からすれば、基本構想を源泉としつつ、両者が同時期に並行して立案・策定されたともいえる。また、庁内所管は二〇〇五年度からは企画課として同一であるが、検討会議体は全く別個であった。従って、それぞれの会議体では、互いに相手を想定することなく、バラバラに検討していたのである。少なくとも、基本計画の検討過程では、基本構想審議会(後述)・計画事業選定小委員会(後述)で、自治基本条例との摺り合わせが問題となったことはない。

自治基本条例によれば、「区長は、この条例の理念にのっとり、地域の将来展望を示す基本構想及びこれを具体化する基本計画等を策定し、総合的・計画的な行政運営を行わなければならない」(四〇条一項)。これは、総合計画の根拠を確認的に示したものである。また、「区長は、社会経済状況を踏まえ、重点的に展開すべき施策等を明らかにする」(四〇条二項前段)とされた。これは一見すると何気ない規定であるが、後述するように、基本計画の大きな特徴の一つが重点施策の選定にあり、企画課を軸に総合計画と自治基本条例の整合化が図られていたことが窺える。

(2)　総合計画と民主的統制

①　首長を通じた民主的統制

豊島区では既存の基本計画(一九九七年度～二〇〇六年度)があったため、二〇〇二年度～〇三年度ごろは、総合計画を改定する時期ではなかった。総合計画の改定が前倒しになったのは、実質的には、トップの決断という

「鶴の一声」であったからだという。区長にとっては、バブル期のサービス肥大化に起因する危機的な財政を立て直すことが最大の課題であった。そのため、一九九九年四月の就任以来、ずっと「行革、行革」という掛け声で事業の休廃止を続けており、サービス低下は否定しがたかった。そこで、「政治家区長」としては、行政改革を進める一方で、明るい未来を打ち出したかったと考えられる。そのような機能が、新基本計画の策定に期待されたのである。もっとも、財政状況の厳しさなどから、部長級でも新基本計画への積極的意見は少なかったという。

二〇〇三年三月に基本構想の議決を得ることになるが、それまでの作業はスムースであった。直後の二〇〇三年四月には、現職区長が再選される区長選挙があったが、明示的には選挙睨みという意向はなかったという。区長からも、特には事務方には指示はなかった。基本計画の策定を前倒しにすること自体は区長の方針であり、その限りでは選挙日程と重なっていたが、逆にいえば、そのように構造的に日程を設定できれば、選挙直前になって、ことさらに選挙を意識するまでもないということである。選挙のときに区長は、ことさらに、公約をばらまいた形跡もなく、また、マニフェスト型選挙によって基本計画に盛り込む内容を選挙戦で問うこともしていない。ただ、庁内では「採算性を考えると困る」という思いが支配的であったというＬＲＴ（新式路面電車）に関しては、「区長の思い」として発言していたようである。このＬＲＴは、のちの策定過程でも「腫れ物」のような存在になった。

しかし、マニフェスト型ではない区長選挙を策定過程に挟み込んだため、区長選挙後の策定過程は弛緩することとなった。つまり、選挙で再選された暁には、政治的には基本計画の策定は必ずしも優先課題ではなくなるからである。むしろ、「区民のひろば構想」や、財源不足対策、ＬＲＴ問題、放置自転車対策のための課税問題、場外車券場問題、自治基本条例、子どもの権利条例など、各種の個別争点が噴出した。これが、基本計画の策定過程が長期化する一つの要因であったようである。

方が重要である。

②　議員を通じた民主的統制

制度的には議会の議決を要する基本構想であるが、二〇〇三年三月の基本構想の議決まではスムースであった。むしろ、議会側の意向は、基本構想審議会（一般的にいえば総合計画審議会に当たる）での議員選出委員の存在の方が重要である。

審議会の議員選出委員は、各会派の勢力比で割り振り（自民二、民主一、公明一、共産一）、各会派ごとに選任する。執行機関の附属機関である審議会に議員が委員として入ることは、二元代表制の観点から否定的な見解もあるが、豊島区の場合、議員がメンバーとなるのは慣例である。当然、野党系区議委員が、批判的・消極的発言を多数回することは、事務局からすれば「想定の範囲内」という。実際、区長選挙の時期を睨んだ基本構想答申の審議に際しては、野党系区議委員から、「時期尚早、慎重審議」というような発言が見られた。基本構想を掲げて区長選挙に出られては、野党系としては納得がいかないのは当然であろう。

もっとも、他の自治体でも議員が委員となることはあるが、議員同士で、「議員は議会でも発言できるから、他の参加委員の皆さんの発言をお願いするためにも、議員は黙っていよう」という空気が生じることが多い。また、豊島区でも審議促進と「他の議員発言のたしなめ」をするような与党系区議委員もいたことは事実である。しかし、比較の観点からは、豊島区議の審議会での発言の「積極性」は際だっている。また、後半には、与党系区議委員からも批判的発言が出され、審議会の運営を波乱含みにさせていった。特に、基本計画の審議の終盤段階で、与党系区議会会派と区長が「子どもの権利条例案」を巡って対立した「政局」的事態が審議会に持ち込まれ、与党系区議委員と学系委員（「子どもの権利条例案」の検討にも関わっていた）との紛議が発生したこともあった。[18]

このような区議委員の「積極性」を前提にとられた手法が、計画事業選定小委員会方式（二〇〇五年一月以降）

である。後述するように、基本計画では、事業の優先順位付けを行うこととなったが、議員としては「この事業は必要ない／優先順位は低い」とはいいにくい。小委員会に優先順位付けを実質的に委任することで、審議会全体会は、小委員会の見解を尊重する形で、優先順位付けという厄介な問題を、ある程度は回避できたといえる。庁内でさえガラス細工のような合意で成り立っている優先順位付け・重点施策選定を、「積極性」のある区議委員がいる審議会全体会の「平場」で揉むことは、いささか無理があったのであろう。小委員会に審議会委員は参加・出席することは全くオープンであったが、野党系区議委員も、文書で見解を提出することはあっても、あえて出席することは差し控えるという「大人の対応」を示したのである。

(3) 総合計画と住民参加による民主的統制

① 区民ワークショップ

当初から、事務局である長期計画担当課[19]が策定方法を検討していくなかで、区民参加型で行うというアイデアが出てきた。こうして、二〇〇二年一〇月から区民参加のワークショップを立ち上げた。このような区民ワークショップの試みは、豊島区では初めてに近かったという。区側では、特段の事業アイデアはなかった。また、区民からの事業アイデアに関して、ある程度は「出来る／出来ない」という事務局サイドの意向もなかった。各所管課は、ワークショップの会議のときに、質問への対応をしたり、情報提供をするに留まった。ワークショップの提案報告書の柱建ては、事務局（長期計画担当課）および業務委託を受けたＵＦＪ総研（当時）で原案を練り、庁内部会に掛けた。しかし、区民ワークショップが初めてだったためか、庁内各課からも特に異見はなかった。

つまり、当時の豊島区役所では、区民ワークショップ提案（二〇〇二年一一月、二〇〇三年三月）を、いずれも基本構想審議会の議論に先立って出されているにも関わらず、各所管課自身の事業提案をする際に真摯に受け止める体制がなかった。それゆえに、ワークショップの運営過程に所管課が介入することもなく、比較的に〝区民主体〟のワークショップにはなった。しかし、それ止まりになってしまったのである。ワークショップでの提言は、所管課としても長期計画担当課としても、計画事業レベルにはほとんど反映できず、施策の方向性の文章表現に反映できた程度という。事業の優先順位付けや重点施策の選定に際しても、あまり参照されなかった。

ワークショップに参加した区民からすれば、「我々に対してコミュニケーションが足りない」「パブリックコメントのときにワークショップメンバーに郵送してくれてもよかった」「冷たい」という思いが生じたであろう。区民参加ワークショップを充分に配慮して活かし切ることはできなかったのである。

②　審議会区民委員

二〇〇二年九月に立ち上げられた基本構想審議会の区民委員には、区長推薦委員と公募区民委員がいる。前者は、「区長の声で先に決まっていた」ともいわれる。公募区民は、広報で募集し、簡単な小論文の提出を求めた。それを踏まえて、地域性、男女比、年齢比などを考慮して、事務局サイドで選定し、庁議で承認を受けたものである。後述するように、計画事業選定小委員会は公募区民委員を主体とするものであり、区側としても、結果的にも満足のいく人選であったようである。なお、実際の審議会・小委員会は夜間開催であったが、必ずしも、事前にそのような日程は明示してはいない。また、多くの自治体と同様に、応募は六〇歳代・七〇歳代の高齢者が多かったという。

基本構想までの序盤は審議会全体会で、基本計画の施策の方向性を議論した中盤は審議会の二つの部会で、それぞれ議論が行われた。しかし、人数が多いことや、区議選出委員が「積極性」を発揮したことなどから、区民委員の活動比重はあまり大きなものではなかった。

③　計画事業選定小委員会

二〇〇五年一月から計画事業選定小委員会の活動が開始されると、区民委員の役割は格段に大きくなった。同小委員会は、事業の優先順位付けや施策の重点化などを、機動的・精力的かつ横断的に行うために、審議会の委任を受けて設置されたものである。優先順位付けの作業は膨大になることが想定されたため、審議会全体会では機動的な運営は困難であると考えられた。また、従来の部会制では、分野横断的に全体を見渡しての優先順位付けが困難であった。そこで、区民委員六名全員と、横断的分野（憲法学・行政学）の学系委員二名からなる小委員会となった。小委員会は、議員委員、分野別学系委員、行政側委員が入っておらず、実質的には、区民委員主体の作業である。これは、事務局が当初に描いていた区民参加型の基本計画の策定方式が、期せずして開花したことになる。

実際、区民委員はそれぞれに識見が高く、区役所としても区民に意見を問うことの価値を実感できたという。「職員になって貰いたいくらい」「時間が限られていて勿体なかった」「時間を絞って行えばもっといい意見がもらえた」とも述懐されている。この仕組みがあったので、区側としても、小委員会のことを「区民参加方式」として、色々なところで言えた。とはいえ、区民参加の観点からは、その機能を過大評価することはできない。

区民委員および学系委員からなる小委員会が、区の全事業を精査して、それらの優先順位付けを行うことは、作業的に困難である。少なくとも、二〇〇五年一月から三月までの「客観的基準」づくりの作業で、そのこと自体を小委員会メンバーも実感していた。ある区民委員によれば「とても区民の手に負えるものではない」ということであり、別の区民委員によれば「直木賞のように選考原案が示されなければどうしようもない」というものであった。事務局（長期計画担当課）および小委員会の間で「客観的基準」が決められないとすれば、庁内各部局の「下から」の理解を得るしかないという感触は共有されていったのである。

小委員会の実際の機能は以下のようなものであった。第一に、作業が膨大で大変であることを実感していたため、「とにかく今年度で終わらせる」として、区側に策定期限を守らせる役割を担った。第二に、計画事業の優先順位付けに関して、「一般財源事業費ベース二五／二五／五〇ルール」[20]を庁内に徹底させるための楯となった。個別には長期計画担当課長（二〇〇五年四月からは企画課長）と各所管部課の調整がされたのであるが、そのような調整結果は小委員会で理解を得る必要があり、逆に、そのことを背景に長期計画担当課長（企画課長）は庁内調整に臨めたのである。

第三に、重点施策の選定の基準および結果に関する実質的審議を行った。これに関しては、区民アンケートをもとに、企画課が原案を作成し、小委員会で検討を行った。重点施策の選定は、「上から」（＝首長の意向）でも「下から」（＝各所管課の意向）でもなく、区民の視点を軸に「横から」行ったのである。第四に、基本計画の様々な文章に関して、区民の目線、および、区民委員の持つ専門知識、を反映して、充分な精査を行ったことである。そして、第五に、前述の通り、区議委員の「積極性」を緩和する楯となったことである。

④　区民参加の制度化

基本構想・基本計画の策定過程での区民参加は、基本的にはアドホックなものであり、制度化されたものではない。ただ、慣行として、基本構想審議会を設置し、そこに区民が参加するというものである。

一般に、総合計画の策定段階では区民参加が慣行としても行われてきたが、実施・進行管理段階では、行政側限りで行うことが多かった。これは、計画期間内の事業に関しては総合計画で計画事業を確定していたためであろうと考えられる。しかし、豊島区基本計画は、後述するように、基本計画では方向性を打ち出すだけで、具体的な計画事業の採否を確定していない。個々の事業の具体化は、毎年度に改定される行財政改革プランに委ねられている。従って、基本計画本文では、『行財政改革プラン』の改定にあたっては、区民が参画する委員会を設置し、基本計画の進捗状況等を報告するとともに、改定に向けた意見を聴くものと」するとされた。

もっとも、二〇〇六年度中に行われた「行財政改革プラン二〇〇六」（名称は「未来戦略推進プラン」）の策定に際しては、このような区民参画の委員会を設置することはできなかった。

また、自治基本条例（「自治の推進に関する基本条例」）では、基本原則の一つとして「参加の原則」を掲げ（四条二号）、「区長は、政策の立案に当たって地域の課題等を区民と共有するとともに、区民との協働による政策の立案及び実施に努めなければならない」（四〇条三項）とされた。審議会等は公開が原則とされ（一八条）、区民は、課題の把握、計画等の策定・実施・評価の各段階において区政に参加できるとされた（二〇条）。区の基本的な計画または重要な政策等を策定する場合に、事案に応じて必要な区民参加の手続を講じなければならないとされ（二一条二項）、審議会等の委員は、原則として、一部または全部を区民公募しなければならないこととなった（二二条）。さらに、パブリックコメントも制度化された（二三条）。このように、自治基本条例では、基本計画策定手続を含めて、一応の区民参加の制度化を進めたのである。もっとも、これらの制度が実効的になるかどうかは、運用次第である。

同様に、「この条例の運用及び見直し、この条例の理念を発展させるための諸制度及び組織機構のあり方その他の自治の推進に関する重要事項について、区長の諮問に応じて審議を行い答申するとともに、自ら区長に対して提言する」（六条二項）ところの「区長の附属機関として」の「自治推進委員会」が設置されることとなった（同条一項）。この自治推進委員会も、総合計画にかかる区民参加の制度化に寄与するかは、運用次第である[21]。

自治の推進に関する基本条例は二〇〇六年四月施行であるが、第一期の自治推進委員会は、二〇〇六年一一月施行の自治推進委員会条例に基づき、二〇〇七年二月に二年間の任期（四条）で設置された。その間、総合計画は進行していたので、総合計画への市民参加を同委員会が担うものであったとするならば、一年近いタイムラグがある。さらに、同委員会への諮問事項は、「『参加』と『協働』のまちづくりを推進するための基本施策について」であり、必ずしも総合計画の区民参加的な進行管理を意味していたわけではなく、むしろ、区民協働に比重があった。例えば、自治推進委員会条例八条では、庶務は政策経営部で処理すると明記していながら、二〇〇八年度には区民部（自治協働推進担当課）が担っていたことに、如実に現れている[22]。

委員会には、地域協議会部会と協働・政策部会が置かれた。前者は、地域レベルの参加と協働の会議体を形成するというコミュニティ施策である。後者も、協働のためのモデル事業が中心であった。ただ、後者において、区民意識調査を活用して、総合計画の重点施策の選定替えの検討を行ったのが、わずかに総合計画にかかる区民参加の事例といえよう。これは、最終答申（二〇〇九年二月）のⅢ．2―1「区民参加手法としての区民意識調査の活用」にまとめられた。協働・政策部会が、かろうじて、総合計画に記載された区民参画の委員会の役割を果たしたといえる。

（4）総合計画の構成

図表９　ローリング図

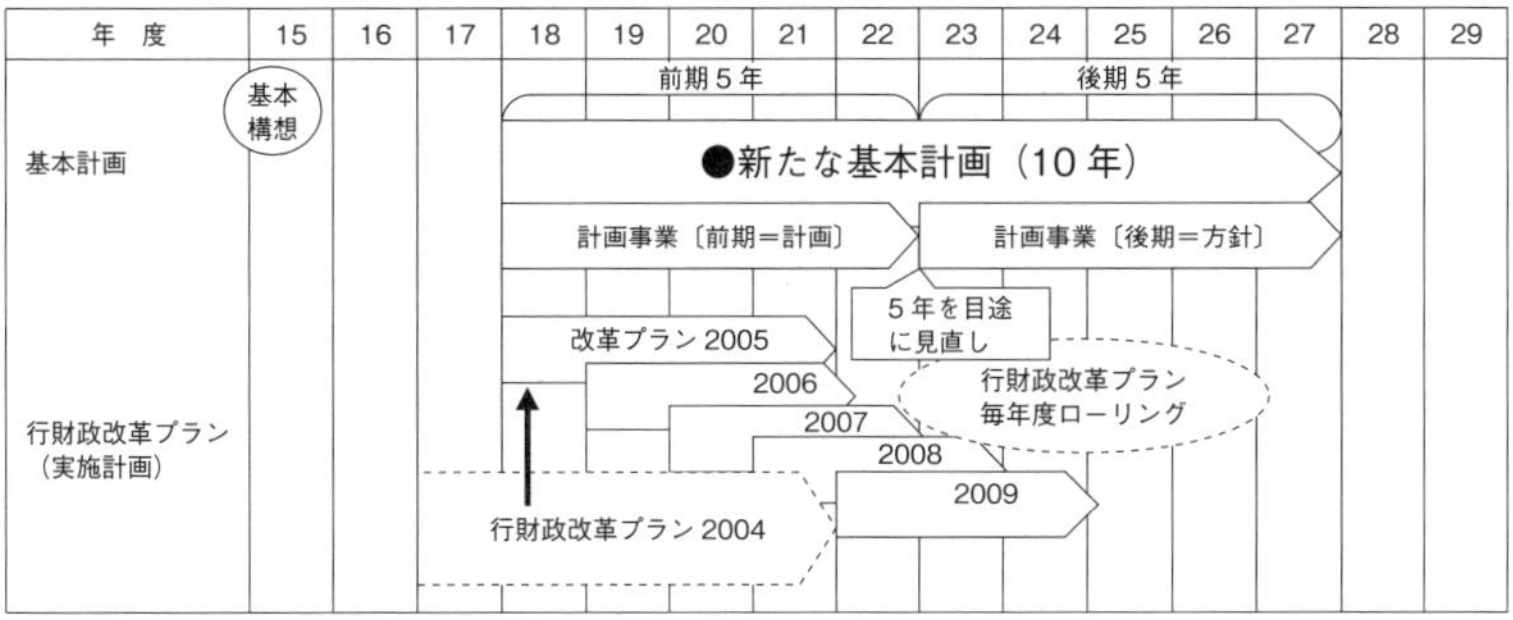

「豊島区基本計画（2006→2015）」10頁

①　総合計画の構成　～基本構想・基本計画・行財政改革プランの三層制～

豊島区の総合計画は、基本構想、基本計画、行財政改革プラン（後には未来戦略推進プラン）の三層構造である。

基本構想（二〇〇三年三月議決）は、構想期間を「二一世紀の第１四半期」としており、二〇〇四年度から二三年間という曖昧なものである。基本方針は、「1．あらゆる主体が参画しながら、まちづくりを実現していく」「2．安心して住み続けられる、心のかよいあうみどりのまちを創造する」「3．魅力と活力にあふれる、にぎわいのまちをめざす」「4．伝統・文化と新たな息吹が融合する文化の風薫るまちをめざす」という四本柱である。これは、1．が横断的なテーマであり、残りの三つは区民ワークショップの部会構成に対応している。この四本柱を受けて「めざすべき方向」としてもう少し噛み砕いた事項が掲げられている。そして、構想実現のために、おおむね一〇年間を計画期間とする基本計画を策定するとされた。

基本計画（二〇〇六年三月決定）は、計画期間一〇ヵ年（二〇〇六年度～一五年度）とするものである。ただし、計画期間は前期五年・後期五年に区分して計画事業内容を記載するが、事業量・事業費を示すのは前期分だけである。基本構想策定から三年を経過してから策定されたものであり、これは異例のことである。二〇〇四年頃から中長期にわたる財源不足が見込まれ、基本計画の財政フレームを推計することができずに、計画策定が一時停滞したためである。後述するように、基本計画は財政フレームを持たないものとして転身することで、最終的には策定されるに至ったのである。

行財政改革プラン（以下、「改革プラン」）は、基本計画の実施計画として位置付けられたもので、原則として三年ないし四年の計画期間であるが、毎年度改定するローリングを行う（図表9）。基本計画で示すものは計画事業の優先順位や重点施策という大まかな方向性であり、毎年度の財政状況などを受けて、基本計画の施策・事業を具体化する。改革プランは、基本計画の策定に先立って、二〇〇四年中から策定されるようになったものである（「改革プラン二〇〇四」（二〇〇五年度～〇九年度の五ヵ年））。基本計画が策定されない状況で、しかも、毎年度の厳しい財政状況を単年度で乗り切るために、豊島区が「苦肉の計」として編み出してきた手法であり、それを総合計画体系に整序したものである。基本計画開始に合わせたものは、「改革プラン二〇〇五」（二〇〇六年度～〇九年度の四ヵ年）である。もっとも、「改革プラン二〇〇五」は実質的には二〇〇六年度予算編成に先立って固まったものであり、基本計画の策定とへ移行しつつ、やや先立って決定されたのが実態である。従って、真の意味の実施計画になるのは、「未来戦略推進プラン二〇〇七」（二〇〇七～一〇年の四ヵ年計画、二〇〇七年三月策定）からである。この「未来戦略推進プラン」は毎年度改定のローリングであり、「二〇〇八」「二〇〇九」が順次策定されている。「二〇一〇」も、二〇一〇年二月二六日から三月二六日のパブリックコメント手続を経て、四月に策定される[23]。

② 基本計画の構成

基本計画の本編は、「第1章　新たな地域経営の方針」と「第2章　分野別計画」の二本柱からなる。また、実質的には三つめの柱として、「行政サービス等の基盤整備・学校跡地の活用」が掲載されている。

分野別縦割の政策体系となっている第2章に、横断的な指針を付与するのが第1章の「新たな地域経営の方針」である。具体的には、

1　参加と協動のまちづくりに関する方針

2　新たな行財政改革に関する方針

3　分野別計画に関する方針

3－1　施策の重点化に関する方針

3－2　既存重要事業の選定に関する方針

3－3　公共施設等の再構築・活用に関する方針

4　戦略的・横断的な施策展開に関する方針

という構成である。

1は「官から民へ」の総合計画の反映である（前述）。2は総合計画と行革計画の一体化の現れである（後述）。3は、一般には、分野別計画のみで充分なのであるが、この基本計画では施策・既存事業の重点化・優先順位付けを行うために、全体を横断的に見通す方針が必要なためである。4は、分野別計画（施策・事業）を横断的・戦略的に再構成して連携するための指針である。

第2章は、通常に見られる政策体系の樹形図になっている（図表10　分野別計画体系図参照）。そこでは、「1すべての人が地域で共に生きていけるまち」「1－1　地域福祉の推進」というような要領で、二四の政策分野ごとの各計画事業に「地番」あるいは「整理番号」が付されていくこととなる。分野別計画では、それぞれ、①現状

計画体系図

【地域づくりの方向】	【政　策】	【施　策】
4　みどりのネットワークを形成する環境のまち	4―1　みどりの創造と安全	①みどりの拠点拡大 ②みどりのネットワーク
	4―2　環境の保全	①都市公害の防止 ②都市環境の保全 ③地域美化の推進
	4―3　リサイクル・清掃事業の推進	①ごみ減量・リサイクルの推進 ②資源循環型清掃事業の推進
5　人間優先の基盤が整備された、安心、安全のまち	5―1　魅力あるまちづくりの推進	①秩序ある市街地更新 ②個性ある快適なまちづくり ③池袋副都心の再生 ④活力ある地域拠点の整備
	5―2　魅力ある都心居住の場づくり	①安心居住の仕組みづくり ②良質な住宅の供給誘導
	5―3　交通体系の整備	①道路・橋梁の整備と維持保全 ②自転車・自動車対策の推進 ③公共交通の整備
	5―4　災害に強いまちづくりの推進	①防災行動力の向上と連携 ②応急・復興活動を円滑に行う体制の整備 ③災害に強い都市空間の形成 ④総合治水対策の推進
	5―5　身近な安心と安全の確保	①治安対策 ②交通安全対策
6　魅力と活力にあふれる、にぎわいのまち	6―1　都市の魅力による集客力の向上	①にぎわい魅力商工都市の形成 ②観光まちづくりの推進 ③都市交流の推進
	6―2　産業振興による都市活力創出	①新たなビジネス展開の支援 ②地域産業の活性化 ③消費者権利の実現支援
7　伝統・文化と新たな息吹が融合する文化の風薫るまち	7―1　文化によるまちづくりの推進	①文化によるまちの活性化 ②新たな芸術・文化の創出 ③伝統文化の継承
	7―2　芸術・文化の振興	①芸術・文化鑑賞機会の充実 ②芸術・文化活動機会の充実
	7―3　生涯学習・生涯スポーツの推進	①生涯学習の環境整備 ②個の学びから社会的な学習活動への転換 ③スポーツ・レクリエーション活動の充実

図表10　分野別

【地域づくりの方向】	【政　策】	【施　策】
1　すべての人が地域で共に生きていけるまち	1－1　地域福祉の推進	①福祉コミュニティの形成 ②地域ケアシステムの構築 ③保健福祉サービスの利用支援と質の向上 ④地域福祉と関係制度との連携
	1－2　高齢者・障害者の自立支援	①自立支援体制の整備 ②介護予防の推進 ③社会参加の促進 ④福祉サービス等の基盤整備
	1－3　健康	①健康づくりの推進 ②多様化する保健課題への対応 ③健康危機管理 ④地域医療の充実
2　子どもを共に育むまち	2－1　子どもの権利保障	①子どもの権利の確立 ②安全な生活の保障 ③遊びと交流の保障
	2－2　子育て環境の充実	①総合相談体制の推進 ②多様な保育ニーズへの対応 ③サービス提供システムの整備
	2－3　幼児教育	①幼児教育の振興
	2－4　学校における教育	①生きる力を育む教育の推進 ②魅力ある学校づくり ③教育環境の整備 ④学校に関わる安全対策
	2－5　地域における教育	①家庭・地域の教育活動の推進 ②地域に開かれた学校の推進
3　多様なコミュニティがあるまち	3－1　心ふれあうコミュニティの形成	①地域活動への参加促進 ②地域住民相互の交流の促進 ③地域活動の活性化と連携の促進 ④協動の仕組みづくり ⑤外国人との共生
	3－2　平和と人権の尊重	①平和と人権の尊重
	3－3　男女共同参画社会の実現	①男女共同参画社会の条件整備

「豊島区基本計画（2006→2015）」34-35頁

図表11　分野別計画

24の政策分野ごとに施策の展開に関する基本的方針を示します。

①現状と課題	「施策の方向」の前提となる社会状況の変化や地域社会の課題
②施策の方向	「政策」の実現に向けた基本的な方針事務事業の展開の指針
③成果指標	「政策」や「施策の方向」の内容を、分かりやすく、具体的なイメージを伝えるための指標
④計画事業	●既存重要事業 原則として、平成17年度において実施している事業のうち、「施策の方向」を推進していく上で基幹的かつ重要な役割を果たす事業。計画では、AA事業、A事業、施設建設事業として位置づけている。 ●新規重要事業 平成18年度以降において、財源確保を図りつつ、今後優先的に取り組む事業

「豊島区基本計画（2006→2015）」9頁

と課題、②施策の方向、③成果指標、④計画事業、が掲載される（図表11分野別計画参照）。①②はある意味で「作文」である。しかし、②では「重点施策」を選定して明示するものであり、施策レベルの〝選択と集中〟を目指す、基本計画の眼目の一つである。③は進行管理・評価を念頭に置いた新たな試みである。

④は事業の優先順位を示したもので、この基本計画のもう一つの大きな眼目である。特に、既存事業について優先順位を明らかにし、重要性の高い既存重要事業を選定するものである。これは裏返していえば、毎年度の「行財政改革プラン」において、財源状況が悪化する場合に、見直しをすべき既存事業を示すことでもある。具体的には、「既存重要事業」には、「AA事業」「A事業」「施設建設事業」がある。これに入らない既存事業は、「その他の事業」であるが〝重要でない事業〟を含めて、あえて全事業を掲載しているのが特徴である。一般に、あえて〝重要でない〟ことを明示することは政治的・行政的にも容易ではなく、実際、庁内的にも消極論はあったが、審議会・計画事業選定小委員会における「優先順位付け」という意向を受けて、助役・企画課が庁内をまとめたものである。また、基本計画である以上、将来に向けた「新規重要事業」も掲載はしてある。「新規重要事業」は、相対的にいえば、「重点施策」の領域に多くなることが想定されている。「重点施

策」により力を入れていくという〝選択と集中〟が目指されているからである。

③　財政フレームなき基本計画

豊島区基本計画の特徴は、財政フレームを持たないことである。従って、分野別計画・前期分の事業費が記載されているが、これは財源上の裏付けのあるものではない。その意味では、「基本計画が策定されたからといって、どの事業が行われ、豊島区はどのようになるのか」「基本計画の策定にどのような意味があるのか」という批判に晒されることになる。少なくとも、区の関係者のイメージしてきた基本計画とは異なってしまった。もっとも、通常の財政フレームのある総合計画であっても、最終的に事業が担保されるかどうかは、毎年度の予算編成次第であり、その意味では、相対的な違いに過ぎない。

豊島区でも、基本計画策定の途中までは、財政フレームを前提に、二四の政策分野別に計画事業が「ぶら下げられる」ことを想定していた。しかし、策定途上の二〇〇四年頃に、構造的な財源不足が見込まれるようになり、毎年度の予算編成すら容易ではない状態となった。このようななかで、単年度のやり繰りをするために編み出されたのが「行財政改革プラン」である。そのような努力を積み重ねることで、予算が編成できないという事態は回避されたが、しかし、五年一〇年を想定して、計画事業に財源の裏打ちをもって、基本計画を策定することは困難となったのである。こうして、策定作業が一時的に沈滞することとなった。

その後、庁内的には、「一億円枠」を捻出するということで、計画事業をこの枠内に限定して基本計画を策定するという「小振り」の収束案が、二〇〇四年一一月四日の第一七回基本構想審議会に示された。しかし、それまでの審議の経緯を無にするような方針展開であったこと、にも関わらず、どの程度の財源不足が見込まれ、どの程度の計画事業を「ぶら下げること」ができないかが明示されなかったこと、そもそも、財源不足の数字が短期間に大きく変動するために信頼性がなかったこと、財源不足のなかでなぜ捻出されるのが一億円枠なのか不明なこと、などから、審議会の了承を得るには至らなかった。

こうして、二〇〇四年一二月二〇日の第一八回審議会では財政フレームを想定しないで、事業間・施策間の優先順位付けと重点化を図る方針に転換した。どこまで事業を実施できるかは、毎年度ごとの財政状況によって、上下せざるを得ない。それを確定するのは、毎年度の予算編成と、その前提となる「行財政改革プラン」である。優先順位の高い事業は相対的に実現する可能性が高く、優先順位の低い事業は、相対的に見直しの対象となる可能性が高い。しかし、その水準を五年一〇年先まで見通して、基本計画・財政フレームを想定することはできない。従って、基本計画に掲載されているということは、事業の確保を担保したことにはならない。むしろ、全ての既存事業と想定し得る新規事業を、一覧的に記載したに過ぎない。

従って、通常の総合計画では、総合計画の策定で一応の計画事業の選定は終結するのであるが、豊島区基本計画はそのような性格のものではない。「決め切れていない」計画なのである（図表9　ローリング図参照）。いわば、進行管理段階まで、計画事業選定という策定過程の任務が継続することになる。それゆえ、実施計画の機能を持つ行財政改革プランの策定過程の整備、特に、それへの区民参加が、本来的に求められることとなったのである。

(5)　総合計画と自治体経営

①　自治体経営戦略計画としての総合計画

豊島区基本計画には、策定過程の力学からは三つの部分がある。基本計画は、「下から」（所管課）と「横から」

図表 12　既存重要事業の選定方法

(ア)　事務事業を、施設建設事業、法令扶助費事業、一般事業に分けます。

(イ)　投資的な性格を持つ施設建設事業については、既存重要事業として位置づけます。また、法令扶助費事業については、法令等により義務づけられるものであるため、選定対象から除外します。

(ウ)　さらに、一般事業のなかから一定割合を既存重要事業として選定します。

(エ)　一般事業からの選定にあたっては、一般事業に充てる一般財源総額を分母として、その1/2の額を目安として重要性の高い事業を選定します。さらに、選定した事業を一般財源の1/2（全体の1/4）ずつを目安に分け、「AA事業」、「A事業」として選定します。

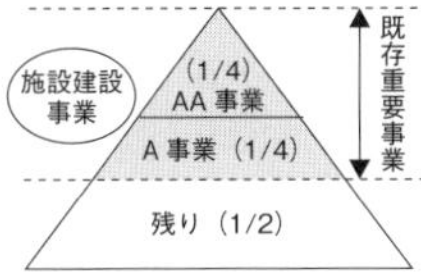

(オ)　選定した個々の事業については、事業量と基本計画における前期5年間の事業内容を明らかにします。

(カ)　既存重要事業として選定しなかった事業については、「計画事業以外の事業」として掲載します。

（区民）と「上から」（区長）の部分の混合体である。このため、基本計画は、所管課という自治体官僚制のものであり、区民意見を横断的に反映したものでもあり、また、区長の信条に従うものでもある。基本計画は、団体のものであり、住民のものでもあり、首長のものでもある。

第一は、「下から」の部分であり、既存計画事業・新規事業はこれに当たる。これらの事業は、基本的には各所管課からボトムアップに提示されたものである。また、事業間の優先順位付けも、基本的には各所管課による選別であり、企画課および計画事業選定小委員会が「客観的基準」に基づいて選定したものではない。企画課と計画事業選定小委員会が行ったことは、「AA事業」「A事業」「その他事業」の相対比率を、一般財源ベースの事業費で、原則として「二五／二五／五〇」ルールで相対評価する標準化を行っただけである。当然、施策間の既存事業費の相対比重をそのまま追認するものである（図表12　既存重要事業の選定方法参照）。

第二は、「横から」の部分であり、重点施策の選定がこれに当たる（図表13　重要施策一覧表参照）。「下から」の部分は、既存政策・施策間の相対比重を前提にしていた。また、基本構想がすでに

図表13　重点施策一覧表

政策	施　策
1-1	地域福祉の推進
	①福祉コミュニティの形成
重点	②地域ケアシステムの構築
	③福祉サービスの利用支援と質の向上
	④地域福祉と関係制度との連携
1-2	高齢者・障害者の自立支援
	①自立支援体制の整備
重点	②介護予防の推進
	③社会参加の促進
	④福祉サービス等の基盤整備
1-3	健康
重点	①健康づくりの推進
	②多様化する保健課題への対応
	③健康危機管理
	④地域医療の充実
2-1	子どもの権利保障
	①子どもの権利の確立
	②安全な生活の保障
重点	③遊びと交流の保障
2-2	子育て環境の充実
重点	①総合相談体制の推進
	②多様な保育ニーズへの対応
	③サービス提供システムの整備
2-3	幼児教育（※注）
	①幼児教育の振興
2-4	学校における教育
重点	①生きる力を育む教育の推進
	②魅力ある学校づくり
	③教育環境の整備
	④学校に関わる安全対策

政策	施　策
2-5	地域における教育
重点	①家庭・地域の教育活動の推進
	②地域に開かれた学校の推進
3-1	心ふれあうコミュニティの形成
	①地域活動への参加促進
重点	②地域住民相互の交流の促進
	③地域活動の活性化と連携の促進
	④協働の仕組みづくり
	⑤外国人の共生
3-2	平和と人権の尊重（※注）
	①平和と人権の尊重
3-3	男女共同参画社会の実現（※注）
	①男女共同参画社会の条件整備
4-1	みどりの創造と保全
重点	①みどりの拠点拡大
	②みどりのネットワーク
4-2	環境の保全
	①都市公害の防止
	②都市環境の保全
重点	③地域美化の推進
4-3	リサイクル・清掃事業の推進
重点	①ごみ減量・リサイクルの推進
	②資源循環型清掃事業の推進
5-1	魅力あるまちづくりの推進
	①秩序ある市街地更新
	②個性ある快適なまちづくり
重点	③池袋副都心の再生
	④活力ある地域拠点の整備
5-2	魅力ある都心居住の場づくり
	①安心居住の仕組みづくり
重点	②良質な住宅の供給誘導

政策	施　策
5-3	交通体系の整備
	①道路・橋梁の整備と維持保全
重点	②自転車・自動車対策の推進
	③公共交通の整備
5-4	災害に強いまちづくりの推進
	①防災行動力の向上と連携
	②応急・復興活動を円滑に行う体制の整備
重点	③災害に強い都市空間の形成
	④総合治水対策の推進
5-5	身近な安心と安全の確保
重点	①治安対策
	②交通安全対策
6-1	都市の魅力による集客力の向上
重点	①にぎわい魅力商工都市の形成
	②観光まちづくりの推進
	③都市交流の推進
6-2	産業振興による都市活力創出
	①新たなビジネス展開の支援
重点	②地域産業の活性化
	③消費者権利の実現支援
7-1	文化によるまちづくりの推進
重点	①文化によるまちの活性化
	②新たな芸術・文化の創出
	③伝統文化の継承
7-2	芸術・文化の振興
	①芸術・文化鑑賞機会の充実
重点	②芸術・文化活動機会の充実
7-3	生涯学習・生涯スポーツの推進
	①生涯学習の環境整備
	②個の学びから社会的な学習活動への転換
重点	③スポーツ・レクリエーション活動の充実

※注：「幼児教育」、「平和と人権の尊重」、「男女共同参画社会の実現」については、「政策」に対応する「施策」が一つであるため、重点施策を設定していません。
「豊島区基本計画（2006→2015）」25頁

議決されていた関係で、政策間の相対比重を変えることは難しく、政策は相互に等価であった。このようななかで、〝選択と集中〟が試みられたのは施策レベルであった。そこでは、区民アンケートをもとに、将来に向けた重要性と、現在の到達状況とから、より重点を置くべき施策を選定していった。その過程では、企画課及び計画事業選定小委員会の意向がある程度反映できたのである。

第三は、「上から」の部分である。「戦略的・

横断的な施策展開に関する方針」での「文化」「健康」「都市再生」「環境」という四テーマによる分野別計画の相互間の連携を想定している。それを受けて「行財政改革プラン」においてプランの具体化が図られるとした。これが、当初から想定されていた「としま戦略プラン」に繋がるものと了解されている。ただし、基本計画本体には「としま戦略プラン」という形で明確には具体化しきれなかったため、区長としては若干の不満はあったかもしれない。なお、「上から」の部分を入れ込もうという発想は、実現はしなかったが「計画事業一億円枠」構想にも見られ、また、区長が裁量的に査定できる「政策的経費」という形で、予算編成では制度化している。また、「行財政改革プラン二〇〇五」以降では、「政策的経費充当事業」が明記され、これが事実上の「上から」の部分となっている。

「政治家区長」という側面を先鋭に打ち出せば、体系別・網羅別の全てのことを書く総花的な総合計画は不要である。むしろ、そのような総合計画は、施策・事業の膨張と既定化による財政危機の原因となりかねない。豊島区に即して言えば、《「としま戦略プラン」の部分だけがあればよい、その他はあってもなくてもどこの自治体でも同じ》という感覚になる。実際、区長は庁内では「基本計画は一〇頁くらいでよいのだよ」といっていたようである。その意を受けて、審議会も《戦略プランは区長のものだ》という判断からか、答申（二〇〇五年二月）では「方針」だけに留めている。逆にいえば、審議会は、「戦略プラン」の部分だけを答申すれば、諮問者としての「政治家区長」の意に最も応えることができたかもしれない。

②　行政改革プランと総合計画の一体化

豊島区総合計画は、基本計画の実施計画に相当する部分が「行財政改革プラン」であることから明らかなように、行政改革プランと総合計画は一体化している。「第１章２．新たな行財政改革に関する方針」は、行革の方針をも基本計画に位置付けたものである。具体的には、①効率化、②民の力との協動、③トップマネジメント補佐機能の強化、④組織機構改革、⑤行政評価による行政経営システム、などである。多分にお題目的な要素もあり、どこまで実現するかは微妙なところもあるが、いかなる方向で行政改革をすべきかを明示したことの意味は小さくない。

沿革的にも内容的にも、行政改革が先行していたのが実態である。二〇〇四年頃の財政危機を背景に、基本構想はあるものの基本計画がないまま、「行財政改革プラン」で急場を凌いできた。基本計画より先に、「行財政改革プラン」という手法が構築されていたのである。また、内容的にも、五ヵ年の財政フレームが推計できないような構造的な財政危機状況であり、「行財政改革プラン」で毎年度に財源を捻出していかなければ、基本計画の事業が成り立たないのである。こうして、「正負一体の総合計画」が成立した。ある意味では、基本計画は「切る計画」をも内包している。

③　総合計画と行政評価の連動

豊島区基本計画では、年度ごとに行政評価等を踏まえて、基本計画に進捗状況を確認するとともに、「行財政改革プラン」において結果を明らかにするとされている。また、分野別計画では、二四の政策分野ごとに「成果指標」が設定されている。成果指標については、政策ごとの「代表的切り口」として進捗状況を評価する活動指標ではなく成果指標である、評価の〝物差し〟であるとともに〝目標〟である、部分的かつ代表的なものであり政策の全体の進捗状況を示すわけではない、などとされている。

このように、基本計画では成果指標に基づく評価と、毎年度の「行財政改革プラン／未来戦略推進プラン」のローリングによる評価・進捗管理が想定されている。しかし、それ以上には、行政評価システムとの連動は構築されていない。「新たな行財政改革に関する方針」にある通り、「行財政改革プラン／未来戦略推進プラン」の策定に際して、事務事業評価などの行政評価が活用されるかどうかに掛かっていよう。また、自治基本条例では、「計画から予算、執行及び決算を経て評価に至る行政運営の仕組みを構築しなければならない」（四〇条二項後段）としたうえで、「区長等は、基本計画等に基づく政策等の成果及び達成度を明らかにし、効率的かつ効果的な行政運営を行うため、行政評価を実施し、その結果を公表するものとする」（四二条）とされている。総合計画と行政評価の連動は運用次第であろうが、実際には、必ずしも効果的な連動がなされていないようである。

(17)　「協働」の「働」は、関係者によれば、「働く」という意味ではなく、「人」（＝イ＝にんべん）が「動く」という意味だそうである。その点では、「担い手」として公共サービスの下働きをするというよりは、意味される内容は「協動」と近いようである。

(18)　このため、与党系区議とはいえ、執行部側からは頼れる存在とは限らない。与党のうち、個人のイデオロギー的心情から発言を押さえられないと言う「自由」で「自分党」的な会派よりは、組織的団結力があって会派の統一的方針が貫徹し、政治的イデオロギーよりは与党として公権力に明らかに与することを重視し、「政局」を安定させて権力基盤を維持しようとする会派の方が、頼りになるのである。

(19)　当初の事務局は、企画課とは別に長期計画担当課が置かれていた。二〇〇五年四月からは企画課が兼務。

(20)　既存事業を「AA事業」「A事業」「その他事業」に優先度合を区分するときに、一般財源ベースで、それぞれ四分の一、四分の一、二分の一としたルール。

(21)　自治推進委員会は、二〇〇九年二月二六日に最後の全体会を開催して終了している。その後は設置されていない。豊島区ホームページ参照。http://www.city.toshima.lg.jp/kusei/kaigi/kaigi/jichi/index.html、二〇一〇年四月三〇日最終アクセス。

(22) 当初は条例の規定通り、政策経営部（一般的にいえば企画部に当たる）企画課が庶務を処理していた。もっとも、後の自治協働推進課の担当者は、当初の企画課の職員がそのまま横滑りしたので、人的には連続性はある。

(23) いささか分かりにくいが、二〇〇六年度開始の計画は「行財政改革プラン二〇〇五」で、二〇〇七年度開始の計画は「未来戦略推進プラン二〇〇七」である。

4　おわりに

以上のように、総合計画の多面的な論点を提示しつつ、3では豊島区を事例に、総合計画の課題と対応について検討を行ってきた。そこでは、いくつかの典型的な課題が現れており、また、それへの豊島区の苦心の跡が観察できた。

しかし、総合計画は策定して終わりというものではなく、特に、豊島区基本計画の場合はそうである。毎年度の改定や新公共管理（NPM）がどのように進むのか、毎年度の予算編成では基本計画がどの程度効果を持つのか（図表14参照）、選挙を挟んだ期間にどのような変容を見せるのか、自治基本条例との関係はどうなるのか、など運用次第の側面も大きい。従って、今度とも中長期的な視点から、総合計画について観察していくことが重要であろう。

図表14 新規・拡充事業【重点施策からの選定状況】

年 度	合 計
22年度	42/72＝58%
21年度	60/106＝57%
20年度	65/146＝45%
19年度	71/140＝51%

	政 策	22年度	21年度	20年度	19年度
1-1	地域福祉の推進	1/5=20%	3/10=30%	3/6=50%	4/11=36%
1-2	高齢者・障害者の自立支援	1/4=25%	5/10=50%	0/9=0%	0/13=0%
1-3	健康	4/8=50%	3/8=38%	3/14=21%	4/9=44%
2-1	子どもの権利保障	2/2=100%	1/1=100%	1/2=50%	4/5=80%
2-2	子育て環境の充実	3/6=50%	3/7=43%	2/6=33%	1/3=33%
2-3	幼児教育				
2-4	学校における教育	4/6=67%	7/10=70%	6/14=42%	10/14=71%
2-5	地域における教育	0/0=20%	0/0=0%	1/1=100%	1/1=100%
3-1	心ふれあうコミュニティの形成	2/5=40%	1/2=50%	4/5=80%	3/7=43%
3-2	平和と人権の尊重				
3-3	男女共同参画社会の実現				
4-1	みどりの創造と保全	4/4=100%	5/5=100%	6/6=100%	4/4=100%
4-2	環境の保全	5/10=50%	8/9=89%	1/12=8%	2/5=40%
4-3	リサイクル・清掃事業の推進	1/1=100%	2/2=100%	8/8=100%	5/7=71%
5-1	魅力あるまちづくりの推進	4/6=67%	3/4=75%	5/8=63%	3/6=50%
5-2	魅力ある都市居住の場づくり	0/0=0%	1/3=33%	2/3=67%	1/2=50%
5-3	交通体系の整備	1/3=33%	3/7=43%	1/10=10%	5/10=50%
5-4	災害に強いまちづくりの推進	1/2=50%	5/7=71%	0/7=0%	3/7=43%
5-5	身近な安心と安全の確保	2/2=100%	1/1=100%	2/2=100%	1/1=100%
6-1	都市の魅力による集客力の向上	0/0=0%	0/0=0%	1/2=50%	0/0=0%
6-2	産業振興による都市活力創出	3/3=100%	4/4=100%	7/7=100%	9/9=100%
7-1	文化によるまちづくりの推進	2/2=100%	4/5=80%	5/5=100%	7/10=70%
7-2	芸術・文化の振興	2/2=100%	0/2=0%	4/8=50%	1/3=33%
7-3	生涯学習・生涯スポーツの推進	0/1=0%	1/9=11%	3/11=27%	3/13=23%

（豊島区作成資料より）

【参考文献】

○今里滋編著『政府間計画関係をみる視点——計画ファミリーと計画コミュニティ』行政管理研究センター、一九九八年
○今村都南雄編著『現代日本の地方自治』敬文堂、二〇〇六年
○打越綾子『自治体における企画と調整——事業部局と政策分野別基本計画』日本評論社、二〇〇四年
○『市町村計画策定方法研究報告』国土計画協会、一九六六年
○斎藤達三『総合計画の管理と評価——新しい自治体計画の実効性』勁草書房、一九九四年
○佐藤徹『自治体行政と政策の優先順位づけ——〝あれもこれも〟から〝あれかこれか〟への転換』大阪大学出版会、二〇〇九年
○自治体学会編『自治体計画の現在（年報自治体学第二二号）』第一法規、二〇〇九年
○篠藤明徳『まちづくりと新しい市民参加——ドイツのプラーヌンクスツェレの手法』イマジン出版、二〇〇六年
○『地方公共団体における計画行政の現状と課題（Ⅰ）』地方自治協会、一九九一年
○『地方公共団体における計画行政の現状と課題（Ⅱ）』地方自治協会、一九九二年
○辻山幸宣編著『分権化時代の行政計画』行政管理研究センター、一九九五年
○西尾勝『行政学の基礎概念』東京大学出版会、一九九〇年
○西寺雅也『自律自治体の形成——すべては財政危機との闘いからはじまった』公人の友社、二〇〇八年
○『自治体と総合計画——現状と課題』日本都市センター、二〇〇二年
○『自治体と計画行政——財政危機下の管理と参加』日本都市センター、二〇〇三年
○松下圭一『シビル・ミニマムの思想』東京大学出版会、一九七一年
○松下圭一『自治体は変わるか』岩波書店、一九九九年
○村松岐夫・稲継裕昭・日本都市センター編著『分権改革は都市行政機構を変えたか』第一法規、二〇〇九年

第三章　◇　行政改革

1　はじめに

（1）《行政改革》には色々な内容が入り得る

《行政改革》とは、それ自体としては、無内容に近い概念である。基本的には「行政を改革する」ということなのであるが、[1]改革にとって重要なことは、誰が主体となって、どのような方向に改革するかだからである。しかし、今日、通念的には《行政改革》といえば、特定の主体による、特定の方向への改革がイメージされている。このように、本来的には漠然とした言葉でありながら、ある時期のある社会では特定の意味内容を含意している。こういう言葉は「歴史的概念」といえる。

自治体での《行政改革》という言葉が明示的に形成されてきたのは、一九八〇年代の「地方行革」の動きからである。これは、国レベルの第二次臨時行政調査会[2]（いわゆる「土光臨調」）による行政改革を受けて、「地方」[3]でも国の動きに合わせて行政改革を進める、という方針が、自治省を中心に打ち出されたことによる。

（2）「行政整理」の方向に限定した《地方行革》

土光臨調は、一九七九年の大平内閣による一般消費税導入の試みが失敗したのちに登場したという関係から、ここでの《行政改革》なるものは、「増税なき財政再建」を掲げる《行財政改革》という言葉に変容していった。端的にいって、「増税する前に（／ために）歳出・公務員・組織を削減する」というものである。この「臨調／行革路線」が一段落したことで、一九八九年に消費税が導入されたのである。

《行政改革》は、本来は漠然とした言葉であり、そこには、情報公開、オンブズマン制度、地方分権、行政手続、民営化・規制緩和・民間活力、省庁再編、内閣機能強化、公務員制度改革などの様々な項目を含み得るものであり、第二臨調の審議項目においても含まれてはいた。また、行政を拡大する方向にも、縮小する方向にも、行政改革はなし得るものである。しかし、一九八〇年代の《行政改革》は、歳出・公務員・組織を削減するという方向での改革に、限定して捉えられていった。旧来的な行政用語では、「行政整理」と呼ばれていた内容なのである。(4)

このような国レベルの《行政改革》を受けた《地方行革》も、基本的にはこの色調を共有している。一九八五年の自治省通達「地方行革指針」が、その内容を典型的に示している。簡単にいえば、

●　地方公務員数の削減及び地方公務員給与の抑制により人件費を圧縮する
●　民間委託・民営化・電算化などにより、人件費を抑制しつつ行政サービスを提供する
●　行政サービス水準自体をも抑える
●　適正な受益者負担などを設定して、サービス需要を抑えつつ、歳入増額も図る

などである。

(3)　自治省を推進主体とする《地方行革》

そして、《地方行革》に特徴的なことは、国レベルの《行政改革》に歩調を合わせることを、国レベルの自治省が主体になって各自治体を「指導」するものであったことであり、方向的に集権的な色調を帯びていたことである。自治省は、自治体に対して、行政改革大綱および行政改革実施計画の策定により、《地方行革》を進めること

を指導していった。それは「国と地方を通じた行政全体」を「改革」＝削減するものであったが、その淵源は国の方針にあったのである。逆に、第二臨調では、行政改革のテーマの一つではあった地方分権（国と地方の関係）は、充分に着手されることはなかったのである。

（4）自治体における《行政改革》への動き

しかし、漠然とした概念である《行政改革》は、もっと別の内容を盛り込むことも可能である。また、それは、国の指導で進められるものとは限らず、自治体が独自の必要性から進めることも可能である。

一九九〇年代以降の自治体による《行政改革》とは、国主導の行政整理に限定された内容を超えて、自治体の実情に合わせて、どのような独自の内容を盛り込むのかの試みであったといえる。そして、その動きは、国レベルでも《行政改革》の中身の変容を伴うものであったし、一九九四年の行政手続法、一九九五年の地方分権推進法（二〇〇〇年に第一次分権改革実施）、一九九八年の中央省庁等改革基本法（二〇〇一年に省庁再編実施）、一九九九年の情報公開法、二〇〇一年の政策評価法、さらには近年の公益法人制度改革、公務員制度改革や行政争訟制度改革にまで、繋がるものであった。

（1）「行政が改革する」とか「行政のために改革する」ではない。
（2）「第二次」という表現からも明らかなように、国レベルでの「行政改革」の動きは、一九六〇年代にも試みられた。一九六〇年代の第一次臨時行政調査会の色調は、現代行政の拡大・膨張を前提に、それを能率的効果的に達成できる行政の能力向上を目指していたといえる。
（3）個別の自治体ではなく、総体あるいは合計としての地方のことである。

（4）　民間用語では「合理化」と呼ばれた内容である。近年では「リストラ」と呼ばれていた。

2　行政改革の課題と対応

（1）　三つの行革スタイル

すでに述べたように、行政改革には色々な内容が入り得る。国主導に見られる《地方行革》という方向性は、その一つのタイプである。しかし、自治体での行政改革には、さらに多様な内容が盛り込まれる。一九九〇年代から二〇〇〇年代の状況を踏まえると、大まかに三つの行革スタイルがありそうである。

①　減量型行政改革

一つめは、減量型行政改革である。《地方行革》のもとで形づくられてきた行政改革の基本的な方向性は、このような行政整理という方向性である。最も典型的には、人件費の削減であり、職員定数・実数の削減、給与水準の引下げ、各種手当の整理、などが中心になる。また、民間委託や民営化などにより、自治体の直営よりも費用を抑えることも見られる。例えば、民間委託にすることにより、それまで要していた人員数を削減することが可能になり、もちろん、民間委託に出せば委託費は掛かるわけではあるが、それは従前の人件費よりは安く済むというタイプの改革である。

住民の観点から望ましくは、費用を削減しても、サービス水準は維持できるという状態である。簡単にいえば、生産性あるいは能率性の向上が必要になる。減量型行政改革を行うときには、サービス水準の低下を謳うことは容易ではないから、このように、生産性・能率性の向上を伴うことを含意しなければならない。一般に役所は非能率であると思われているから、能率の向上の余地はあると観念されている。また、効果の乏しい無駄な事業は、それを廃止することでも、住民全体の福祉水準を害しないため、サービス水準の低下には繋がらない、ということになる。減量型行政改革は、役所の非効率性や悪しき慣習の改善を期待しているのである。

ただし、現実の減量型行政改革は、必ずしも生産性・能率性の向上を伴うとは限らない。むしろ、減量の数値目標を設定して、「数合わせ」を含めて、ともかく数値目標を達成する措置を捻出するという手法で進められることも多い。例えば、人員削減は、通常は、定年退職などによる自然減を推計し、その一部しか補充しないという「退職者不補充」という方法によって、一定の削減数を捻出する。その場合、自治体の事務量が減るとは限らないのであるから、当然に、生産性を向上させる取組が内包されていなければならない。しかし、そのような能率性向上の仕掛けというのは目に見える形では難しく、ともかく、役所全体の全職員のなかで、広く薄めて削減分を吸収することで、あまりよく分からない形で処理されることになるのが普通である(5)。

②　行政経営システム改革

既存の行政システムのあり方を前提とした減量型行政改革は、一般に、数年を経るうちに効果が上がらなくなってくる。既存の行政システムの長年の慣行や蓄積のもとで形成された、明らかな「贅肉」部分や「ひどい」部分は、減量型行政改革の対象となる。しかし、そのような、簡単に切り出せる「膿」のような箇所は、早晩に尽きてくる。

残された部分は、「明らか」に問題箇所であっても、既存の政治行政構造と「癒着」した既得権益となっており、手を付けにくいものとなる。また、それぞれの施策・事業の論理では、それなりの必要性と有効性は確固としており、それ以上の減量は大きな抵抗を受けることとなる。このようなときでも、あえて全体的な削減目標を達成しようとすれば、減量型行政改革は、一律削減方式を採ることになる。それにより、行政サービス水準自体の逓減が、目に見えて開始されていくのである。

こうした減量型行政改革の限界を超えて、無駄や非効率それ自体を生んできた「お役所仕事」という行政システム・仕組み自体が、行政改革の対象とされることがある。これが行政経営システム改革である。このようなシステム・仕組みの改革は、減量型行政改革を可能とするような構造を作り出すという期待もある。しかし、他方では、減量には直結しない、多種多様な改革項目を内包することも可能になる。改革項目は、個別には「それ自体としては良いもの」が掲げられるが、その具体的な減量効果は見えにくいことも多いのである。もちろん、減量効果だけが行政改革ではないのであるから、当然といえば当然である。しかし、効果がよく分からない取組を、行政改革の名目で膨張させることでもある。

③　地域経営改革

自治体内部の行政システムを改革しても、可能なことには限りがある。もともと《地方行革》は、行政には能力的に限界があるということから、行政は減量をせざるを得ないし、民間のノウハウ・活力に期待した方が望ましいという、新自由主義的な観点を内包させている。そして、地域住民への公共サービスも、自治体などの行政だけで担える部分は限られており、広く、地域の民間主体を視野に入れる必要が生じてくるのである。こうして、行政内部だけではなく、地域社会全体を含めて、トータルに公共サービスの改革を行うことが、広い意味での行政改革となってくる。これが、地域経営改革である。

地域の民間主体の第一番目のものは、民間企業経済である。簡単にいえば、行政改革の成否は地域経済が順調であるかどうかに規定される。いくら減量型行政改革をしても、地域経済が沈滞してしまっていては、行政は成り立たないからである。こうして、産業振興や地域活性化が、行政改革の項目のなかに紛れ込んでくることになり、地域全体の活力を発掘、向上、活用するということになる。

もちろん、このような地域活性化策として打ち出した施策が失敗し、多大な損失を自治体行政にもたらすこともある。少なくとも、減量型行政改革の観点からは、こうした損失に対して「破綻処理」をせざるを得ないのであるが、地域経営の観点からは、「そうした対策を採ってなければ地域経済はもっとひどいことになっていたであろうから、やむを得ないものであった」などとして、問題視されないこともある。

地域の民間主体の二番目は、自治会町内会などの地縁団体や、NPO団体などである。「公共サービスは行政だけが担う必要はない」という言説は、減量型行政改革でも、しばしば活用される論拠である。「新しい公共」などという名目で、官＝行政以外の民間非営利団体も公共サービスを「担える」と喧伝される。また、行政とこれらの民間団体の協働が提唱されたりする。「協働による自治体運営」は、今日の多くの自治体が期待を掛けている方向性であり、典型的な地域経営改革のスタイルである。

これらの民間団体による公共サービスは、単なる減量型行政改革の手段とはなり得ないようである。たしかに初期においては、減量型行政改革を見据えつつ、行政整理をしても、「民間の担い手」が成長すれば、公共サービスを維持できるなどという思惑があったかもしれない。いわば、減量型行政改革を住民に納得してもらえるための言い訳として、地域経営改革が掲げられることがある。しかし、現実には、そのような負担転嫁論は、民間団体側からは反発を受けるだけで実現性は乏しい。また、実際に、行政と民間の協働は、きめ細かい温もりのあるサービスになることは多いものの、行政にとっても手間暇や財源が掛かる割には、大量・公平な公共サービスを実現することは難しく、それに頼ることは難しい。そもそも、民間団体は、公的資金の注入がなければ、充分な質・量の公共サービスを提供することはできないのである。

④　小括

このように、行政改革には三つのスタイルがある。これらのスタイルは、どれが優位しているという問題ではなく、相互に循環したり、比重を変えながら登場してくるようである。減量は必要であるが減量だけでは立ちゆかない。システム改革は必要であるが、それだけでは効果が上がっているかは分からない。地域も視野に入れることは必要であるが、それでは焦点が拡大しすぎることもある。こうして、各自治体は、それぞれの状況に合わせて、改革の対象と内容を取捨選択しているのである。

(2)　行政改革の民主的統制

①　行政改革の推進主体

行政改革は沿革的には、自治省という国を主体とする《地方行革》から開始したものであり、また、近年でも、構造改革路線を受けて、総務省が「地方公共団体における行政改革の推進のための新たな指針」(「新地方行革指針」二〇〇五年三月)、「地方公共団体における行政改革のさらなる推進のための指針」(二〇〇六年八月)を発して、自治体に「集中改革プラン」の策定による《行政改革》を求めているなど、国が行政改革の主体となってきた。しかし、分権型社会においては、本来は自治体が自らの判断で《行政改革》を進めるべきものであり、実際にも、一九九〇年代から二〇〇〇年ごろまでは、そのようになっていた。

では、自治体のなかで、《行政改革》の主体となるのはいかなる主体であろうか。また、そのような自治体主導の《行政改革》は、いかなる手法によっているのであろうか。そしてそれは、住民自治という、民主的統制が効いているものであろうか。

②　減量型行政改革と民主的統制

常識的に考えて、減量型行政改革（行政整理）を、自らの民主的意思決定で行うことは容易ではない。既存の施策・事業を削減する行政整理は、それによって損をする関係者は比較的ハッキリしているが、それによって得をする関係者は明瞭ではない。行政整理によって財源が浮けば、広く住民全体の得にはなるわけであるが、それは、極めて広く薄く配分される。他方、特定の施策・事業の受益者は、それがなくなることで、大きな損失を受けることになる。つまり、減量型行政改革は、利益は一般住民に拡散しているが、損失は特定住民・団体に集中する。このため、利益を受ける一般住民の声は強くはならず、損失を受ける特定住民・団体の声は大きくなる。従って、減量型行政改革の必要性が合意されたとしても、特定の施策・事業の削減への合意が得られるとは限らない。これが、「総論賛成・各論反対」という状況である。(6)

もちろん、このような「総論賛成・各論反対」という状況が、民主的統制の観点からは、一概に悪いとは言い切れない。なぜなら、民主的統制は、多数決原理が作用する世界であり、多数派の利益のために、少数派に負担や受苦を押し付ける危険があるからである。「総論賛成」だけでは、いついかなる案件で、特定の地域・集団・個人に負担が押し付けられるかが分からず、とても安心して暮らせない。「総論賛成・各論反対」には、少数派を現実的に保護する役割があるのである。

とはいえ、「総論賛成・各論反対」状況が行き過ぎれば、問題となることもまた明らかである。全体の財源などのパイに収まり切らない可能性が強いからである。また、全ての少数者が「各論反対」を貫けるのではなく、現実には、無力な少数派には負担が押し付けられ、力を持った少数者集団の「既得権益」だけが保護されるということもあり、必ずしも公正・公平な「各論反対」となっているわけではない。従って、現実の自治体内政治行政過程のなかで、不公正・不公平な「各論反対」による膠着状態を打破する仕掛けが工夫されてきた。

③　行政経営システム改革・地域経営改革

行政経営システム改革や地域経営改革の場合には、減量型行政改革のように、特定の施策・事務事業の縮減がテーマとなるわけではないので、既得権益を保持しようとする「各論反対」と衝突する可能性は減る。しかしながら、これらのタイプの行政改革でも、既存の施策・事業の進め方を変更し、仕事のあり方を変えようというものであるから、庁内各課・行政職員の抵抗が起きることが普通である。従って、仮に首長が行政改革を進める意思があっても、庁内の抵抗によってなかなか進まないことがある。

例えば、行政経営システム改革として、行政評価制度を導入しようとすれば、所管課・職員からは、通常は抵抗を受ける。端的にいって、大して効果も見込めない割に、面倒くさい帳票記入の作業が増える、と受け止められるからである。また、地域経営改革の柱は住民との協働であるが、積極的に協働に取り組んできた所管課・職員はともかく、通常の所管課・職員にとっては、協働とは、これまでの仕事の仕方を無理矢理に変えて、公平性が害されるうえに、手間暇の掛かることをすることになる、と受け止められるからである。とにかく、「改革」とは、先例踏襲主義で仕事を進める自治体行政現場には馴染まない事柄であり、基本的には好まれない。従って、現実の自治体内政治行政過程のなかで、先例踏襲的な原状維持状態を打破する仕掛けが、色々と工夫されてきた。

(3)　行政改革の推進体制

①　首長の意思

行政改革を進めるには、一般住民の意向を背景にして、首長・議会が意思を持つことが必要である。しかし、誰でもそうであるが、自らに痛みの伴う改革を望むことは少ない。そのため、減量型行政改革の意思を持つことを政治家に求めることは、あまり期待できない。特に、個別議員や個別住民は、全体の状況に言及することなく、特定項目にのみ要求をすることができるため、なおさらその傾向が強い。首長の場合には、個別項目にばかり配慮していると、最終的には自分が責任を負っている予算編成や債務残高状況に反映してくるので、一定のブレーキが掛かる。

多数の人から構成される議会・審議会・住民集団は、痛みは自分で負うことなく全体あるいは他者に押し付けてしまえば構わない、というところがあるため、自らの痛みを引き受けることを避けようとする。もちろん、集団としてみれば、議会は一つであるし、ツケは地域住民集団全体に還ってくるのであるが、なかなか、集団全体としての確固とした意思を持つことは難しい。

この点で、独任制の首長は、退任して先送りをする以外には、逃げ場がないのであり、行政改革の推進体制では中心的な存在となる。逆にいえば、首長が行政改革の意思を持たないときには、他の政治主体にそれを期待することは、ほとんど不可能である。単一の人物で全体を統括するという仕組みは、それなりに意味がある。そして、合議体の議会に減量型行政改革を期待するのは、あまり意味がない。議会は、むしろ、首長が多数派利益に基づいて、特定対象に負担を押し付けようとするときに、「少数派」保護のブレーキ役を果たすべきものなのである。(7)

住民のなかには、行政監視を使命とする団体・個人が形成されることもある。このような行政監視型市民活動は、行政改革に推進力を与える面では、極めて重要である。例えば、職員の退職金・給料の高さを監視したり、公金・公費支出の無駄遣いを監視したりする活動である。これらは、短期的には自治体に敵対的であり、自治体首長・議員・行政職員のなかには、これらの市民活動に嫌悪感を持つものもいる。しかし、行政改革への関心がある当事者にとっては、「必要な敵」として、あるいはむしろ、行政改革推進のための「外圧」あるいは「追い風」として、適応することも見られる。

ただし、すでに述べたように、このような広く拡散する利益を推進する市民活動が形成されるのは例外的である。市民活動をしても、活動する市民自身の直接的な利益にならないからである。よほど、自治体の実務を適正化することに主観的利益を見出すなどの、マニアックな関心が必要である。通常の住民活動は、特定のテーマ・領域に関する特定利害を中心に形成されるものであり、どちらかというと「既得権益」を求めることが普通である。

②　庁内体制

《行政改革》という、既存の行政のあり方それ自体を対象とする行政を行うにも、それを実行する行政組織が必要である。そのため、多くの自治体では、行政改革を所管する部課が設置されるのが普通である。名称は、行政管理課、行政改革推進課、経営管理課、行政システム課、行政経営課など、色々である。行政改革の専担部課がなく、企画調整課などに包摂されていることもある。また、《行政改革》とは、いわば何でも入る「空の容器」であるから、行政改革所管部課の所掌範囲も多様である。しかし、とにかく重要なことは、《行政改革》という事項を庁内全体で統括する組織が置かれる、ということである。

行革所管部課を設置することは必要条件であるが、行政改革の推進体制としては充分条件ではない。なぜなら、《行政改革》のテーマは全庁の行政活動の全てに及ぶものであり、簡単にいって、庁内の全部課を対象にしなければならない。しかし、組織構造から言って、行革所管部課も他の事業・施策所管部課と同格の組織に過ぎないからである。もちろん、財政課・人事課・法制課などのように、同格組織ではあっても、他の所管課への「予算査定」「人事発令」「例規審査」などが慣行上認められる場合もある。しかし、これらは、あくまで長年の組織慣行の蓄積の上に立つものであり、《行政改革》のように、新参で、しかも、内容が茫漠としているものでは、このような庁内の組織間関係は期待できない。

そこで、通常は、首長などの理事者層のプレゼンスを借りるしかない。これが、「行政改革本部」のような組織である。具体的には、首長など三役や関係部長を包括した会議体の「本部」である。実質的には、庁議メンバーと同様であり、いわば、《行政改革》のための庁議である。このような行革本部による全庁的了解によって、行政改革が推進されることになる。しばしば、行革所管部課は、この行革本部の〝事務局〟という位置付けになる。〝本部事務局〟という位置付けは、同格あるいは下位の組織・職員を、他の組織・職員より「一段上にする」ための技法である。また、行革本部には、関係各課連絡会議体のような形で、実務レベルの組織が置かれることもある。《行政改革》の成否は、〝本部事務局〟である行革所管部課が、この庁内会議体を巧く調整・運営していくことができるかに掛かっているともいえる。

行革所管部課は、その所掌範囲が確立していないとともに、全行政分野に関係し得るため、庁内の各所管部課との軋轢が必至である。例えば、特定の施策・事業への見直しに踏み込めば、当然、その施策・事業所管部課との争議になる。そして、当該事業所管部課の方が、当該事業に関して知識・情報を有し、関係団体とのネットワークを持っているので、圧倒的に強力である。また、幅広く行政改革の項目を挙げていくと、その作業は総合計画の策定や予算編成の作業と重なってくる。こうなると、企画課や財政課との紛議が避けられない。そして、企画課・財政課は庁内でも有力な管理部門であるため、行革はその落ち穂拾いに限定することを余儀なくさせられることが多い。

③　国という外圧

《行政改革》は、どのタイプであっても庁内の抵抗は必至である。そもそも、行政改革所管部課であっても、もともとは自治体内部のお役人であり、人事異動によっては明日は我が身に振り懸かるような《行政改革》は躊躇しがちなものである。そこで、自治体庁内だけでは限界があるので、外圧が動員されることがある。これが国と審議会である。審議会に関しては④で後述する。

首長や行政改革所管部課は、国の指導・圧力や、全国的潮流などを利用して、《行政改革》を進めることがある。すでに述べたように、減量型行政改革である《地方行革》は国の指導をもとにしてきた系譜があるが、それは、このような外圧動員の歴史でもある。仮に《行政改革》をしたいと思った首長・行政改革所管部課があったとしても、自治体内の政治力だけでは無理な場合がある。そのようなときには、国の意向＝威光を活用するという誘惑に駆られる。つまり、「国の所為で仕方がない」と弁明しつつ、自らの欲する《行政改革》を実現することができる。ときには、国からの出向官僚に、そのような役回りをさせたりもする。国の集権的指導が効くには、それを受容するような自治体内の勢力があってこそである。「植民地」支配が可能なのは、「現地」に協力する人々がいるからである。

このような外圧は、国が望むような特定の《地方行革》というものが常に善であるならば、正当化もできよう。しかし、自治体の民主的統制としては、自治体内の民主的な政治過程でいかなる《行政改革》をすべきかを決定すべきものであり、外圧利用はかなりの問題を孕んでいるといわなければならない。いかなる《行政改革》をすべきかという「内政」の際に、国という外部勢力へ「援軍」を求めれば、結局は、外部勢力である国の「植民地」になってしまうからである。分権型社会では、国という外圧の動員は、本来は禁じ手とすべきものである。

とはいえ、特に減量型行政改革が、当該自治体内の政治行政過程だけでは実現しにくいのもまた、一定の事実である。これは国も同様であって、国も自治体には減量型行政改革を簡単に求めることはできるが、自分自身の減量型行政改革は難しい。外部の監督者がなければ、《行政改革》は進みにくいのである。国に《行政改革》をさせるには、ＥＵのような超国家組織や、アメリカのような「外圧」を掛ける超大国か、世界銀行・ＩＭＦのような国際機関が不可欠になる。これが必要であるとしても、国民による民主的統制の観点からは望ましくはないことは明らかであろう。自治体が多くの行政を担ったうえで、国による自治体の《地方行革》への「外圧」を埋め込む仕組みは、国民による民主的統制と《行政改革》の実効性とを両立させるためには、一定の意義はあるのかもしれない。または、国に対して自治体が突き上げて《行政改革》をさせるという方式もあり得よう。

④　行革審議会という外圧

行政改革に関して、何らかの審議会が置かれることが多い。名称は、行政改革推進委員会、行政改革審議会、行財政問題審議会など、これも多様である。審議会の事務局は、行政改革所管部課が担当することが普通である。一般に、審議会は「行政の隠れ蓑」であり、端的にいって、事務局である所管部課の意向を補強・増幅する機能を期待されることが多い。行革審議会も同様の側面はある。

審議会の構成は、通常は、学識経験者と関係団体とからなる。ときには、行政職員や議員が入ることもあるが、これは例外的である。なお、事務局職員は事務局として審議会で発言できるため、行政職員を審議会の正式委員とする必要は乏しい。近年では、関係団体代表だけではなく、公募住民を入れる傾向が増えている。これらは、いずれも審議会一般に見られる現象であり、行革審議会に特有の現象ではない。

問題は、行革審議会が、行革推進のための外圧として機能するかである。この点は実はかなり怪しい。ある日のある市の行革審議会終了後の事務局職員の独白によれば、

「……本日の審議会は『事務局側の意図』からするとほぼ、『壊滅』状態でした。……議論のほとんどが『政策論』それも『行政の従来路線の拡充』的な方向に進んだことは正直いって、少々以上に『愕然』としたところです。これは、事務局側の説明や資料が不十分であったことはもちろんのことと反省しているところですが……」

という具合である。また、ある行革審議会事務局職員によれば、

「……しかしながら、当方の説明が悪いのか、果たまた『格差社会』の社会風潮が影響してか、それ以上に委員の方々のよって立つ基盤からか、私どもの考えた（行政改革の）方向性は『弱者いじめ』的な捉え方しかなされませんでした。

確かに、福祉部門に切り込むことは（例えば議会などでも各論になれば全会派反対といった）ある意味で大変難しい内容ではありますが、現状の一度導入された事業は何があっても縮小できない方向では、税の見直しを行い『高負担・高福祉国家』を選択しない限り早晩我が国の社会保障制度は破産するとの危惧を私は有しています。

本市の審議会の場で『天下国家論』をしてもせん無い限りにおいては、できることから提言していくことが必要かつ有効で、執行サイドとしては（数少ない）そうした声を背景に制度改革に臨む一里塚としたい意向を持っております。

……具体的な施策のあり方についても一定の『（市民の方々にとってもある意味で）厳しい』ご指摘も審議会ではいただきたいと考えている次第です。……」

というものであり、行政改革所管部課としては、審議会に行政改革推進の外圧を期待しているのに、議会と同様の「各論反対」の議論にぶつかってしまっている状況が窺える。行革審議会は、民主的統制の観点からすると幸か不幸か、「行政の隠れ蓑」になるとは限らないのである。審議会の委員も、わざわざ好き好んで、施策・事業の縮減を提言する「嫌われ役」になる気はないのである。

行革審議会を「行革指向」にするには、他の審議会以上に人選が難しい。端的にいって、各委員は、自分が関係のないことには行革指向的になるが、自分の利害関係のある領域になると、態度を豹変させることがある。委員が「行革指向」で一致するのは、行政職員の人員削減・給与抑制と生産性・能率性向上を一般的に求めるときくらいである。しかし、自己の関心のある特定領域では、人員削減や事業廃止を求めるわけではない。

例えば、経済人などは一般には行革指向的であるが、地域振興施策の休廃止などの論点になると、突然に「各論反対」を言い出すことがあり、さらには、より一層の支援策の拡大を求める。公募住民は、どのテーマで「各論反対」を言うかは、全くもって予見しにくい。ＮＰＯ関係者は、自治会町内会支援事業のリストラを主張しつつ、ＮＰＯ支援策の拡充を訴えたりする。学識者が利害から超然としているかというと、そのようなことは全くない。行政監視型市民活動をしている人は行革指向的ではあるが、それは事務局が制御不能であり、かえって、審議会運営を難しくする。それだけ、行政改革は難しいテーマなのである。

そして、仮に行革審議会が「行革指向」的になったとしても、さらなる障壁がある。施策・事業の見直しに踏み込もうとすると、それぞれの施策・事業には関連する審議会があることが普通であり、行革審議会は踏み込みにくい。例えば、受益者負担の観点からゴミ有料化を打ち出そうにも、通常は、ゴミ有料化を議論するのは環境・清掃関係の審議会であり、行革審議会ではないのである。また、自治体の政策全体は、総合計画審議会の議論を経たものであり、行革審議会で簡単には言及できない。これらは、行革所管部課が、事業所管部課や企画課の領域に踏み込みにくいのと同様である。

⑤　行革対象の選定

このように、《行政改革》の推進は容易ではない。「総論賛成・各論反対」や「先例踏襲」という桎梏があるからである。そこで、行政改革の対象となるテーマは、両極の方式で選定されていく。

（ア）　一括方式

個別に対象を選定しては「各論反対」に直面し、また、政治行政過程では「弱いものいじめ」になる傾向がある。そこで、行政改革の対象は、全庁全施策横断的にパッケージを一括して示す必要がある。一括選定であれば、個別に政治的抵抗力が弱いところに負担のしわ寄せをすることにはならない。

一括方式では、全庁全施策を横断して一括できる概念と論理が重要になる。例えば、民間委託の推進とか、受益者負担の適正化などは、全施策を横断する概念と論理である。このような概念に「総論賛成」が得られれば、個別施策・事業に民間委託や受益者負担をどのように導入するかは、事業所管部課の仕事となる。行革所管部課は、各事業所管部課の行政改革の取組を進行管理するようになる。

（イ）　一点方式

網羅的に個別対象を選定しては、行革所管部課の能力を超えることになる。従って、行革所管部課が重視する少数の項目を選定し、一点突破型で行政改革を進めることもある。《行政改革》とは何でも入る器であるが、何もかも入れる必要はない。むしろ、《行政改革》の器の中に、ごく少数のものだけを入れて、改革対象とすることもできるのである。例えば、《行政改革》と銘打っていながら、実質的には、学校給食の民間委託と現業職員の定数削減だけが主たるテーマであったりすることもある。しかし、前述の通り、こうした一点方式は、現実の政治行政過程では、「弱いものいじめ」になる可能性も強い。

（5）　事務量が同じならば、職員数が減った以上は、同じ事務量をこなせているのであれば、生産性は向上しているはずである。しかし、単に残された職員に「しわ寄せ」が行っているだけで、全職員を合算した総労働時間は変わっていないかもしれない。しばしば、自治体職員は「行革の進行で忙しくなっている」という表現をする。また、事務量を見えない形で減らすという「手抜き」をしているのかもしれない。行政の仕事は、先例や経緯や趣旨を深く勉強したり、実態を調査したり、住民折衝や合意形成などにエネルギーを投入したりなど、手間を掛けることが必要なものが多いが、どこまで掛けるべきかは明確ではない。自治体職員は、「なかなかそこまで手が回らない／見切れない／余裕がない」というような表現で、実質的には裁量的に事務量を削減していることを表現することがある。つまり、生産性を向上させないで、単に事務量やサービス水準を切り下げていることもある。しかし、それは目に見えにくいものであり、住民はなかなか気付かない。

（6）なお、同じような状況は、広く利益が一般住民に及ぶが、負担・受苦が特定の住民に限定されがちな、迷惑施設や公共インフラの整備にも見られる。「地元反対」＝「ＮＩＭＢＹ（Not in my Back Yard. うちの裏庭では止めてくれ）」ともいう。このような施設・インフラ整備は、民主的意思決定過程のもとでは、進みにくいということができる。

もっとも、そうであることは、減量型行政改革の観点からは、悪いことではないかもしれない。整備が過小に留まるため、歳出を抑制する方向に作用するからである。しかし、これらの反対があるときに、金銭その他の補償で納得を取り付けようとして、過大な歳出を招く可能性もある。このような場合には、減量型行政改革の観点からも問題となろう。

また、ＮＩＭＢＹ論の想定するように、常に特定負担者の反対が強く組織化されるとは限らない。なぜなら、負担者も諸個人の集積なので、他人がやってくれる反対運動から得られる「成果」にただ乗りしようという誘因が働くからである。つまり、反対が成功すれば得であるが、それは、別の人が積極的にやってくれれば助かるからであり、自ら面倒な反対運動をする負担をしたくないからである。ＮＩＭＢＹではあっても、「ＮＩＯＢＹ（Not in our Back Yard. うちらの裏庭では止めてくれ）」ではない。そうなると、必ずしも、「地元反対」の声が大きくなるとも限らない。そのため、実は迷惑施設の立地というのは、理論上も可能であるし、また、実際にも可能であり続けている。反対運動の組織化というのは、推進派の行政職員や学者や無関心住民が机上で想像するより、はるかに困難なことなのである。

（7）もっとも、実際に議会の保護する「少数者」は、しばしば、力のある既得権益集団であることが問題となり得る。力のない真の少数派は、議会から見捨てられ、むしろ受苦を押し付けられてしまう。このような弱い少数派を保護するのは誰かということになると、現実の政治・行政過程は強者の論理が貫徹されるために、なかなか存在しがたい。首長に期待するのは、首長が政治家であり、所詮は強者の論理の世界の主体であることを踏まえれば、無理がある。国も同様である。

3　事例研究（1）〜横須賀市〜

（1）行政改革における集権と自治

①　集権から自治へ

横須賀市における行政改革は、全国の自治体と同様、一九八〇年代の自治省主導の行政改革が起点である。一九八六年に横須賀市でも「行政改革大綱」が初めて策定された。その意味で、一九八〇年代の行政改革は、自治省主導の集権的な《地方行革》であった。

しかし、その後は、消費税の導入やバブル経済によって減量型行政改革は弛緩していった。そのような経過を経て、改めて「財政の立て直し」の必要性が認識されるようになり、横須賀市が自主的に行政改革に取り組むようになったのは、バブル経済崩壊後の一九九〇年代半ばである。一九九四年七月に行財政改革推進本部が設置された。翌九五年七月に行革審議会であるところの行政改革推進委員会が設置され、九六年一月に同委員会から「横須賀市の行政改革に関する提言」が出され、同二月の「行政改革大綱」（いわゆる「新大綱」）に繋がったのである。この大綱をもとに、三ヵ年の「行政改革推進のための実施計画」を策定・実施していった。この間、一九九七年一一月には自治省は「地方自治・新時代に対応した地方公共団体の行政改革推進のための指針について」を公表したが、分権改革の時代であったため、行政改革は自治的に取り組まれた。

② 再集権化

しかし、二〇〇〇年代に入ると、国策による「平成の大合併」や「三位一体改革」による一般財源の縮小など、集権への「逆コース」が開始された。行政改革も同様であり、二〇〇五年三月に、総務省（自治行政局行政体制整備室）が前述のように（２（２）①）、いわゆる「新行革指針」を公表し、全国の自治体に対して画一的に五ヵ年の「集中改革プラン」（二〇〇五年度を起点としておおむね二〇〇九年度まで）の策定を、二〇〇五年度中に行うことを、求めるに至った。

特に、二〇一〇年四月一日時点での定員管理に関する数値目標を掲げることを示した。また、行政改革の成果を他団体と比較可能な指標で示すことも求めている。さらに、国民に対する説明責任を果たすと称して、毎年度のフォローアップと公表を行うとした。こうして、技術的助言とはいいながら、実質的には全国画一的に義務的に「集中改革プラン」の策定を求めたのである。

そのため、横須賀市でも、それまでの三ヵ年の実施計画の第四次版（二〇〇五年度〜〇七年度）を策定することをせずに、二〇〇五年度は単年度の実施計画として繋ぐこととなった。その理由は、一つには、行政評価の定着やＮＰＯとの関係を踏まえた「経営改革プラン」を二〇〇五年度中に策定しようとしたが、内容的には充分に固まりきらずに、「第三次実施計画」を実質的には暫定延長せざるを得なかったためである。二つには、二〇〇四年一二月頃には、総務省から右記「新行革指針」が出されることが察知されたが、その内容を見て対応する必要があるため、二〇〇五年度冒頭からの新たな本格的な行革計画の策定を見送ったからである。

そして、二〇〇六年度開始の「行政改革大綱」（二〇〇六年二月一六日付）と「集中改革プラン（二〇〇六年度〜二〇一〇年度）」（二〇〇六年二月一六日付）を、二〇〇五年度中に策定したのである。全国の多くの自治体と同様に、横須賀市は国の集権的な指導に合わせるべく、その名も国の指導の通りの「集中改革プラン」という行革実施計画を策定したのである。また、総務省が定員管理の数値目標を指針で示したことは、横須賀市の減量型行政改革の関心を、「財政の立て直し」そのものから、定員削減に比重を移させる効果を持った。

③　自治の試み

しかし、自治省出身官僚を三代連続で市長に頂く横須賀市といえども、単に総務省の指導に従順であったわけではない。第一に、「集中改革プラン」を五ヵ年とするのは総務省の行革指針であるとしても、終期を二〇一〇年度に固定しつつも、毎年度改訂するものであり、実質的には三ヵ年というサイクルで扱えるようにしている。第二に、行革計画が総合計画に一年程度先行するというパターンが潜在的に作用したとすれば（後述）、総合計画の改訂が二〇〇六年度中に行われることと併せて、行革計画（「行政改革大綱」と「集中改革プラン」）を二〇〇六年度開始に調節したとも解釈できるのである(8)。

さらに、第三に、「集中改革プラン」が毎年度改訂とされたことで、国の指導への「応対」から解放された二〇〇六年度には、再び独自の取組を開始することが可能になった。具体的には、行政改革推進委員会での審議が、大幅に減量型行政改革、特に、「財政の立て直し」そのものに転轍されていったのである。「横須賀市の行政改革に関する提言」（二〇〇七年三月二八日付）という行政改革推進委員会の「提言」が出され、それを受けて、事務事業の総点検が二〇〇七年度に行われるなど、少なくとも、横須賀市独自の必要性に合わせて、重点項目の比重が変化したといえる。

(2) 行政改革の体系構成

① 二層制行革計画

横須賀市の行革計画体系は、通常の自治体と同様に、「行政改革大綱」と「実施計画」の二層制になっている。「行政改革大綱」(一九九六年二月二六日策定、一九九六年度〜)のもとでは、三ヵ年毎の「行政改革推進のための実施計画」(第一次＝一九九六年度〜九八年度、第二次＝一九九九年度〜二〇〇一年度、第三次＝二〇〇二年度〜〇四年度。以下では、単に「第〇次実施計画」と記述する)を策定してきた。「大綱」は、文章で大まかな行政改革の方針および重点課題を掲げるものである。これに対して、「実施計画」では、行政改革として行う事業を掲げる。

しかし、前述のとおり、三ヵ年の「実施計画」という体系は、二〇〇五年度に限っては採用されなかった。このときには単年度の「行政改革推進のための実施計画　平成一七年度(二〇〇五年度)」(二〇〇五年三月二二日付、横須賀市、以下では「二〇〇五年度実施計画」と呼ぶ)として、「第三次実施計画」の継続が図られた。

さらに、前述のように、総務省の指導を受けて、「実施計画」に相当する「集中改革プラン」が五ヵ年(二〇〇六年度〜一〇年度)となった。「二〇〇五年度実施計画」は、「集中改革プラン」の策定までの「繋ぎ」として単年度計画となったのである。また、「集中改革プラン」は毎年度の見直し・改訂が想定され、また、実際にもそのように行われているため、実質的には、単年度の「実施計画」の連鎖体系に移行したともいえよう。例えば、二〇一〇年度時点では、「集中改革プラン(平成一八年度〜二二年度)二二年度全体版　平成一八〜二〇年度実績反映」というようになっている。ただ、改訂はされているが、終期は変わらないのが「集中改革プラン」の特徴である。

②　三つのスタイル間の干満

（ア）　減量型行政改革と行政経営システム改革の二本柱制

「行政改革大綱」（一九九六年二月二六日付）に始まる横須賀市の行政改革では、「財政を立て直す」ことと、「市民参加による市民のための行政の確立」とが、二つの重要課題として「基本方針」に掲げられている。前者は、事業等の見直し、外部委託の推進（民間活力の活用）、組織見直しと適正な人事配置、外郭団体の活性化、財政運営及び財源の確保などを含むものであり、[9]減量型行政改革スタイルの一種である。後者は、情報公開、市民参加、事務処理の簡素化・迅速化と市民サービス向上、権限移譲の推進などが掲げられており、行政経営システム改革の一種である。このように、横須賀市の行政改革は、減量と行政経営システム改革の二本柱制から構成されていた。

（イ）　三本柱制　～減量・行政経営システム・地域経営のバランス～

この二本柱制は「大綱」レベルでは変わっていないが、「第三次実施計画」（二〇〇二年度～〇四年度）では、「市民協働による行政の推進」が「財政体質の改善」「事務処理の効率化と市民サービスの向上」に加えての三つめの柱となっている。その意味では、地域経営改革を加味して、行革の三つのスタイルを幅広く採り入れた。このように、スタイル間の比重には干満がある。

「第三次実施計画」が終了した直後の二〇〇五年度前半には、こうした三本柱制をより強化する動きがあった。「(仮称）行政経営改革プランの策定状況について」（二〇〇五年三月九日付、市議会総務常任委員会説明資料）によれば、「行政改革大綱」に代わる「新たなプラン」＝「(仮称）行政経営改革プラン」では、「行政の経営力を強化」して「市民満足度の最大化」を基本的目標とする。行政経営とは、「行政や地域の有する資源を効率よく一体的に動かすこと」であり、「行政の経営力」とは「行政力」と「地域力」とからなる。市民の立場は、納税者、協働の担い手、有権者、参加者、利用者、供給者、通勤者・通学者、来訪者、という多面的なものであり、それを的確に捉える必要があるとされた。

（ウ）　人的減量型行政改革と地域経営改革の新二本柱制

しかし、このような動きは実現しなかった。総務省の「新行革指針」の影響を強く受けた「行政改革大綱」（二〇〇六年二月一六日付）では、「財政の健全化」「組織・人事の見直し」「市民とともに進める公共サービスの向上」という形となった。その特徴は、第一に、前二者は減量型行政改革であり、後者は地域経営改革の比重が大きいものであり、事実上は二本柱制である。つまり、二〇〇五年度当初に目論まれていた行政経営システム改革の色彩は、大幅に薄まった。

第二に、「新行革指針」が定員削減の数値目標を強く打ち出したため、組織・人事が一つの項目となり、その中に、職員数削減が盛り込まれた。逆にいえば、減量型行政改革であっても「財政の健全化」の比重が下がることとなったのである。第三に、同じく「新行革指針」が、「公共サービスは地域において住民団体をはじめNPOや企業等の多様な主体が提供する多元的な仕組みを整えていく」としたため、地域経営改革は重視された。つまり、第二・第三の点から明らかなように、この新たな二本柱制は、《民主主義体制のなかの非民主主義的な主体》である総務省の影響を強く受けたものなのである。ただし、第四に、すでに述べたように、地域経営改革の重視は「第三次実施計画」のころから内在的に見られるものでもある。

（エ）　減量型行政改革へ？

すでに述べたように、新二本柱制を採る現行「行政改革大綱」「集中改革プラン」のもとでも、行政改革推進委員会の関心は、「財政の立て直し」そのものに収斂されていった。同委員会の「横須賀市の行政改革に関する提言」

（二〇〇七年三月二八日付）は、「行政改革」と銘打ってはいるものの、内容は「財政の立て直し」の一本柱制を提言している。具体的には、一九九四年度以降の過去の決算状況を、経常収支比率と収支バランスの二項目から検証し、いずれも二〇〇一年度頃をピークにして、悪化していることを示している。特に、二〇〇五年度の経常収支比率が九六・八％で、前年比一〇・二ポイント上昇であり、県内九位から一八位に転落したことが、大きなショック要因である。(10) そして、総合計画である「横須賀市実施計画（第四次まちづくり三カ年計画）」（二〇〇七年度～〇九年度）における「財政収支見通し」の推計から、今後も毎年度二〇億円ないしは七〇億円の財源不足が発生することを確認している。こうして、「提言」では、単年度での収支ギャップの早期解消と、二〇一〇年度（「集中改革プラン」最終年度）までに基金残高を二〇〇六年度（「集中改革プラン」初年度）の水準にまで回復することを、二つの目標として提示している。

もっとも、これはあくまで同委員会の「提言」レベルに過ぎず、横須賀市行政当局の決定そのものではない。従って、「集中改革プラン（平成一九年度追加・見直し版）」（二〇〇七年二月）にも反映されたものではない。むしろ、二〇〇八年度予算編成および「集中改革プラン」の再改訂に反映できるかどうか、二〇〇七年度中の取組は予断を許さなかった。もちろん、このような同委員会の関心は、市行政当局の関心と並行している。もっとも、このような事業の休廃止を含む減量型の見直しが容易ではないことは、いうまでもない。

「提言」を受けて、横須賀市行政当局は、二〇〇七年度に入り、「集中改革プラン」とは別に、「事務事業の総点検」という事業の見直しによる減量型行政改革に着手した（図表1）。ただし、これは、通常の行政改革の体制とは切り離し、都市政策研究所に担当をおいて処理を進めた。財政課でも行政管理課行政改革推進担当でも大きな減量ができない状況で、ある意味で、所管部課を切り替え、切り口に目新しさを出したともいえる。七月には各部局

図表１「事務事業総点検」と「集中改革プラン」の関係

平成20年（2008年）3月14日
第3回行政改革推進委員会【会議補足】

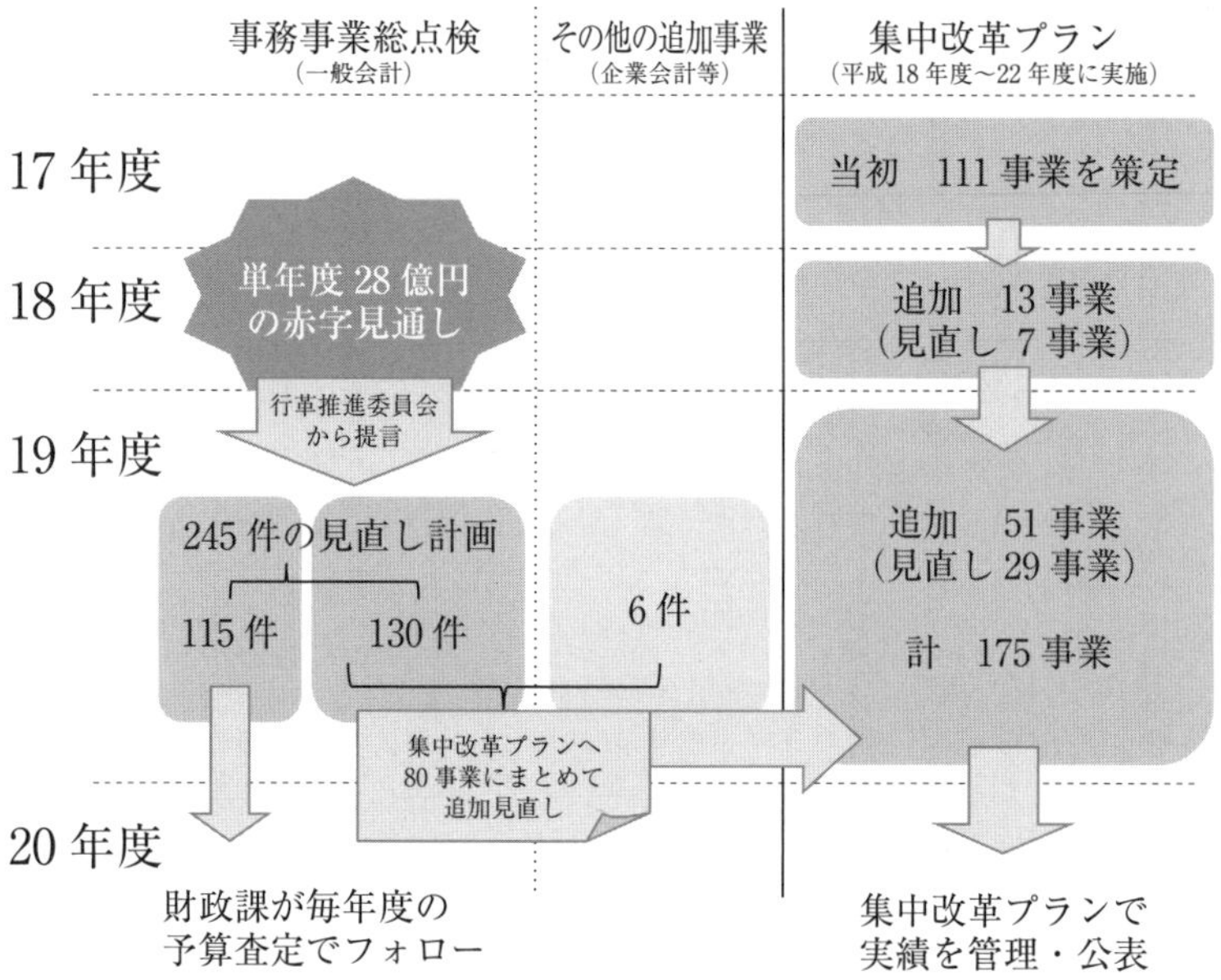

から点検案を出させ、事務事業の総点検の進捗状況の中間報告は、「集中改革プラン」の進捗状況と併せて、同年九月の行政改革推進委員会に報告されており、両者は行政改革として一体化している。さらに、同年一二月・二〇〇九年三月の同委員会にも、事務事業の総点検の進捗が報告されている。さらに、三月の委員会では、二〇〇九年度予算を反映した財政推計も提出され（図表２）、「提言」で求めた収支ギャップと基金残高の情報も併せて議論された。

こうして、二〇〇七年度には、「提言」を受けて、ある程度の減量型行政改革が実現された。ただし、第一に、その後の景気後退などの環境変動により、減量型行政改革が一息ついたという状況には至っていない。とはいえ、仮に事務事業総点検というような減量型行政改革を二〇〇七年度に実施していなければ、もっとその後の財政状況は厳しいものになったであろ

図表2　財政収支見通し（平成20～22年度）

H20.3.14　横須賀市財政部財政課
第3回行政改革推進委員会 資料4

（歳入）　（単位：百万円）

区分	平成19年度（補正後）	平成20年度			平成21年度			平成22年度		
	金額	金額	増減	指数	金額	増減	指数	金額	増減	指数
市税	66,081	65,713	△368	100	64,666	△1,047	98	65,044	378	99
地方交付税	6,154	10,470	4,316	100	11,132	662	106	11,833	701	113
国・県支出金	16,506	17,317	811	100	18,512	1,195	107	18,920	408	109
市債	14,426	10,358	△4,068	100	10,441	83	101	10,236	△205	99
うち通常債	7,661	7,344	△317	100	7,427	83	101	7,222	△205	98
その他	23,404	(20,888＋※2,384) 23,272	△132	100	20,832	△2,440	90	21,308	476	92
歳入合計（A）	126,571	＜124,746＞ 127,130	559	100	125,583	△1,547	99	127,341	1,758	100

＜企業会計臨海土地造成事業清算金を除いた額＞

（歳出）

区分		平成19年度（補正後）	平成20年度			平成21年度			平成22年度		
		金額	金額	増減	指数	金額	増減	指数	金額	増減	指数
義務的経費	人件費	31,401	30,302	△1,099	100	30,064	△238	99	29,490	△574	97
	うち退職手当を除く	27,710	27,037	△673	100	26,654	△383	99	26,250	△404	97
	扶助費	21,672	22,260	588	100	22,618	358	102	22,959	341	103
	公債費	16,457	16,589	132	100	16,846	257	102	16,878	32	102
	うち通常費	13,103	12,648	△455	100	12,394	△254	98	11,995	△399	95
	小計	69,530	69,151	△379	100	69,528	377	101	69,327	△201	100
投資的経費		8,598	8,722	124	100	9,424	702	108	9,836	412	113
維持補修費		4,669	4,995	326	100	4,989	△6	100	5,002	13	100
物件費		21,482	21,846	364	100	21,628	△218	99	21,402	△226	98
特別会計等繰出金		9,097	6,917	△2,180	100	7,188	271	104	7,377	189	107
補助費等		14,020	14,978	958	100	15,513	535	104	15,783	270	105
その他		3,775	(4,107＋※2,384) 6,491	2,716	100	4,092	△2,399	63	4,342	250	67
歳出合計（B）		131,171	＜130,716＞ 133,100	1,929	100	132,362	△738	99	133,069	707	100

平成18年度末基金残高 ＜企業会計臨海土地造成事業清算金を除いた額＞　指数は平成20年度を100とした指数

13,717

財源不足（B－A）　（単位：百万円）

基金対応（取崩額）	4,600	5,970	6,779	5,728

基金残高（財政調整基金＋公有施設整備基金）

取崩後基金残高	9,117	5,349	5,954	5,226
取崩し取り止め額	－	3,000	3,000	3,000
新規積立額	2,202	4,384（※2,384＋2,000）	2,000	2,000
年度末残高	11,319	12,733	10,954	10,226

※企業会計臨海土地造成事業清算金

（参考）財政収支見通し（平成19～21年度）

H19.12.12
横須賀市財政部財政課

（歳入）　　　　（単位：百万円）

区分	平成19年度			平成20年度			平成21年度		
	金額	増減	指数	金額	増減	指数	金額	増減	指数
市税	69,031	5,249	100	69,037	6	100	67,800	△1,237	98
地方交付税	7,890	△2,520	100	8,145	255	103	9,190	1,045	116
国・県支出金	16,318	499	100	17,328	1,010	106	17,429	101	107
市債	10,194	52	100	9,234	△960	91	9,461	227	93
うち通常債	6,985	1,006	100	6,025	△960	86	6,252	227	90
その他	21,827	△3,120	100	21,287	△540	98	22,116	829	101
歳入合計（A）	125,260	160	100	125,031	△229	100	125,996	965	101

（歳出）

区分		平成19年度			平成20年度			平成21年度		
		金額	増減	指数	金額	増減	指数	金額	増減	指数
義務的経費	人件費	32,338	1,533	100	30,541	△1,797	94	30,000	△541	93
	うち退職手当を除く	28,547	△289	100	27,252	△1,295	95	26,751	△501	94
	扶助費	21,899	562	100	22,491	592	103	23,085	594	105
	公債費	16,505	141	100	16,583	78	100	16,851	268	102
	うち通常債	13,111	△550	100	12,683	△428	97	12,410	△273	95
	小計	70,742	2,236	100	69,615	△1,127	98	69,936	321	99
投資的経費		9,233	△2,229	100	8,739	△494	95	8,625	△114	93
維持補修費		4,926	△55	100	4,990	64	101	4,947	△43	100
物件費		21,787	△35	100	21,682	△105	100	21,689	7	100
特別会計等繰出金		9,311	△379	100	10,748	1,437	115	11,072	324	119
その他		16,361	342	100	17,081	720	104	17,390	309	106
歳出合計（B）		132,360	△120	100	132,855	495	100	133,659	804	101

平成18年度末基金残高　13,717

※指数は平成19年度を100とした指数

財源不足（B－A）　　　　（単位：百万円）

	平成19年度	平成20年度	平成21年度
基金対応（取崩額）	7,100	7,824	7,663
事務事業等の総点検効果額		△1,653	△2,079

基金残高（財政調整基金＋公有施設整備基金）

	平成19年度		平成20年度		平成21年度	
取崩後基金残高	6,617		~~3,793~~	2,627	~~1,130~~	2,043
取り崩し取り止め額	~~3,000~~	0	3,000		3,000	
新規積立額	~~2,000~~	2,181	2,000		2,000	
年度末残高	~~11,617~~	8,798	~~8,793~~	7,627	~~6,130~~	7,043

う。また、第二に、事務事業総点検は、その名称とは裏腹に、不要不急の事務事業本体の休廃止による減量効果は乏しかった。現実には、正規職員を非常勤や委託に切り替えることでの減量化であった。「提言」では総人件費の切り下げは「集中改革プラン」である程度行うことから、むしろ、さらに先の中期的な「切りしろ」として温存する意向が込められていたが、最初の短期的な事務事業総点検の際に「切りしろ」を使い切ってしまったのである。

③　進行管理

「実施計画」に個別事業を掲げることで、行革計画の具体的な進行管理が可能になり、行政改革というプランに関するPDCAサイクルが構築されている。例えば、「第一次実施計画」（一九九六年度～九八年度）に関しては、『行政改革推進のための実施計画』（平成八年度～一〇年度）の実績について」（行財政改革推進本部、一九九九年七月一四日付）によって、進捗実績が評価されている。それによれば、スケジュールの進捗状況、達成内容、達成状況という三項目について、AA、A、B、C、Dの五段階で評価し、総合進捗状況についても、五段階評価をしている[11]。この評価は内部評価であり、また、事前に設定された予定より進んでいるか遅れているかという評価である。この実績評価の方式は、多少の修正を伴いながら、その後も踏襲されている。

他方で、定性的評価とならないような、客観的・定量的目標も設定されている。例えば、「第一次実施計画」の開始時点（一九九六年度）から、二〇〇一年度（＝「第二次実施計画」の最終年度）を達成年度とした数値目標を掲げている。具体的には、

- 経常収支比率　八〇％未満
- 公債費比率（起債制限比率・単年度）一四％未満

●　職員数の削減　二九五人削減

である。

これを評価する「『行政改革推進のための実施計画』平成一一年度（一九九九年度）～平成一三年度（二〇〇一年度）実績報告書」（行財政改革推進本部、二〇〇二年八月二一日付）によれば、二〇〇一年度実績は、経常収支比率八三・六％、公債費比率一一・四％、職員数削減二九七人となっている。単純に見れば、前者の達成に失敗し、後二者に成功したこととなる。数値目標を設定し、その実績評価を行うという方式も、かなりの重要な修正を伴いながら、その後も踏襲されている。

④　中期財政フレームと行革計画

行革計画が減量型スタイルを採る場合には、中期財政フレームとの連関構成が重要になる。どの程度の減量をすべきかは絶対的には決まらず、財政状況の見通しとの相対的関係からしか決まらないからである。横須賀市でも「財政を立て直す」ことが重要課題であるため、このような必要性は高い。さらに、数値目標として、経常収支比率・公債費比率などの財政指標を採用する場合には、その基盤となる中期財政フレームがなければ、過去の実績・趨勢などから「適当に」掲げた数値目標になりかねない。

「第三次実施計画」（二〇〇二年二月七日付、二〇〇二年度～〇四年度）では、「財政構造の弾力性の向上を図ることを基本目標」として、二〇〇四年度までに、経常収支比率八三％未満を数値目標とした。前述のように、それまでの数値目標は八〇％未満であり、ここでの数字の根拠は特に示されていないが、二〇〇〇年度の八二・六％を勘案して「実現可能な目標」に修正したのであろう。(12) そして、経常収支比率八三％未満という大目標を達成するために、人件費比率二九％未満、公債費比率一二％未満、新規債発行比率一〇〇％未満を下位目標として掲げた。「第三次実施計画」によれば、経常収支比率を「財政推計に基づき、行政改革の努力目標を数値として掲げ」（二頁）たとされるが、同計画には財政推計は示されていない。従って、三つの下位目標を達成すると、上位目標である経常収支比率八三％未満が達成できるのかどうかは、同計画からは全く不明である。

この数値目標は、「二〇〇五年度実施計画」にも継承されている。しかし、「行政改革推進のための実施計画　平成一七年度（二〇〇五年度）実績報告書」（二〇〇六年八月二五日付）によれば、総合評価でA、AAランクが九〇・一％ではあるものの、数値目標は厳しい結果であった。経常収支比率九六・八％、人件費比率三〇・三％、公債費比率一二・二％、新規債発行比率八一・五％であり、新規債発行比率以外は未達成であった。また、人件費比率・公債費比率の未達成とはいいながら、これはわずかに届かなかったというものであるわけだが、にも関わらず、経常収支比率は全く手が届かないものであったのである。こうして、これらの数値目標が、合理的な中期財政フレームに基づいて現実的に設定されたものとは、もはや見なすことはできなくなっていったのである。

⑤　数値目標の変遷

こうして、経常収支比率という数値目標は、横須賀市の行革計画においては、妥当性を失っていった。仮に経常収支比率を数値目標にするのであれば、その根拠となる中期財政フレームを明示し、そのもとでの目標値を論理整合的に設定する必要がある。横須賀市でも総合計画の策定のときには財政推計をしており、それをもとに設定することは可能である。しかし、横須賀市の行革計画では、総合計画との明示的な連関は図られていない。行革計画体系は単体として存在しているのである。

そのため、「集中改革プラン（二〇〇六年度～一〇年度）」（二〇〇六年二月一六日付）では、経常収支比率は目標値からは消滅した。二〇一〇年度までに、人件費比率三一・五％以下、公債費比率一〇％以下、新規債発行比率七五％以下、とされた。右記の二〇〇五年度実績からは、充分に実現可能なようにも考えられるが、過去の趨勢に基く「罫線予測」を超えた中期財政推計上の根拠があるのかどうかは不明である。例えば、人件費比率は、分子は「集中改革プラン」での人員削減を見込んだ正規職員給与費（退職手当を除く）であり、分母は二〇〇六年度予算ベースの市税・地方交付税・赤字地方債の合計額の同額に固定したものである。つまり、収入面は、財政推計に基づくというよりは、同額で推移するという希望的観測に基づいているようである。

経常収支比率が、市当局ではコントロールできない扶助費や市税・地方交付税額に左右されることで、市行政当局の行革目標としては適切ではないと考えられたことから、市当局の努力次第ではコントロールできる指標に限定したという。「集中改革プラン」は定員削減を掲げているから、人件費比率を目標とすることは、分母が本来は市のコントロールとは無関係に変動する市税・地方交付税などであるにしても、充分にコントロールできると考えられたようである。

しかし、行政改革推進委員会の「提言」（二〇〇七年三月二八日付）では、こうした「コントロールできる要素を確実にコントロールしていくという市の姿勢」は、「勉強に例えると……勉強時間にあたるものであり、偏差値にあたるような目標を設定する必要がある」とされた。要は、人件費比率・公債費比率・新規債発行比率は、「活動／努力」を示すものであっても、環境変動に即応した「成果／結果」を示すものではないからである。「提言」の提唱する財政指標は、単年度の収支バランスと、その蓄積としての基金残高であった。また、経常収支比率は、「予算編成時にこれを管理することが難しし」いので、「唯一の目標とすることは最適とは言えない」とされた。しかし、二〇〇五年度に大きく悪化したことが大きなショックとなったことを踏まえて、「引き続き動向を注視する必要性は認められる」とされた。いわば、経常収支比率は、数値目標とするのではなく、注意喚起情報として活用しようという見解である。

今後、数値目標がどのように変遷していくかは、非常に重要な問題である。「集中改革プラン」自体は、「提言」後も当面は存続しているので、右記の目標は維持されている。他方、「提言」の提唱した財政指標は、明確な形での市の公式計画には掲載されていない。従って、この指標に関する実績追跡も明示的にはされてはいない。しかし、行政改革推進委員会には、各年度の予算編成が終了した時点など、財政推計が固まったときに資料として提示され、財政状況が示されるようにはなっている。

（3）　行政改革の民主的統制

①　政権交代・総合計画・行革計画

行政改革も首長のリーダーシップを要するものであり、政権交代との関係は深い。第一に、総合計画は、首長の政策構想を体系的に示すものであるがゆえに、政権交代は総合計画の大幅改訂につながることが普通であるが、近年では、「負の総合計画」としての行革計画と、総合計画との結合が強まっており、政権交代の影響は行革計画にも及びやすいものとなっている。第二に、総合計画の本格改訂には作業時間もかかることから、二期目の選挙を挟んだ時期になることが多いため、しばしば早期に首長の意向を簡便に示すものとして、行革計画を総合計画に先立つものとして策定することがある。また、第三に、行革計画によって前政権の負の遺産を清算し、財政余力を生み出すことが、その後の総合計画などでの現政権の新規の事業展開の余地を生み出すことに繋がる。第四に、政権交代の時期こそが、前政権からの「しがらみ」を断ちきった行政改革を行うには、最も相応しい時期である。

横須賀市では、一九九七年度～二〇二五年度の「基本構想」（二九ヵ年）を受けて、一九九八年度～二〇一〇年度の「基本計画」（一三ヵ年）が定められている。それを受けて、三ヵ年の実施計画として、第一次（一九九八年度～二〇〇〇年度）、第二次（二〇〇一年度～〇三年度）、第三次（二〇〇四年度～〇六年度）が策定されていた。これは、前政権が一九九三年七月に誕生したことを反映していよう。そして既述の通り、「行政改革大綱」（一九九六年度～）や行政改革実施計画（第一次＝一九九六年度～九八年度、第二次＝一九九九年度～二〇〇一年度、第三次＝二〇〇二年度～〇四年度、二〇〇五年度）という行革計画とは、期間の一致はない。むしろ、行革計画を総合計画に先行させる「定石通り」の関係となってる。

二〇〇五年七月に市長が交代したため、いわゆる後継候補ではあったとしても、必ずしもこのような総合計画体系が適合するとはいえない。そこで、「基本構想」「基本計画」は変更せず、また、第四次（二〇〇七年度～〇九年度）も既定通りに策定しつつ、同時に、「新世紀ビジョン」（二〇〇七年度からおおむね一〇年間）を策定しているのである。そして、総合計画体系の改訂に先立ち、二〇〇五年度において「行政改革大綱」「集中改革プラン」を策定した（二〇〇六年二月一六日付）。行革計画を総合計画に先立って策定したのである。ある意味で、「定石通り」の対応であった。

行革計画で「綺麗に掃除」をして財政余力を回復し、その後、独自施策を総合計画で展開しようという定石通りの方程式は、二〇〇六年度上半期に入って判明した二〇〇五年度決算での経常収支比率の大幅悪化（九六・八％）で、やや見込みが外れた。すなわち、二〇〇七年度に「新世紀ビジョン」と「第四次まちづくり三カ年計画」が開始したまさにその直後から、さらなる減量型行政改革の必要に迫られている。このような意味では、二〇〇五年の

図表３　新行革の検討について

１　計画期間

平成21（2009）年８月26日
第１回行政改革推進委員会【追加資料】

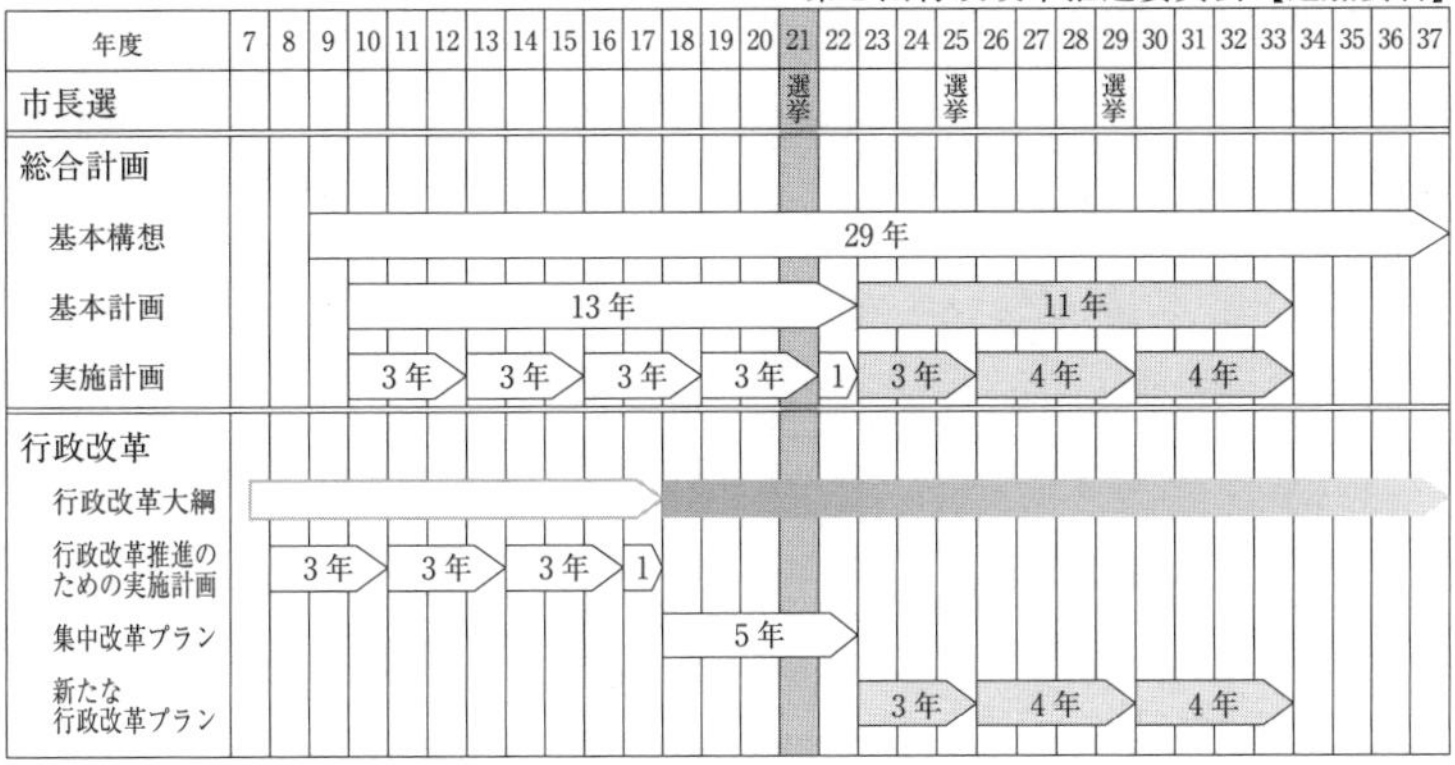

２　スケジュール

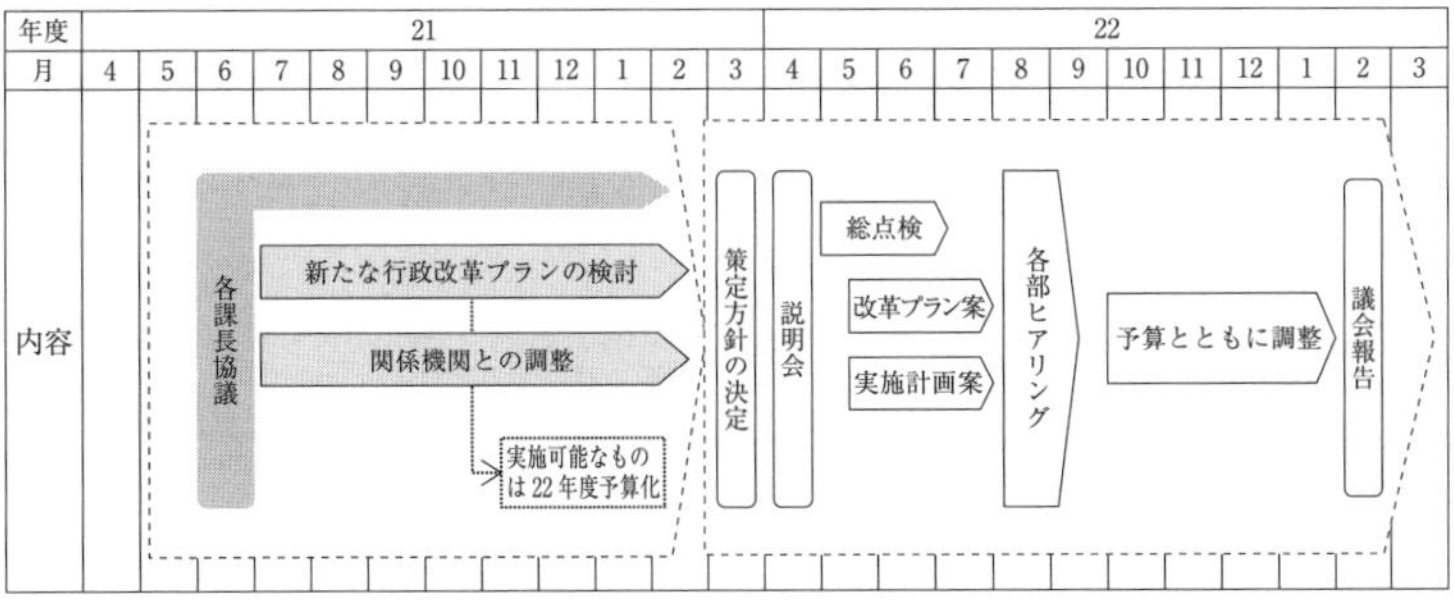

政権交代では、必ずしも行政改革が巧く機能したわけではなかった。そのためか、[13]二〇〇九年七月には、この市長は一期で新人候補に敗れることとなった。この政権交代は、明確な対立候補の当選であり、今後、行政改革が巧く機能するかどうかは、新政権にとっては重要であろう。新市長のもとで、再び行革計画と総合計画が改訂されるのは自然である。行政当局は、今度は再計画を同時期に開始させ、同期間に合わせる意図のようである。具体的には、二〇一一年度開始の三ヵ年計画にしたいもののようである。「定石」を変えるものといえる（図表3）。

②　行政改革の説明責任と広報宣伝

行政評価は、ＰＤＣＡサイクルの内部管理機能も持つが、公表することを通じての住民との情報交流の機能もある。このような評価情報の開示は説明責任を果たすものであり、民主的統制の基礎となる。しかし、同時に、実績を住民に対してアピールする意味では、広報・宣伝の機能もある。行革に関する実績評価も同様である。

例えば、「第二次実施計画」に関しても、実績評価が「『行政改革推進のための実施計画』平成一一年度（一九九九年度）～平成一三年度（二〇〇一年度）実績報告書」（行財政改革推進本部、二〇〇二年八月二一日付）によって公表されている。ここでは、スケジュールと事業内容の二項目の達成状況について、ＡＡ、Ａ、Ｂ、Ｃの四段階評価をし、総合評価も同じく四段階評価である。それによれば、達成率は九〇・五％であり[14]、効果額は三ヵ年累積で五〇億円（単年度毎の単純合計額は三六億円）とされている。さらに、行革の効果額が、翌年度以降のどの事業の使途となったのかを列挙している。また、前述の数値目標に関しても、一九九六年度の行革開始時点との比較として、経常収支比率は、絶対水準として八九・八％から八三・六％へ[15]、県内一八位から七位へ下がり、公債費比率も、絶対水準として一六・〇％から一一・四％へ、県内一九位から一四位へ下がったことを、図表で示している。

このように、「第二次実施計画」の実績評価は、

- 「達成率」という曖昧な評価をしている
- Ｄ、Ｅという、「落第」のように見える評価ランクを用いない
- 単純効果額ではなく累積効果額を提示することで、行革効果を大きく見せる
- 行革効果がサービス低下ではなく、新規サービスに充当されたことを示す
- 数値目標に関する経年的・継続的改善を示す

というように、行革の広報・宣伝に比重を置いたものとなったといえる(16)。

行政改革の成果の広報・宣伝が強まると、行政改革の必要性の認識は薄くなる。むしろ、現状の問題状況を示すことで、危機感を共有する必要もある。かといって、成果が示せないと、行政改革への無力感・徒労感が強まる。また、危機感と行革成果とをセットで示すと、なんだかんだいっても対応できているということで、「狼少年」的に受け止められていく。正確で理解しやすい情報を開示することは必要であるが、難しい課題でもある。「提言」（二〇〇七年三月二八日付）では、「職員が危機感を持たない組織では改革が進まない。厳しい財政状況を職員が認識する」ためにも、「誰にでも理解できるような情報提供が重要」としている。主として、《民主主義体制のなかの非民主主義的な主体》である市役所内部の行政職員を念頭に置いた問題共有を期待している。

③　パブリック・コメント手続

横須賀市はパブリック・コメント手続を早期に導入したことで著名であり、行革計画の策定においても、同手続を踏まえることは当然視されていた。例えば、二〇〇五年度の行政改革推進委員会のスケジュールとして、一一月までに委員会を三回開催し、一二月にはパブリック・コメント手続を実施し、一月上旬予定の第四回委員会でパブリック・コメントで寄せられた意見への対応を協議して、第五回委員会で委員会の「行政改革大綱に関する提言」と「集中改革プランに関する意見」をまとめることが想定されていた（二〇〇五年九月八日付）。実際にも、二〇〇五年一二月六日～二六日に掛けてパブリック・コメントが実施された。

パブリック・コメントの対象は「行政改革大綱」だけであり、五ヵ年の実施計画に相当する「集中改革プラン」は想定されていなかった。意見は二人からのみであったが、内容項目は二七件にのぼるものであった。意見概要に関しては、行政改革推進委員会の場において、「市の考え方（案）」と対置して審議がされた。「大綱」は「基本的な考え方」だけを示すものという発想から、具体的な意見に関するものは直接には反映されることはなかったが、「集中改革プラン」に反映する方向での受け止めがされたという。行政改革推進委員会の「横須賀市の行政改革に関する提言」（二〇〇六年二月三日付）では、特に、「具体的な取組に関する意見」として、民間委託の際の個人情報保護、外郭団体への職員・ＯＢ派遣、早期退職、民間への派遣研修などが触れられた。

（4）行政改革の推進体制

①　行財政改革推進本部

行政改革の推進体制としては、「行政改革大綱」（一九九六年二月）の策定に先立って、一九九四年七月に行財政改革推進本部が設置された。市長が本部長で、助役（のちには副市長）、収入役（当時、現在はなし）、部長等で構成する、ごく普通のものである。一九九三年五月に設置した「財政立て直し委員会」を改組したものである。同本部は、行革計画を策定し、行革の進捗状況を取りまとめて、行政改革推進委員会に報告し、かつ、市民に公表する。この体制は基本的には変化がない。

②　行政改革推進委員会

一九九五年七月に設置された行政改革推進委員会は、市民等一二人以内で構成されるもので、いわゆる行革審議会の一種である。行政改革推進委員会は、推進本部（市長）に対して意見・助言をするとされている。具体的には、行政改革大綱について検討し、推進状況に関して必要な助言を行うことである（設置要綱一条）。

委員は任期二年制で（二〇一〇年度現在）、市民、学識経験者、経営者団体代表者、労働者団体代表者から、市長が委嘱する（要綱第二条）。例えば、二〇〇七年度〜〇八年度の委員会は、前期委員会より一名増（民間労組代表者が増員）の委員一〇人体制で、市民委員三人（うち、公募二人、女性団体一人）、学識経験者三人（うち、大学関係者二人、報道関係者一人）、経営団体代表者二人（市商工会議所役員）、労働団体代表者二人（市労働組合連合会委員長、民間労働組合連合組織代表）であった。二〇〇九年度〜一〇年度の委員会構成も同じである。

③　行政改革所管部課

横須賀市の行革所管部課は、従来は総務部行政管理課（行政改革担当）であったが、二〇〇五年度から始まる「新プラン」に向けて、二〇〇三年度に企画調整部企画調整課（行政経営担当）が設置された。結果的には、二〇〇五年度には、「第三次実施計画」が前年度に終了し、次期の行革大綱・実施計画の体系に移行するための間の「つなぎ」である「二〇〇五年度実施計画」が策定された。また、二〇〇五年度には「行政改革大綱」「集中改革プラン」の策定作業が行われた。

しかし、企画調整課という企画部門に行政改革所管部課が置かれたといっても、必ずしも、総合計画との連関は密接ではなかったようである。「行政改革大綱」「集中改革プラン」は、総合計画の改訂作業とは独立に、それに一年ほど先行して、特段の明示的な財政推計上の連関もなく、策定されたのである。また、同じ企画調整課で所管されていた行政評価とも、行政改革は直接の連関をとって進められることはなかった。むしろ、行政改革に使わない（／使えない）行政評価を指向していたようにも観察できる。こうして、企画調整課に置かれた行政改革所管部課は、企画部門との連関性は強化されないまま、単に、総務部門との連関性が薄れたようでもある。なお、二〇一一年度開始予定の総合計画・行革計画に向けても所管の変化はないが、両計画が連関されて策定されるか否かは、注視する必要があろう。

さて、その後、二〇〇七年度から、再び行政改革所管部課は、総務部行政管理課行政改革推進担当（実質的には課相当）に戻ることとなった。その理由は、第一に、計画づくりは企画部門でやるが、実行は相応しい部課に移すという、組織慣行があるからである。「集中改革プラン」が策定されたので、今後は実施段階に移る。その実行は、職員削減を伴い、労務交渉などがあるので総務部人事課との関連が深くなるが、人事課で行革をやると人に特化した行革に見える恐れがあるため、総務部内の行政管理課に置いた。第二に、二〇〇六年度から導入した新たな人事制度の定着・拡大・充実が必要であり、同一の総務部のもとで人事改革と行政改革が車の両輪として一体化される必要があった。人事制度改革は人事課のなかの担当（課相当）だったが、これは制度構築のみを担当する三年間の時限組織であった。そこで、両者を実行の観点から一元化する組織が必要であった。

第三に、定数条例は形式的には行政管理課が所管するが、具体的な実員の査定・異動は人事課が司り、しかも、定数と実員は一致していないので、人事課と一心同体で進める必要がある。行政管理課ではあるが、総務部（行政改革推進）担当課長は部長直結であり、事実上は行政管理課とは別の課組織であり、実態は、半分は人事課の延長のような仕事になっている。つまり、各課からの定数増減要求的なものを同じ総務部なので「集中改革プラン」に基づきチェックできるのである。

ただし、第四に、すでに触れたとおり、二〇〇七年度の事務事業の総点検は、行政改革担当との密接な連携をしつつ、都市政策研究所に置かれた担当者が実質的な作業に当たった。都市政策研究所は企画調整課内に置かれ、さらに、担当課長も置かれていることから、行政改革の一部の機能は企画調整課に戻っていたともいる。ただし、これは、事務事業の総点検のための時限的な取扱いであり、二〇〇八年度からは、行政改革推進担当に一元化されている。

④　推進体制の改組の試み

二〇〇三年頃から二〇〇五年頃に掛けての「新プラン」に向けた意気込みは、「行政改革から行政経営へ」というものであり、

- 顧客である市民の満足度の向上を目指す
- 民間企業の経営手法を導入した効率的な行政運営を実施する
- 市民、ＮＰＯ、企業との協働による地域経営を実現する
- 市役所の仕事の点検のため、行政評価システムを使う

というものであった(17)。本稿の用語を用いれば、減量型行政改革スタイルから、行政経営システム改革・地域経営改革に展開する意図を持っていたわけで、そのために行政管理課から企画調整課に移管したものと推定される。

二〇〇四年度後半から二〇〇五年当初時点では、行革実施計画が二〇〇四年度で終了すること、経常収支比率の趨勢も上昇に転じるなど従来型の行革では限界が見えてきたこと、などから、新たな行政改革としての「行政経営」を指向する動きがあった。そこでは、行財政改革推進本部を「(仮称)行政経営推進本部」に改組し、本部の下の専門部会として、それまでの行財政改革推進本部専門部会を改組した「行政経営推進部会」を置くとともに、行政評価プロジェクトチームを改組して「組織目標管理部会」と「行政評価部会」を置く構想であった。そして、行政改革推進委員会を「行政経営推進委員会」に改組し、「経営部会」と「評価部会」を置くとする。両部会は、それぞれ、学識委員・団体委員・市民公募委員の八人程度から構成し、そのメンバーの中から委員会を一〇人程度

で構成するというアイデアであった。「経営部会」では、「行政経営改革プラン」の検討と「行政経営改革推進計画」の進行管理が想定されていた。行政評価を活用しながら、行政経営・地域経営を展開しようという意図があったものと思われる。

しかしながら、二〇〇五年七月の市長交代の前に、最終的には、前市長は減量型行政改革をさらに進めることを選択した。企画から評価までのＰＤＣＡサイクルからなる行政経営と行政改革とは別物であると考えていた節もあるという。また、行政改革が企画部門に移ってから、総務部門との連携が弱くなった行政改革が「緩んだ」という印象もあったようである。さらに、国からの新行革指針によって「集中改革プラン」の策定による定員削減がテーマとして浮上したこと、市が財政難に陥りつつあること、などの状況があった。

結果的には、行政経営を指向する方向での大幅な推進体制の変更はなされなかったのである。むしろ、人員を中心とする減量型行政改革にシフトすべく、前述のように二〇〇七年度から行政改革所管部課が総務部に移管された。

（8）　もっとも、この解釈は穿ちすぎであるかもしれない。総合計画の改定に一年先行したのは「たまたま」ともいわれる。

（9）　なお、審議会等の見直しも、「財政の立て直し」に含まれている。組織の簡素合理化の観点から、そのような位置付けとされるのであろう。ただし、市民参加の趣旨から、女性・青年層の登用、公募制、人材バンク制、任期回数・年齢制限、委員兼任数制限、委員選任方法の見直しなど、「市民参加」の課題への対処も重視されている。

（10）　この数字を知らされた市幹部は、しばし、絶句したと伝えられている。後述するようにそれまでの行政改革の実績評価は成果をアピールし、財政は何とか予算編成のやり繰りを実現してきたことも、一因であろう。

（11）　ちなみに、総合進捗状況では、ＡＡ＋Ａとなっているものが全体の七八・二％であった。三ヵ年の（単純合計）効果額は三五億五〇〇〇万円とされている。

（12）　なお、結果論からいえば、二〇〇〇年度実績の八二・六％（県内五位）とは、近い過去では最も良好な数字である。従って、「最善水準」を目標としたことになる。

（13）　現職市長が特段の失政をしたわけではなく、単に、来るべき二〇〇九年八月の総選挙を睨んだ全国的な地方選挙の自民党対民主党の構図のなかで、民主党系が勢いを持っていただけとも解釈される。横須賀市は、小泉元首相の地元でもあるため、全国的な趨勢を見るうえでの象徴性を持っているのである。

（14）　ただし、未達成事業であっても、総合評価は最低であるCランクとは限らず、Bランクのものもある。

（15）　前述の通り、これは数値目標を達成していない。右記「実績報告書」（七頁）によれば、「成熟した都市においては、インフラ整備や市民生活に密着した制度などが進むにつれて、この数値は高くなるともいわれており、目標設定が難しい数値ともいえます」とされている。

（16）　このような実績評価の方式は、「第三次実施計画」（二〇〇二年度～〇四年度）に関する進行管理でも見られる。例えば、行財政改革推進本部「行政改革推進のための実施計画　平成一四年度（二〇〇二年度）から平成一六年度（二〇〇四年度）　計画事業の平成一五年度実績及び平成一六年度推進予定」（二〇〇四年八月一八日付）でも、四段階評価、累積効果額、達成事業、という方式である。

（17）　横須賀市「Next Stage 行政改革～行政経営への新たなステップとして～」（日付不明＝当該文書の内容から二〇〇三年ごろと推定される）

4　事例研究（2）～八王子市～

さて、3では横須賀市を事例研究として採り上げたところであるが、4では八王子市を採り上げてみたいと思う。総合計画に劣らず、行政改革も奥の深く幅の広いテーマである。そのため、一つの自治体の事例だけでは語り尽くせない感もあるのである。そこで、二つめの自治体を素材にしてみたいと思う次第である。そこで見てみたいのが八王子市である。なお、八王子市を扱うのも、横須賀市と同様で「先進自治体」としての世評が高いことからこれを紹介・賞賛するためではない。そのような「先進自治体」紹介は、本書以外のものを読むことをお勧めする。むしろ、具体的な事例を通じて、行政改革という悩み多き「業《ごう》」を追跡したいのである。自治体行政の日常は、毎日全国各地で賞賛・参照されるべき取組が起こるのではなく、もっと平凡で厄介なものである。

なお、以下では他の事例研究と同じく、当該市関係の人事・人選や、意思形成過程に係る記載もしているが、これは当該市において参与観察させていただいたなかで得た情報を、総合的に勘案した筆者の見解であり、当該市行政当局・職員等の見解を記載したものではない。その意味で、頑健な「客観的事実」というよりは、「「そのようだ」の世界」である。(18) しかし、あえてそのような部分の記載にも及んだのは、行政改革の推進実践も観察報告も、単に表面的な事象（綺麗事）をとらえるだけではなし得ず、その背後にある職員の意識や行動も大きな意味を持つと考えるからである。自治体における行政改革の軌跡は、仮に世評の高い成果をなしえた自治体においてさえも、順風満帆とは限らず、多くの紆余曲折があって現在の姿になったのであり、係る複雑な経緯を有することに、読者諸賢が留意されることを願うものである。

（1）行政改革における集権と自治

①　集権から自治へ

横須賀市など全国の自治体と同様、八王子市の行政改革の起点は、一九八〇年代の自治省主導による《地方行革》への対応にある。八王子市の用語でいうところの「第一次行財政改革」（以下、単に「第一次改革」とする。他も同様）は、一九八四年に始まる。具体的には、

●一九八四年四月二〇日、行財政検討委員会（学識経験者からなるいわゆる行革審議会）の設置
●一九八五年三月三〇日、同答申「八王子市の行財政についての検討」
●一九八五年四月一九日、行財政改革推進本部の設置（本部長＝市長、右記答申の実現のため）
●一九八六年六月、「八王子市行財政改革の基本方針」（いわゆる「行政改革大綱」）の策定

である。しかし、この集権的＝他律的な行政改革の試みは、これも全国の自治体と同様、バブル経済のなかで弛緩してゆき、一九九〇年代前半には、行政改革は一時的に姿を消す。

八王子市の行政改革が実質的に再開するのは、バブル経済の崩壊から「失われた一〇年」の長期不況が不可逆的に認知されるようになった一九九〇年代半ばに入ってからである。その後は、八王子市では、「第二次改革」（一九九六年度～九八年度）、「第三次改革」（「行財政改革大綱」一九九九年度～二〇〇一年度）、「第三次改革追加補正」（二〇〇〇年度に追加したもの）、「財政再建推進プラン・ステップI」（二〇〇一年度～〇三年度）と、連続的・重畳的に行政改革が取り組まれ、時期を経るごとに自主的な色彩が強まっていった。その一つの到達点が、「第四次改革」（二〇〇二年度～〇四年度）である。市長の言葉を借用すれば、「『第四次改革』は、地方主権の考えから、本市が初めて国の方針に依らず、独自に掲げた改革」ということになる（八王子市「八王子市行財政改革レポート」二頁）。ただ、「第四次改革」のような自治的行政改革は、それ以前から萌芽はあったのである。

②　再集権化のなかでの自治の試み

「第四次改革」と「第五次改革」（二〇〇五年度～〇七年度）は、八王子市の独自の論理で展開されてきた行革計画である。だが、横須賀市でもそうであったが、総務省が新行革指針（二〇〇五年三月）を出した関係で、「集中

改革プラン」(二〇〇五年度を起点としておおむね二〇〇九年度まで)への対応に迫られることになった。

とはいえ、新行革指針で触れられている内容自体は既存の「第五次改革」までの行政改革でほとんど含まれていることから、「第五次改革」での計画自体の改定をすることや、新たな「集中改革プラン」を策定することはしなかった。しかし、全く対応をしないのは、行政当局にとっては難しかったようである。審議会内部では、国の集権的な指導に必要もなく対応することには異論もあった。とはいえ、第六次行革審議会の意見(二〇〇六年二月)でも、一定の補足すべき項目はあったので、「追補」によって「集中改革プラン」として必要な情報内容を補足するに留めたのである。そして、第六次審議会は、「第六次改革」(二〇〇八年度〜一〇年度)に向けた既定の日程に従って、二〇〇七年八月の答申を目途とする作業を継続した。この答申を受けて、予定通り二〇〇八年五月に「第六次改革」の「行財政改革推進プログラム」(二〇〇八年度〜一〇年度)が策定された。

(2)　行政改革の体系構成

①　行革計画の体系

八王子市の行革計画は、実質的には、通常の「行政改革大綱」「実施計画」という二層制と違いはないが、冊子としての形式では、両者を一括して「行財政改革大綱」と称している。例えば、「第三次改革」では、「八王子市行財政改革大綱」(一九九九年五月)のなかに、「基本方針」(通常の「大綱」に相当する部分)と「実施計画」(通常の「実施計画」に相当する部分)とが盛り込まれている。「第四次改革」でも「しくみと意識のステップアップ作戦　八王子市行財政改革大綱」(二〇〇二年二月)のなかで、行財政改革の必要性・目標・基本方針を定めた総論部分と、それを受けた「推進プログラム」としての四つの「重点行動計画」と三四の「個別行動計画」が掲げられている。

② 三つのスタイルと個別事業改革対「しくみ」改革

（ア） 初期行政改革 〜個別的な減量型行政改革と行政経営システム改革の二本柱制〜

「第一次改革」から「第三次改革」までは、自治省の行革指針にあるような項目を中心とした減量型行政改革の比重が大きかった。例えば、「第一次改革」に向けた行財政検討委員会答申では、財政構造、職員と給与、事務の電算化、学校給食、清掃事業、などが採り上げられた。「基本方針」（一九八六年六月）の取組課題も、それを反映したものである。「第二次改革」では、事務事業の見直し、組織・機構の見直し、定員管理、給与水準の適正化、情報化の推進、などが改革項目であった。また、「第三次改革」では、ゼロベースからの事務事業の見直しを基本的視点として、業務運営の簡素効率化、組織・機構の見直し、定員の適正化、財政運営の健全化などが主要課題とされたのである。

これら初期の改革でも、行政経営システム改革の要素は見られた。例えば、情報公開は「第一次改革」での取組内容であったし、「第二次改革」では職員能力開発の推進や効果的・効率的な行政運営を掲げた。さらに、「第三次改革」では、基本的視点として、

- 新しい時代に対応する市民サービスの推進と行財政システムの確立
- 市民参加の促進とより一層開かれた市政の推進

が加えられている。また、「第三次改革」では、外部監査制度の導入（一九九九年度〜）、企業会計方式による決算分析（一九九九年度〜）、「人材育成基本方針」（二〇〇一年四月策定）[19] などが行われた。

ただ、減量型改革にせよ、行政経営システム改革にせよ、個別的な取組の列挙が中心であり、必ずしも体系的なものには至ってはいなかった。その体系化は「第四次改革」に持ち込まれる。ただ、後述するように、「第三次」と「第四次」の間に、「第三次改革追加補正」、「財政再建推進プラン・ステップⅠ」など、減量型改革が実際には強力に進められた。八王子市当局は、この改革を「第三次」の一部として表記しているが、むしろ、断絶面が強いので、本稿では、「第三・五次改革」と呼ぶことにしたい。

（イ）「しくみ改革」～二本柱制から三本柱制へ～

個別的な減量型改革・行政経営改革を超えて、行政改革をシステム化しようとしたのが「第四次改革」、別名「しくみ改革」である。二〇〇二年二月四日の新たな「行財政改革大綱」の副題は、「しくみと意識のステップアップ作戦」で、行革大綱を受けた「推進プログラム」（二〇〇二年度～〇四年度）には、四つの重点行動計画と三四の個別行動計画を掲げた。減量型改革と行政経営システム改革の二本柱を、「しくみ」として全庁に浸透させる狙いがあった。

その基本的発想は、個々の事業の減量だけでは限界があることに基づく。行革審議会にせよ、行革所管部課にせよ、全ての個別事業を細かく全部は見切れないうえに、個別政策・事業にはそれぞれの個別の論理があるので、個別事業を一つ一つ対象として検討することは限界に近づいていた。そこで、いくつかの重点的なもの以外は、行政のしくみ自体の変革を、主として、「バリュー・フォー・マネー」の観点で進めることを提唱したのである。

「第五次改革」は、「しくみ改革」を地域経営改革をも含む三本柱制に拡大していった。地域経営改革で意味するところは多義的であるが、第五次審議会答申では以下のような内容を含んでいた。第一に、「産業振興」という狭い概念でなく地域全体の活力を発掘、向上、活用することを意味する。より端的にいえば、地域社会における経済活性化は、税収増というかたちで行政に還元されるという行政改革的な効果を持つということである。第二に、地域の力の活用という意味で、市民との協働を重視する姿勢を見せたことである。この点は、「第四次改革」においてもすでに言及されていたことであり、それを拡大したものである。第三に、広い市域内の地域ごとに市民との関係を構築するという意味で、地域施設の再編・再構築を視野に入れた地域経営という視点である。このように、「地域経営」といっても、複数の異なる視点が言及されていた。

「第六次改革」では、この「第五次改革」が踏襲され、さらに、「改革を進めるための三つの視点」として整理された。すなわち、市民力、資産、組織である。これらは、減量改革、行政経営改革、地域経営改革を渾然一体として進めるものである。例えば、市民力では、事業仕分け手法による総事業再点検が掲げられており、実際に、二〇〇七年七月から継続的に開催されている市民参加の外部評価委員会で行われた事業仕分け的な総事業再点検では、個別事務事業毎の個別的な減量であるとともに、市民が担う地域経営の側面を持ちつつ、行政に事務事業の再構築を要請する行政経営改革でもあった。

③　総合計画・中期財政フレームと行革計画

「第三次改革」までは、単独で存在してきた行革計画体系であるが、近年では、総合計画体系との連関が図られるようになっており、総合計画と行革計画の一体化の趨勢を反映している。すなわち、「第四次改革」である『しくみと意識のステップアップ作戦　八王子市行財政改革大綱』では、行財政改革の目標は、「市のまちづくりビジョン（基本構想・基本計画）を達成し、市民福祉の向上を図るための『しくみ』『基盤』づくり」とされた。

前市長のもとでの「新八王子21プラン」（一九九九年度～二〇〇八年度、基本構想議決は一九九八年一二月、基本計画も併せて公表したのが一九九九年三月)[20]は、総合計画審議会委員に建設省や都の役人が入るなど、全体に施設重視の総合計画であったため、「見直し」の段階から、財政推計はかなり苦労があった。しかし、新市政の総合計画である「ゆめおりプラン」(二〇〇三年度～一二年度、基本構想は二〇〇二年一二月二〇日)のときには、施設計画がほとんどないので、財政推計ではあまり無理がなかった。後述するように、「第四次改革」でも数値目標はほとんど示していないので、財政推計との整合性が強く問われる構成にはなっていない。なお、もともと行革担当部課は企画政策室から分化したものであり、策定過程での両者の関係は比較的密接であったという。

「第五次改革」である「行財政改革プラン」(二〇〇五年五月策定)では、より明示的に総合計画体系への組み込みがなされた。総合計画の実施計画を掲げて、それを二本柱で支えるのが、財政計画と行革計画(総合計画の「改革編」)という組み立てである。「第四次改革」で言及していた構想・計画の具体化を考えると、全ての施策単位に改革を探す必要がある。そのため、総合計画の施策単位毎に、対象項目が膨大になった。所管課とは大いに意見齟齬があり、調整に大変に忙しかったという。しかし、行政改革の立場として、政策決定としての事業選択には踏み込まないという仕分けがされ、「やり方しか行革計画には書かない」ということで、企画部門とは揉めなかった。「しくみ」「意識」「財政基盤」に特化しているからである。

「第六次改革」である「行財政改革推進プログラム」(二〇〇八年五月策定)でも、基本的には同様であり、総合計画に掲げたまちづくりを実現するための「しくみづくりと財政基盤づくり」が、趣旨だという。ただし、実施計画との明示的な一体不可分の文書とはされていない。

④　具体的事項と数値目標

「第三次改革」は、新しい改革項目の提示という面もあり、手段を大量に書いたため、内部的には「やることを羅列しただけ」（ある行革担当職員）という面もあった。そこで、「第四次改革」では、その反省を踏まえて、具体的項目を減らして、「しくみと意識」という「基本方針」に転換しようというのが大きな特徴であった。しかし、市の幹部からなる経営会議では、「具体性を出せ」「仕掛だけではなく結果を出せ」「それで事務方ではいいが、政治はそれでは済まない」という意見に遭い、具体的事項を増やし、数字で結果を出すことを目指すこととなった。「第五次改革」の策定過程でも「目玉がない」といわれたようである。一般に、市民も政治家・上層部も「目玉」を欲しがる傾向がある。従って、例えば、「総人件費改革」は政治家や市民には評価されないのであり、人数・給与削減という具体策が期待される傾向がある。

それでも、八王子市の行政改革は数値目標を出さない傾向が強い。「第四次改革」の「しくみと意識のステップアップ作戦　八王子市行財政改革大綱」でも、「目標」は定性的に文言表現されているだけである。行革推進課では「結果として市民サービスを落とさないことが大事なのである」と延々と上層部を説得しているという。しかし、現在の情勢では「数を見せろ」といわれるし、国からして「数値目標流行」であった。目標になるのはいいが、自己目的になってしまい、「行革があって行政がなくなる」のが、行革推進課の懸念であるという。また、数値目標を出したとしても、皆が納得しないという。例えば、行政改革の観点からは起債は抑えなければならないが、維持更新などの投資を極限まで抑えて済むのかには疑問もある。では、どの程度の起債残高を目指すのか、を議会などからも提示を求められるが、適切な水準が発見できないのである。

とはいえ、総合計画（「ゆめおりプラン」）では、「起債依存度は一〇年平均で六％」「返す以上には借りない」という目標になっているので、数値目標に抑制効果があることは否定できない。また、「第五次改革」でも、予算編成などを連動させて策定して具体的項目を掲げたため、今日でも、行革計画も所管部課の基準になっている。取組にかかる予算も付きやすいし、部目標にもなりやすい。具体計画があった方が実はとりやすい。各論も載せないと、総論賛成でつまみ食いされてしまうからである。

「第六次改革」では、「集中改革プラン」や自治体財政健全化法制の影響を受けた数値目標という色彩が強い。すなわち、実質赤字比率〇％、連結実質赤字比率〇％、実質公債費比率一〇％以下（計画期間平均）、将来負担比率一〇〇％以下が掲げられ、また、職員数（常勤・再任用・嘱託別）、総人件費、市債残高について、現況より切り下げる目標数値が設定されている。各部への目標にはなりにくいが、マクロ的な数値目標を設定することになったのである。

（3）行政改革の民主的統制

①　政権交代と行政改革　～「第三・五次改革」～

すでに述べたように、《政権交代→（応急的な）行革計画の改定→体系的な総合計画の改定》というのが、近年の「定石」となっている。八王子市の場合には、《政権交代→応急的な行革の取組→（体系的な）行革計画の改定→総合計画の改定》というかたちで進んだものであり、「定石」の一変種といえよう。

「第三次改革」（「行財政改革大綱」一九九九年度～二〇〇一年度）の進行途上の二〇〇〇年一月に、現職市長が破れるかたちで政権交代が起きた（任期は二月から）。その選挙戦では、市の行財政再建が最大の争点となり、現職市長の行革の取組への批判が政権交代を生んだといえる。新市長は直ちに財政再建を中心とする行革に着手した。本稿はこれを「第三・五次改革」と呼んでいる。

後述するように、庁内的には企画部門を中心に「第三次改革」での転換がなされ始めていたが、市長交代があって行政改革の動きが加速されたことは間違いない。「外の風」が強く意識されたのは市長交代による。新市長の発言である、「市民はお客様」「危機意識とコスト意識」「経営感覚とスピード感覚」などは、庁内職員に大きなインパクトを与えた。市長当選は、一九九九年度末なので、二〇〇〇年度予算ではほとんど新たな予算事業をつけることができない。市長選挙があるので骨格予算を組んでいたが、「骨格と本格の違いは一二億だけか」（市長）というほど、当選直後は、ほとんど何もできなかった。そこで、任期初年に「外圧」と「健全な市民参加」によって急速に改革に着手した。六月議会に向けて「追補」をまとめ、人員を基軸にコスト削減をめざし、「財政白書」（一一月）によって危機感を広く訴えて共有化し、市民からの意見募集一五〇〇件を背景に、「財政再建推進プラン」（二〇〇一年二月）に向かったのである。

第一に、「都市経営」[22]の視点から緊急に取り組む課題として、財政再建と徹底的な行革の断行が必要として、既存の「第三次改革」に一〇項目の「追加・補正」（二〇〇〇年六月八日付）を行った[23]。例えば、地域経済活性化推進体制の強化[24]、各種審議会等委員の市民公募の促進[25]、外郭団体の整理・統合[26]、などが掲げられた。

第二に、一九八九年度～一九九九年度の普通会計決算を分析した「財政白書」を作成し、市民に対して危機的な財政状況を公表した（二〇〇〇年一〇月）。これは、主として財政課で行った。これを受けて「財政危機緊急アピール」を出し、市民から意見・提言を募集した（二〇〇〇年一一月）。

このような世論喚起を踏まえて、第三に、財政再建により安定した市民サービスの実現を図るため、市民からの意見・提案も考慮したうえで、「財政再建推進プラン・ステップⅠ」（二〇〇一年度～〇三年度、二〇〇一年二月）

を策定した。これは、企画政策室と財政課の連携のもとで策定したものである。ただし、内容的に見れば人員のことには大きく踏み込めてはいない。

これらの応急的な個別的減量改革を踏まえて、「しくみ改革」である「第四次計画」（二〇〇二年二月四日付）に繋げていった。

②　行政改革の説明責任と広報宣伝

横須賀市でも同様であったが、行政改革の広報は極めて難しい。初発の段階では危機状況への認識を共有して貰わなければ、行政改革は進まない。しかし、危機の世論喚起をしても行革の取組が進まず、にもかかわらず自治体が破綻せず当面やり繰りが出来ていると「狼少年」になってしまう。従って、危機宣言ののちにはそれをバネに、速やかに行革の実績を上げることが必要であり、また、それを広報宣伝することとなる。しかし、行政改革は成功してしまうと危機感は遠のき、その後の行政改革は手詰まり状態になる。

八王子市の場合、政権交代直後に「第三・五次改革」として「財政危機緊急アピール」を行い、行政改革の強化を進め、それが「第四次改革」「第五次改革」に繋がっていった。当然、その成果を示していく必要がある。例えば、「第四次改革」に関しては、公式の実績報告書「行財政改革レポート」の他に、「市長インタビュー」というかたちで公表されていた。それによれば、取組達成率九五・一％、金額効果が三ヵ年で三一億円、職員数削減が三ヵ年で七・七％減である。しかも、行財政改革は「量的な削減」だけではなく「質的な改革（〝しくみ〟の改革）」であるので「はじめに削減有りき」ではないと解説した。また、庁内の経営会議で、行革推進課が「未だ進捗が不充分だ」という趣旨の報告をするときにも、経営会議では「行革推進課の見方は辛い」「やったことはきちんとやったと誤解のないように外には示すべき」という意見が出されることもあるという。

また、自己評価も重要であるが、外部から高く評価されることは、自治体としては歓迎することが普通である。八王子市でも、例えば、「人材育成基本方針」や「首都圏情報産業特区・八王子構想」が、全国の自治体が独自の取組を競い合い情報交換し合う「全国自治体・善政競争・平成関ヶ原合戦」なる場で評価され、二〇〇四年度の「功名賞」「産経新聞社賞」「NEC賞」をそれぞれ受賞したことが、ホームページに記載されていた。また、関西社会経済研究所の「ガバナンス評価」で全国六位（二〇〇四年）とされたことも、触れられている。[27]

さて、このように行政改革の実績を広報すると、その後の弛緩が懸念される。そこで、「第四次改革」の終了後の「第五次改革」に向けて、右記「市長インタビュー」によれば、「行政改革に終わりはない」と考え、「現状を良しとせず、常に手法やあり方を見直し、進化を遂げていこうとする姿勢が自治体には求められてい」るとする。キーワードは「進化する自治体」というわけである。新市政による「第四次改革」の達成感が、行政改革の沈滞に繋がらないように努めている様子が窺える。逆にいえば、その後の「第五次改革」「第六次改革」に手詰まり感が生じつつあるのかもしれない。現政権も発足後三期目を迎え、行政改革推進の観点からは、微妙な立ち位置に至っているのであろう。

③　行政改革への市民参加

市民参加がより積極的になったのは、「第三・五次改革」からである。「健全な市民参加」の推進は、市長の方針である。「第三次改革追補」において、各種審議会等委員の市民公募の促進が掲げられた。具体的には、「審議会等委員の市民公募に関する指針」（二〇〇一年二月）では、市民参加を促進する「しくみ」を確実にする目的で、委員の選任に当たっては、公募市民の枠と、男女構成比への配慮とが、示された。また「会議の公開に関する指針」（二〇〇一年二月）では、会議の原則公開、会議録の作成、実施状況の公表などを定め、会議の公正性の確保と透明性の向上を図ることとした。また、「財政白書」に対しては市民意見を募集し、一五〇〇件を超える厳しい意見が出されたという。

市民参加の促進自体は行政経営システム改革の成果であるが、同時に、この指針は行革審議会にも適用され、行革自体の市民参加が「第四次改革」以降は、より強化された。これは主として行革審議会の構成に現れているので、（4）③で後述することとする。

（4）行政改革の推進体制

①　行財政改革推進本部と分科会制　～「第三次改革」の庁内推進体制～

「第一次改革」以来、八王子市では専担の行政改革所管部課はなく、市長を本部長とする行財政改革推進本部のみが置かれていた。同本部は、市長、助役など理事者層、さらに、部長相当職、課長相当職を大量に含む会議体であった（一九九八年当時で六三名）。そのため、本部の会議は、会場設営だけがやたらと面倒であるにもかかわらず、発言者はほとんどなく、実質的な議論はほとんどなされにくいものであったという。

そこで、「第三次改革」＝審議会答申（一九九九年答申）に向けての作業を、課長級を中心とする分科会に降ろした。それを進言したのは当時の企画政策室長であったという。課長級を行政改革の作業に実質的に初めて使ったものであり、一部部長は陰で抵抗したという説もある。四課長（福祉総務課長、防災課長、市民生活課長、教育委員会学校教育部庶務課長）をヘッドに四つの分科会（行政効率・人材育成分科会、組織・機構・定員管理分科会、情報化・行政サービス分科会、財政健全化分科会）を置いた。各分科会は一〇人程度の課長から構成され、企画政策室副主幹が各分科会に貼り付いた。全体の総合調整・進行管理を、企画政策室長と同室の主幹・副主幹で行った。

右記の課長職責にも明らかなように、宛職ではなく人物で企画政策室が選任したことが分かる。分科会のトップは、その後に、いずれも部長に昇進している。政権交代が起こる前から、企画政策室を中心に、かなりマンネリ化し始めた情勢のなかで、新たな行政改革の空気を出したのである。いわば、すでに庁内の有力職員という《民主主義体制のなかの非民主主義的な主体》が、政権交代を求めていたのである。また、状況を察知してか、前市長もその進言を受け入れた。このような斬新な試みであったため、内部的に無理な内容も案として入れている。例えば、従来まで区画整理部があったが、それを都市整備部に統合して区画整理課にする案などがある。当然、当時の部長級からなる行財政改革推進本部では「部を課にしてしまうと区画整理に対する市の姿勢を市民がどう見るだろうか」というようなやんわりとした言い方で、抵抗が示されたという。

このように、前市政のもとで策定された「第三次改革」は過渡的な性格を持っていた。新たな試みとしての課長級からなる分科会の改革作業は、旧来からある部長級からなる本部と、従来型の委員構成の行革審議会とで、まとめられていったのである。

②　本部制の廃止

新市長は、「経営感覚」を掲げて二〇〇〇年一月に、現職の前市長を破って当選した。民間企業経営者であり、八王子市役所を「株式会社八王子」と言っていた。そこで、抵抗勢力はあるとしても、今までのやり方ではなく大胆にスリム化することを目指していたという。意見をいわない人がズラズラ大量に参集する会議体には批判的であり、二〇〇一年五月に、行財政改革推進本部は解散された。それ以降、行革本部的な組織は置かれず、一般の経営会議[28]に行革案件も付議される方式となった。

行革本部がないので、行革担当部課を担当セクションとする庁内分権のようではあるが、答申の報告、大綱・実施計画、進捗状況などは全て経営会議に掛けられる。審議会に提出する事項も、経営会議に掛けて了承を得て、審議会の意見を再び経営会議に戻すという流れである。

新市政の最高庁議である経営会議は、市長・副市長（二人）、総合政策部長、行政経営部長、広報広聴室長、総務部長、財務部長、まちづくり計画部長、産業振興部長からなり、その他に非正規メンバーとして、政策審議室主幹四人、行革推進課長、法制課長が加わる[29]。いわゆる管理部門が中心の幹部会議であるが、行政改革に力を入れること、市内外に発表する際に市の最高方針のニュアンスを知ったうえでの広報にすること、産業振興に力を入れる姿勢を示すこと、ハード系の政策も重視すること[30]、政策法務を重視すること[31]、などがこの構成から窺える。経営会議は方針を決定する会議体であり、形式的には、後日、稟議を回す必要はある。

③　行財政改革推進審議会

「第三次改革」までの行革審議会の構成は、関係団体網羅型・組織宛職型であった。例えば、第三次審議会（一九九九年六月～二〇〇一年六月）では、元市助役（副会長）、学識者（三人、うち一人が会長）、商工会議所、青年会議所、労働組合（連合都連三多摩地区協議会八王子・日野地区）、地域婦人団体連絡協議会（元市議）、という構成である。学識者も個人名で委嘱しているというよりは、市内有名大学（創価大学・中央大学・東京都立大学）からの組織宛職に近い位置付けであったようである。

第四次審議会（二〇〇一年八月～二〇〇三年八月）では学識者を除いて構成は一変した。政権交代があったので、前市長時代の助役を入れないのはある意味で当然ではあるが、商工会議所・青年会議所・労働組合・婦人団体という団体代表もなくなった。代わって、民間企業経験者（総合計画策定の市民参加経験者でもある）と税理士(32)（民間経理の視点）が専門的立場から加わり、残りの三人は純然たる公募市民であった。女性委員も、婦人団体一人というかたちではなく、公募市民および学識委員として合計三人に増えた。市民委員中心の審議会になったため、行政側からすれば運営は大変であった。市民委員は極めてアクティブであり、市民委員を中心とする勉強会的な分科会も開催された。辛口の是々非々応援団として、数字に細かい「超理系」的委員や、生活感覚あふれる元気な女性委員などが、活発に活動した。

以上のスタイルは、第五次審議会（二〇〇三年八月～〇五年八月）でも基本的には踏襲されている。第五次では、学識者三人に加えて、学識者枠で民間女性経営者一人が入り、市民委員四人（税理士、高齢者活動、民間企業常勤監査役、主婦）となる。ただ、第六次審議会（二〇〇五年八月～〇七年八月）になると若干の構成の変化は見られる。学識者三人は不変であるが、学識経験者枠として行政経験者（他市教育委員会）が加わった。また、「市民委員」は、公募市民委員は二人となり、残り二人は、団体代表委員（町会自治会連合会、青年会議所）である。しかし、会議運営の中身は第三次審議会というよりは、第四次審議会以来のスタイルが踏襲されている。第七次審議会（二〇〇七年一二月～現在）でも、学識者三人は不変であるが、「市民委員」では、団体代表が三名、公募市民委員が二名となっており、微妙に構成が変化している。

なお、行革審議会は幅広い包括的な審議会であるから、行革の特定項目を集中的に扱うには限界があるため、特定項目のための審議会が置かれることがある。例えば、「第三・五次改革」の外郭団体の整理・統合のためには、市民・学識経験者・公認会計士・弁護士などで構成される「外郭団体活性化検討会」で検討された。

④　審議会答申と行革計画

一般に、審議会答申を行政当局は「最大限に尊重」する建前があり、従って、逆にいえば、審議会答申は行政当局が「最大限に尊重できる」程度の内容に留める必要がある。それゆえ、答申を出す前に行政当局側との調整が事務局を通じて行われ、審議会答申が出れば、ほぼそのまま行政の計画に繋がるように段取りを組むことが普通である。八王子市の行政改革の場合にも、「第四次改革」までは、そのような段取りを採ってきた。つまり、審議会答申と行革計画は、ほぼ同時に「出来る」のである。

これでは「出来レース」といわれても不思議ではない。そこで、「第五次改革」からは、審議会答申を貰ってから、行政内部で充分に検討して行革計画にする方針に転換した[33]。ただし、逆に、答申から計画策定まで間が空くので、答申を受けても、内部の各部課と折衝するのが大変になる。しかし、所管部課の自発的な取組を掲げるためにも、答申から計画までの時間がないと厳しい。答申と行革計画が同時というのは、審議会の意向を踏まえて、事務局である行革所管部課が各所管部課を納得させるという折衝方式になるからである。また、審議会答申と行革計画などの行政方針が同じでなくてもよいという理解である。最終的判断は、選挙で選ばれる市長の責任ですべきだからという。現市長は、特段、答申の時期については何もいってないという。また、「行革大綱」を理念と見るか具体的項目や数値目標と見るかでも変わってくる。前述のように、理念だけではなく、具体的な中身を求められるようになっていっている。審議会答申を受けて、文字通り「大綱」だけの作文を作ったので、「ダメ」といわれて、具体的計画を作らされるようである。しかし、外部委員からなる審議会での審議・答申では、具体的内容を詰め切ることは難しい。具体計画＝「第五次計画」でいえば「改革編」（個別計画）を作るならば、半年はかかる。そしてそれは、予算編成と同時並行的に連動していなければならない。こうして、審議会答申で「方針」や「しくみ」を固め、具体策を予算編成と連動して下半期でまとめる方式が採られたのである。この方式は、「第六次審議会」の答申（二〇〇七年八月）を受けて、「第六次改革」（第六次行財政改革大綱「行財政改革推進プログラム」二〇〇八年度～一〇年度）を、二〇〇八年五月に策定したという段取りにも、継承されている。

⑤　行政改革所管部課

「第三次改革」までは専担の行政改革所管部課がなく、本部のもとで、企画政策室が担っていた。「第三次改革」の中心人物は、当時の企画政策室長であり、その後収入役に昇進した後、退職した。噂の域は出ないが、前市長の企画部門にいた関係から、「二君には仕えない」という筋を通し、助役ではなく収入役に回ったともいわれる。この人物は、財政課長当時にのちの、いわゆる「けちけちプラン」（一九九七年）に繋がるアイデアを示すなど、バランス感覚のよい事務方のトップに相応しい人物であったという。そこで、《民主主義体制のなかの非民主主義的な主体》が前市政末期から世の中のあるべき方向を探っていたのであり、それが「第三次改革」に結実した。

ただし、「第四次改革」の観点からすれば、まだ「役所のなかの常識」を踏まえた改革であったという。後任の企画政策室長（新市長期）は、より大胆な「改革派」として、総合計画の策定に大量市民参加方式を仕掛けるなど、対外的に打ち出していった。のちに副市長になった人物である。その意味で、市長交代の影響は、事務方にも及ぶ。

二〇〇一年八月に、はじめての専担の行政改革所管部課として、行政改革推進室が置かれた。室長は「第三次改革」の分科会のトップであった元教育委員会学校教育部庶務課長であるが、財政畑も長い。行政改革推進室には、主として財政系の「ストイック」な職員を入れ、他方、「夢を語れる」職員は、企画部門に回して総合計画の策定を並行して行った。市長が両者をバランスをとって使っていったようである。

二〇〇三年八月に、総合計画（「ゆめおりプラン」）の実施のために、企画機能の一部の分散と、臨時組織であった行政改革推進室を合体して行政経営部を設置した。旧企画部門から定員管理と事務改善・行政評価・外部監査を移管して経営管理課とした。また、行政改革関係は、行革推進課という恒常組織になった。行政改革に関していえば、行革推進課が考え方（Plan）を示し、各所管課が実行（Do）し、経営管理課が評価（Check）するというものである。

さらに、二〇〇七年四月に、経営管理課を組織改正し、「経営監理室」とした。八王子市では、「室」とは、課長級が複数いる組織で、部と課の間の格である。また「監」は、単純に見守るのから督励する行政監査機能を付加する意味が込められたという。さらにこれまでの各所管課任せの〝Do〟を専門に見ていく職員を付けた(34)。委託料の見直し、臨時職員の見直しなどがテーマである。「第四次改革」以降、行政改革は「しくみ改革」（行政経営システム改革）、「地域経営」が中心になったが、減量型行革として、内部的な無駄をもう一度日常的に見直す必要が生じているからという。例えば、「委託化」をある時点に達成しても、その後の見直しは、数年後には必要になるということである。

(18)　官界に関するこのような観察手法については、水谷三公『江戸の役人事情』ちくま新書、二〇〇〇年、一二頁以下を参照。「客」である筆者の「観察」という意味では、「客観」的ではある。

(19)　〝付加価値創造型職員〟を目指すべき職員像として、「市民感覚」「経営感覚」「チャレンジ精神」「豊かな人間性」を併せ持つ職員の育成に向けた仕組みづくりを定めた。職員と市長が意見交換を行う「ふれあいタイム」や、民間企業派遣研修、民間航空会社客室乗務員経験者による接遇研修などが取り組まれた。

(20)　二〇〇〇年一月に市長選挙が予定されているなかでの一〇ヵ年計画である。当時の現職市長は、当然に、長期続投する意向で策定したものと思われる。

(21)　具体的には、「はっきりと分かりやすいしくみ」「ちからを合わせるしくみ」「お客さま主体のしくみ」「うまれ変わるまち」「じりつしたしくみ」である。頭文字を並べると「はちおうじ」になる。個別行動計画でも数値目標が挙げられているのは、ゴミ減量化、アドプト制度導入箇所・延長、学童クラブ総数、学校事務嘱託化校数、学校施設開放校数、市税・国民健康保険料徴収率（三多摩二六市平均が目標）だけである。

(22)　ここでいう「都市経営」とは、本稿でいうところの減量型改革・行政経営システム改革・地域経営改革の三つを、漠然と全て含んだ意味で使われている。その意味で、「第五次改革」の構成を先取りしていた。

(23)　すでに述べたように、時系列的にいうと、このときの「追加・補正」という手法が、のちの国の「新行革指針」および「集中改革プラン」への対応でも使われた。

(24)　具体的には、産業政策課を中心とする産業振興部の設置（二〇〇〇年七月）、産業政策の提言のための市長の私的諮問機関「八王子市地域産業振興会議」の設置（二〇〇〇年一〇月）と、その緊急提言「首都圏情報産業特区・八王子構想の構築」「中心市街地の活性化に向けて」（二〇〇一年四月）、商工会議所のＴＭＯ構想の策定（二〇〇一年三月）と市の認定（同年六月）、産・産・学（産・官・学ではない）のネットワーク形成を目的とした「サイバーシルクロード八王子（「首都圏情報産業特区・八王子」構想推進協議会）の発足（二〇〇一年一〇月）などである。通常は、産業政策・地域振興政策である取組が、行政改革の一つに位置付けられている。

(25)　（3）③で後述する。

(26) 当時一二団体あったもののうち、一団体を廃止、五団体を二団体に統廃合、二団体を民間化する方針を決めた。具体的には以下の通りである。
・土地開発公社を解散（二〇〇四年一月）
・ハートピア公社を社会福祉協議会に統合
・コミュニティ振興会、文化振興財団、学園都市振興会を学園都市文化ふれあい財団に統合
・住宅・都市整備公社を株式会社化する方針決定
・リサイクル公社を市民団体・民間へ移行する方針決定
(27) なお、行革推進課の教示によれば、二年後の二〇〇六年評価では全国一位に位置付けられている、という。この点は、同市のホームページにも掲載されている（http://www.city.hachioji.tokyo.jp/seisaku/gyozaisei/5858/governance.html、二〇〇九年七月二八日最終アクセス）。
(28) 新市長は「経営」という用語・発想が好きであるため、従前の「政策会議」を改組し、名称も「経営会議」に改めた。「政策」より「経営」が上位という意図が込められているとも窺えよう。また、毎年四月に「経営方針」を示したいという意向もあった。しかし、八王子市では、従来より、新市長当選後にのみ「所信表明」を出し、毎年度は「予算提案説明」で市政運用方針を示しているだけである。
(29) なお、かつての行財政改革推進本部のように、全部長・部長相当職（三〇人程度）の参加する会議体は、政策運営会議として別に置かれている。これは、市・市長の姿勢を知って欲しいためであり、報告事項が中心の庁内の情報共有の会議である。ただし、毎回一件の審議事項を付けているという。
(30) 八王子市の場合、沿革的に、一般の企画部門である総合政策部の他に、主としてハード系の企画部門としてまちづくり計画部（旧都市計画管理室）が置かれている。
(31) 「第四次改革」を受けた二〇〇三年八月の組織改革で、旧庶務課を総務課と法制課に分け、政策法務を重視することを打ち出した（重点行動計画３－４）。

(32) なお、前市長も税理士であったため、外部監査やバランスシートには積極的であった。その意味では、前市政からの継続性で理解することも可能なようにも思われる。しかし、むしろ、民間経理の経験と行政委員の経験を兼ね備えた専門家として、税務部から紹介を得たといわれる。

(33) 時期に関連する八王子市特有の問題として、審議会任期二年（条例事項）と、行革計画期間三年との乖離がある。これまでの沿革から、審議会を連続して設置すると八月設置であり、答申のない任期や、八月の審議会発足後直ちに翌年二月に向けて答申作成をするなど、色々と不都合があったという。

(34) 「行政監査担当」として三人が配置されている。内訳は、主幹（課長級）一人、主査（係長級）一人、主事一人である。

5　おわりに

以上で、総合計画に引き続き長くなったが、行政改革に関する検討を終えることにする。行政改革は、それ自体としては何でも入り得る無内容な概念であるが、近年の日本の実態を前提にすれば、国主導の地方行革と自治体独自の行政改革があり得、また、①減量型行政改革、②行政経営システム改革、③地域経営改革、という三つのスタイルがあり得る。現実には、これらの要素が複合しながら、個々の自治体では行政改革が、濃淡・干満を持って展開されている。

行政改革は、現在の自治体にとって、総合計画に劣らず包括的な管理機能を持つものである。それゆえ、当初は総合計画とは独立に形成されてきた行革計画体系ではあるが、第二章でも指摘したように、総合計画との連動性を強めることもある。そして、総合計画と同様に、首長を中心とする民主的統制からの影響を受けるとともに、行革審議会などを通じて、住民からの民主的統制を受けるようにもなっている。さらに、実際には、首長の政権交代から総合計画の改定に至るまでの、政権交代直後の当座の応急的な対応として、いわば、本格的な総合計画の策定のための「露払い」としても、行革計画は利用されるようになっている。

しかし、他方では、行政改革として独自の展開を見せることもある。そして、もともとは国の地方行革から開始したという沿革もあり、また、国が財政が厳しくなると負担転嫁的に地方行革を進める指向性を持つことから、集権的な圧力を受けやすいものでもある。しかし、一九九〇年代から自治体が独自に行政改革を進化させてきた蓄積もあり、単純に国の意向に従うという行政改革ばかりではない。

このように、行政改革という領域は、自治体における様々な要因を受け止めて対応するための一つの受け皿となっている。行政改革は、色々な期待と圧力に晒されながら、今後も姿を変えつつ、紆余曲折をしながら進められていくものであろう。

【参考文献】

○上山信一『「行政経営」の時代――評価から実践へ』NTT出版、一九九九年
○上山信一・大阪市役所編著『行政の経営分析――大阪市の挑戦』時事通信出版局、二〇〇八年
○デビッド・オズボーン、テッド・ゲーブラー『行政革命』日本能率協会マネジメントセンター、一九九五年
○大森彌『変化に挑戦する自治体――希望の自治体行政学』第一法規、二〇〇八年
○特別区職員研修所編『特別区職員ハンドブック二〇〇四』特別区職員研修所、二〇〇四年
○武藤博已編著『自治体改革2　自治体経営改革』ぎょうせい、二〇〇四年
○村松岐夫・稲継裕昭編著『包括的地方自治ガバナンス改革』東洋経済新報社、二〇〇三年
○村松岐夫編著『公務改革の突破口――政策評価と人事行政』東洋経済新報社、二〇〇八年

第四章 ◇ 行政評価

1　はじめに

行政評価は、自治体行政の実践にとって重要な関心事になっている。そこで、本書の最後のテーマとして、行政評価を採り上げよう。ただし、あえて当事者としての実務や実践や運動論と距離を置きながら、これまでの本書のスタンスに基づき、《民主主義体制のなかの非民主主義的な主体》である行政組織に対する民主的統制に焦点を当てて、検討を加えたい。

政治学・行政学的な政策過程の教科書的解説には、①課題設定→②政策立案→③政策決定→④政策執行→⑤政策評価（Evaluation）、というような五段階モデルがある。この五段階では、通常、政策評価をしたまま終わってしまうのではなく、再び課題設定や政策立案などの段階にフィードバックされることが想定されている。また、本書でも先取り的に触れてきたように、マネジメント（経営）に関する解説でも、①企画（Plan）→②実行（Do）→③評価（See）、とか、①企画→②実行→③点検（Check）→④対処（Action）、などという段階が想定される。こちらもフィードバックすることが予定されているので、それぞれの英語の頭文字を採って、ＰＤＳマネジメント・サイクルとかＰＤＣＡサイクルなどと呼ばれる。このように、自治体にとっても、企業経営と同じく、評価とは当然の活動である。

ところが、評価段階に関するこのモデルは、実は、極めて曖昧である。なぜならば、「評価はある」（「存在」）といっている現実記述のモデルなのか、「評価があるべき」（「当為」）といっている改革提言のモデルなのか、よく分からないからである。

2　行政評価の課題と対応

（1）行政評価制度の普及と腐朽

①「評価はある」

前者の「評価はある」という立場からすると、行政評価あるいは政策評価は[1]、明示的・意識的かどうかはともかく、また、いいか悪いかはともかく、「あるに決まっている」のである。従って、重要なのは、どのような評価過程が行われているのか、という実態解明である。さらに規範的分析にまで進めば、「よい」評価と「悪い」評価の識別を行うことになる。

行政評価制度というような仕組みがなくても、議会の質問、関係団体や住民からの陳情あるいは苦情、首長選挙、世論などを通じて、自治体の行政運営には漠然とした評価がなされている。漠然とした世論は、支持率調査や住民満足度調査のような可視的な数字が示されないにしても、存在はしている。実証研究によっても、選挙での投票行動を規定する要因は多様であるが、業績投票という評価に基づく投票行動も存在していることが示されている。

また、新たな政策や事業を立ち上げようとするときには、課題設定から政策立案に進むわけだが、これまでの地域の状態や既存事業についての評価が、何らかの形でなされている。端的にいって、新たな政策や事業をするという政策決定は、現状では不充分であるという評価を内在しているのである。もちろん、露骨に「現状が不充分である」と表現することは、現在の自治体運営を批判することであるから、現政権や行政職員は明示的には行わないことが普通である。(2) そこで、「これまでの取組によって相応の効果を上げてきたところであるが、なお一層効果的に進めるために新たな事業を行う」などと表現したりもする。が、要するに、現状は不充分であるということに他ならない。逆に、新たな政策や事業を立ち上げないということは、現状で充分であるとか、他によい方法がないので仕方がない、などという評価を明示的あるいは黙示的に内包しているのである。

こうして見ると、自治体の評価の典型は、実は予算編成段階にあることが分かる。予算過程の教科書的解説では、①予算編成→②予算議決→③予算執行→④監査・決算、というような段階が想定されている。そこで、右記の政策過程の五段階モデルと対比すると、監査・決算段階が政策評価段階に当たるようにも見える。ただ、実際にどこに「評価がある」かを実証的に検討していくと、監査・決算段階ではなく、通常は、予算編成段階に一体不可分に吸収されて見出されることが普通である。

何故か。それは、監査・決算段階で、結果論として、ただ「悪い」と評価されても、自治体関係者は困るからである。「悪い」という評価は、新たな対策とセットでなければ、住民や議会からの問責に耐えられない。「悪いと分かっていて放置するのか」と追及されてしまうからである。従って、評価段階から課題設定・政策立案段階にフィードバックするというような悠長なサイクルであってはならず、政策評価は同時に政策立案である方が都合がよいこととなる。つまり、政策評価段階は政策立案段階に吸収されている。

同様のことは総合計画でも見られる。総合計画は、①調査企画立案→②基本構想議決・基本計画策定→③計画事業実施→④進行管理、というように進む。ここでも進行管理は漫然と行われるのではなく、仮に進捗状況が思わしくなければ、追加の措置や計画のローリング・調節は行われるので、一定の評価と立案とはされていよう。しかし、より中心的なのは、新規計画策定あるいは改訂の際の調査企画立案段階であり、そこでこそ、現状の問題点や、過去の事業についての実質的な評価が行われる。

また、行政改革では、事後評価の比重は予算編成以上に強まる。予算編成では、既存の事業がないところでの評価という側面もあるが、行政改革は、既存の政策・事業そのものの見直しをターゲットにしていることが多いからである。既存の政策・事業の廃止・縮小・改革をすることは、とりもなおさず、既存の政策・事業を「悪い」と評価していることに他ならないからである。

ただし、こうして実質的に存在している評価なるものが、適切に機能していると規範的に判断されるかどうかは、また別の話である。存在している評価が適切に機能していないのであれば、規範的な意味では「ない」のと同じである。ここから、「(真の望ましい）評価があるべき」という後者の立場がスタートする。

②「評価があるべき」

後者の立場からすると、「あるべき評価」という中身があって、その観点から現実の評価過程・機能を《評価》することになる。その《評価》の結果、現実の自治体では、適切な評価が存在する場合もあれば、ない場合もある。ない場合には、「導入すべき」ということになる。この立場では、政策過程の評価段階に対して、それが適切に機能しているかどうかということを、一段下の基盤的な観点から《評価》していることになる。つまり、「評価の《評価》」あるいは「メタ評価」である。

しばしば、「プラン偏重」とか「前例踏襲」「やりっ放し」「やり出したら止まらない」というような行政に対する批判がある。「プラン偏重」は、企画や政策立案が中心であり、実行が伴っていないことや、そのような怠業への検証がなされていないことを批判する表現である。「前例踏襲」とは、政策立案や政策決定のないまま実行だけし、しかも、その結果についても点検していないことを批判する。「やりっ放し」「止まらない」は、政策立案・政策決定の是非はともかく、とにかく政策実行だけが自己目的化し、その後の環境変化に合わせた評価をしないということを批判する。これらは、いずれも、「あるべき評価」が不在であることを《評価》しているのである。

もちろん、ここでも右記のように、「悪い」という《評価》は、新たな対策とセットでなければ、住民や議会からの問責に耐えられない。そこでセットとして示される対策が、「あるべき評価」としての行政評価の導入なのである。そして、「あるべき評価」とは何なのか、その《評価》基準を示さなくてはならない。その《評価》基準は、セットとして示される対策である行政評価の制度設計に反映することになる。

③　行政評価の普及

一九九〇年代半ば、主として自治体から発生した行政評価は[3]、自治体間で水平的に広まるとともに、国レベルの政策評価の法制化による認知を受け（「行政機関が行う政策の評価に関する法律」、二〇〇一年）、さらに多くの自治体に伝播することとなった。典型的な政策波及の形状を示している[4]。いまや、「横並び意識」を背景にした「自治体の標準装備」となった観すらある[5]。

行政評価が普及した理由は何であろうか。筆者の仮説は以下の通りである。

「評価はある」という立場からすれば、以前から評価はしてきたのであり、そこでは、政策・事業について、自治体当局自身も「よい」「悪い」を黙示的にではあれ、判断してきた。他方、住民は、個別の政策・事業そのものについて日常的・個別的・体験的に評価を蓄積しつつ、パッケージとしての評価を選挙や世論により、「よい」「悪い」の判断を行ってきた。

自治体当局にも住民にもそれぞれに、「評価はある」のである。両者が大まかに一致しているうちには、「評価はある」と《評価》することができた。しかし、一九九〇年代の様々な失政や不祥事などが、行政不信をもたらし、住民によるパッケージとしての評価を「悪い」方向に大きく変えた。そのため、自治体当局者が継続しているこれまでの評価との齟齬が生じ、両者が蓋然的に一致しなくなってきたのである。つまり、住民から見て「悪い」という評価がされるべき事案に関して、必ずしも自治体自身が「悪い」と評価していない、という乖離である。

そのため、自治体が「あるべき評価」をしていないという「評価の《評価》」（メタ評価）が、住民世論や改革派首長のなかに発生したのである。そして、《評価》に応えるためと称する対策が、行政評価制度の導入だったという仮説である。

この対策は、改革派ではない自治体当局者にとっても極めて魅力的であり、多くの自治体に受容されていった。その魅力は、「あるべき評価」としての行政評価制度を導入することで、「評価がないという《評価》」に対する弁明が可能となる。行政評価制度は、そもそも新規のものであるため、何が《評価》（＝行政評価制度設計）の基準なのかは必ずしも明らかではないし、確定してもいない。従って、試行錯誤を繰り返すことになるし、制度の安定的構築までは時間も掛かることが想定される。漫然と同じ形態を続けるのではなく、「進化」と称して逐次変えていけばよい。そうすれば、「評価は未熟で役に立たないという《評価》」もかわせる。行政評価制度の導入は、「評価がないという《評価》」に対して、打たれ強いのである。

なぜならば、第一に、既存の自治体で「評価はある」といっても、それは評価機能がどこかに存在しているという意味であり、明示的に独立の評価段階を構成していたわけではない。すでに述べたように、多くの評価は予算編成や行政改革に一体化して紛れ込んでいたのである。従って、「評価がないと《評価》」されるのは、形式的にはもっともなことであった。行政評価制度の導入によって、少なくとも、外形的には「評価はある」と弁明できるようになる。役所にとって「外形《かたち》」は大事である。

第二に、「評価がないという《評価》」が、次の機会に晒されるのは、行政評価制度が開始され、とりあえず外形的には「評価はある」状態になってからしばらく経過してのちである。それまでは、試行錯誤を繰り返す慣れない制度構築途上ということで、確定的な《評価》が下しにくい。つまり、行政評価制度の導入は、時間的猶予を得る⁽⁶⁾ために魅力的である。しかも、行政評価制度の形態を常に変更し続けていれば、《評価》に晒される前に先手を打てる。評価への最大の防御は評価される前に変えてしまうことであり、《評価》される前に行政評価制度を変えてしまえばよい。行政評価制度は、常に変態することが肝要である。

第三に、「評価がないという批判的な《評価》」を行うには、今後は具体的な評価基準や、行政評価制度自体を《評価》する基準を示していくことが必要になる。行政評価制度を導入するという意思決定をすることで、「評価がない」というときの《評価》の挙証責任は、自治体当局ではなく、住民などの外部者に転嫁される。少なくとも、自治体側としては評価基準を先に示すことになる。例えば、「数値指標」「成果目標」であったり、「必要性」「代替性」であったり、色々である。これらは、評価票の項目に反映される。これらの評価基準が適切かどうかを《評価》するにしても、自治体当局は「我々は○○の観点（＝基準）を入れて行政評価制度を構築しようとしている。足りないところがあれば、提示して欲しい」と弁明できるのである。

第四には、住民などから、仮に評価基準や《評価》基準が示されるのであれば、それを取り込んだ行政評価制度に発展あるいは肥大化させていけばよい。例えば、成果指標・活動指標の選定などは、比較的に柔軟な対応が可能である。また、例えば、外部評価などは、このような経緯で導入されていった。つまり、当初は行政内部の各所管部課・職員を中心に行政評価は制度化されていった。当然、内部だけの自己評価では「甘くなるに違いない」という《評価》を受ける。外部性ということが《評価》基準になるならば、ということで弁明のために、専門家や住民を入れた外部評価を含めたものに発展させていく。こうした適応は実に容易なのである。もちろん、そうした適応は、評価制度の存続には機能するが、評価制度本来の効果を上げるかどうかとは別問題である。

④　行政評価の腐朽

このように多くの自治体に適応放散した行政評価制度であるが、近年では、行政評価に関する「疲れ」「慣れ」「飽き」とでも呼ぶべき現象が見られるようになっている。

行政評価の実施には、所管部課・職員は、今までにはなかったプラス・アルファの業務を負荷されることになる。ただでさえ、業務は複雑多様化しているが、減量型行政改革のため職員数や給与は増えないなかで、直接には住民・顧客に寄与しない内部管理・内部統制の業務が追加されることは、不快感を持って受け止められる。行政評価は、所管部課にとっての本務にはならず、あくまで面倒な追加業務なのである。

行政評価の導入によって得られる目に見える成果があればともかく、必ずしも、そのような直接的なメリットはない。行政評価をしたからといって、予算が付くわけでもなければ、廃止したい事業を簡単に廃止できるようになるわけでもない。逆に、所管課としては「そっと触らず手を付けて貰いたくない」事業に、削減や見直しを迫る可能性もある。減量型行政改革のための行政評価であるならば、所管課としてはやる気が出ない。自分の首を絞めたくはないのである。しかし、行政改革に抵抗するための行政評価であるならば、何もしなくても惰性で予算が継続された従来の慣行の方が懐かしいのであって、「苦労して現状維持か……、嫌な時代になったものだ」という郷愁が生じる。

また、行政評価の結果を住民や議員が見て参考にするかといえば、必ずしもそのような効果もない。ホームページなどに公表された行政評価の結果を住民はほとんど見ていないらしい、というのは、広く知られる現象である。(7)また、住民や議員が行政評価を見て参考にしてくれればよいかというと、かえって、批判の材料を提供することになりかねず、行政職員としては見て貰わない方が有り難いくらいである。読んでは欲しくない帳票をアリバイとして作成しているのである。(8)

行政評価とは、評価票をとにかく、当たり障りのない文字と数字で埋める不休の作業の実施、ということになる。成果が目に見えてフィードバックされれば、作業が辛いものではあってもやり甲斐は生じるので、「快い疲れ」になる。しかし、特段の成果も目に見えず、ただ面倒な作業が増えただけでは、徒労感が生じるだけである。

もっとも、自治体の行政職員は、こうした「上から」降ってくる業務に伴う徒労感の処理には長けている。集権的体制のもとでは、国の各省庁は、自治体現場の都合を考えずに調査報告を要求し、事務事業を義務付けし、査察・指導を行ってきた。同様に、自治体内部では、首長支配と内部管理部門優位のもとで、首長や管理部門も現場・各部課の都合を考えずに調査報告を要求し、査定し、指示してくる。このようなことに一々徒労感を感じていては、自治体職員は務まらない。そこで、こうした「上から」の調査報告依頼には、あまり疲労しないように粛々と最小限の費用で適当に受け流しつつ対処するのが、自治体職員の処世術であり技能である。徒労感を溜めないようにしているのである。このような観点からは、日本の自治体職員は能力は高い。

行政評価制度も同様である。行政評価とは、評価票（評価シート・帳票）として管理部門から設定された様式に合わせて、適当に数字と文字を埋める作業である。自治体職員は、決裁文書起案から始まり予算編成・行政改革・総合計画など、こうした帳票作成作業には習熟している。もちろん、「最小の費用で最大の効果」[9]を上げるのが自治体職員の務めであるから、行政評価票を埋めるのに過大な時間を掛けることはしない。前年度評価票や他の行政文書などの切り貼り（コピー&ペースト）は重要である。所管部課内で真面目に政策・施策・事業の点検のための議論や会議などをやっている暇はない。管理部門（行政評価担当部課）に対して、意見を言ったり、照会をしたりすることはあるが、それは帳票作成作業を楽にするための努力であるか、管理部門への「腹いせ」的な質問責めか、である。そして、余計な論争を巻き起こさないことが重要であり、文章は「お役所表現」になっていく。

皮肉なことではあるが、行政評価制度は、「上から言われた帳票作成を、波風を立たせることなく、特段に意義・必要性・効果を考えることなく、最小限の労力で粛々とこなす」という自治体職員の旧態依然とした意識があるために、導入・普及できたのである。こうした旧態依然とした職員意識が改革されてしまったら、行政評価制度は存続できないであろう。こうして、自治体職員は行政評価に段々と「慣れ」ていった。「慣れ」こそが、職務遂行の最大の秘訣である。

こうして「慣れ」というルーティン化した行政評価制度は、当初の魅力を段々に失っていくことになる。「飽き」が来ると、もっと新規の魅力的で実効性のありそうに見える事柄、例えば、首長選挙マニフェスト運動、などに関心が移ったりもする。あるいは、行政評価をマニフェストと連動させる試みが提唱されたりする[10]。また、合併、財政再建（健全化／再生）団体転落の阻止と財政再建、公会計改革、指定管理者・ＰＦＩ・市場化テストの導入、不祥事対応など、他に優先する案件が頻発しているときには、不急の「行政評価をやらなくてもよい」口実にも繋がる。

ただし、こうした「飽き」が行政評価制度の廃止にうまい具合に繋がるかというと、必ずしもそうではない。第一に、すでに述べたように、行政評価制度は「評価がない」という《評価》に対する弁明としては、かなり役立つ制度だからである。面倒な帳票作成作業は、自治体全体としての弁明（説明責任あるいは言い訳）のための必要経費なのである。行政評価制度を廃止してしまうと、「評価がない」という《評価》への弁明を別途しなければならない。この言い訳は結構大きな政治的・行政的エネルギーを要するからである。行政評価制度を漫然と不休で続けていることは、必要経費としては、決して高いものではない。

第二に、自治体は「一度始めた事業は、特段の評価をすることなく継続する傾向を持つ」のであり、行政評価制度についても同様である。もともとは、「評価なき継続」という既存の自治体の土壌に対する批判から導入されるようになった行政評価制度ではあるが、現実には、このような「評価なき継続」を保障する《民主主義体制のなかの非民主主義的な要素》である土壌のお陰で、行政評価制度は不朽の命運を保っていられるのである。

（2）行政評価の民主的統制

①　評価の乖離

行政評価制度の導入の背景となったのは、自治体と住民の間に評価の乖離があるという《評価》である。つまり、住民が「悪い」と評価する事案に関しても、必ずしも自治体は「悪い」と評価しないことである。つまり、評価という機能に関して、自治体は民主的統制に服していないということであった。

もっとも、住民がどのような評価をしているのかは、実は、あまり可視的ではない。そもそも、住民は多種多様であり、見解も嗜好も多様である。また、住民は全ての政策・施策・事業に関心があるわけではなく、かなり濃淡を持っている。そうした集合体である住民の評価といっても、簡単に目に見える存在ではない。可視的ではない住民の評価と自治体の評価が乖離していると《評価》するのは、かなり、漠然とした曖昧で不確実な《評価》である。従って、本当に乖離しているのかどうか、本当に自治体が住民の民意から乖離して評価をしているのかは、実はよく分からない。そして、行政評価制度の普及によって、自治体と住民の間の評価の乖離が縮小したのかどうかも、定かではない。住民による評価といっても、客観的に誰にでも分かる形で存在しているものではなく、様々な評価活動のなかから形成されるものなのである。

②　政治過程における評価

評価とは政策的価値判断を含むものであり、しかも、個々人の選好ではなく集合的な意思決定を要するものであるから、基本的には政治過程で形成されるものである。すでに存在しているものを発見したり確認したりするものではない。とはいえ、自然状態に放っておいて適切に形成されるというわけでもない。そこで、評価を形成するための仕掛けや手続を、どのように制度構築するかが重要である。例えば、議会制度・選挙制度の存在は、それがないよりは、民意としての評価を形成するには、寄与しそうである。しかし、住民投票の方が望ましい場合もあるかもしれない。また、世論調査や支持率調査などの仕掛けは、単なる個々人の意見の算術的集計かもしれないが、民意としての評価を形成するための重要な資料になりそうである。

もっとも、こうした政治制度が、評価の民意形成にどのように本当に寄与しているのかは、選挙研究などの実証研究を待たなければならない。さらに厄介なことに、こうした専門家・研究者による実証研究には、政治制度が評価として機能していることを《評価》する正統性はない。選挙制度が評価として機能するかどうかの《評価》自体が、政治過程によって形成されるものであり、専門家・研究者の実証研究は、その際の一つの参考資料に過ぎないのである。そして、《評価》を形成するための制度は適切なのかどうか、という永遠の《評価》の《評価》という問いの連鎖を生むのである。

《民主主義体制のなかの非民主主義的な主体》である行政組織とは、政治の意思決定を執行するだけでなく、政治過程における意思決定を補佐するためにも存在する。評価という政治過程での意思決定に関しても同様である。行政評価制度とは、政治過程における行政評価の機能を適切に機能させるための補助的な仕掛けでなければならない。評価が政治的意思決定を含むということは、政治家や住民・マスコミだけで評価を形成するということではない。むしろ、評価という政治的意思決定過程に際して、《民主主義体制のなかの非民主主義的な主体》である行政組織が適切に補佐しているかどうかを問うのである。

評価が政治過程での意思決定の産物であるということは、評価には多様な目的が雑然と放り込まれ得るということである。つまり、多様な関心を持つ民意にそれぞれ応答するために、二枚腰のうえに多正面作戦が必要である。特定の目的に特化・明確化することは、政治過程において相当の権力的な決断がなければ、行政評価制度としてはあり得ない。従って、行政評価制度は常に「どっち付かずの制度」であり、いずれの目的にも充分には答えられない。しかし、そうでなければならない。総合性を旨とする自治体における行政評価制度は、好球だけを待つのではなく、どんな球でも全て振って打ち返せなければならない。特定の目的を明確化してしまっては、欠落した目的に資する「評価がないと《評価》」されるのが落ちだからである(11)。

③　評価の官僚制化

自治体行政には「評価があるべき」という《評価》は、適切な評価機能が存在すべきであるということだけではなく、行政機関・職員が自ら《みずか》（自分たちで）、自ずから《おの》（自動的に）評価をすべきである、ということを含む。つまり、「評価がない」ならば「政治家や住民が自ら評価をする」というわけではない。むしろ、「評価がない」ならば「行政機関・職員に評価をやらせよう」ということである。悪く言えば、評価に関しても「行政依存」の「おまかせ評価[12]」ということもできるが、むしろ、民主的統制の観点からは、公僕としての行政職員に「評価という補佐業務をせよ」と住民／政治家が指示した、というように理解すべきである。

問題は、行政機関・職員が、政治家や住民の指示通りに評価という補佐業務をしているかである。これが、行政評価の民主的統制の問題である。行政機関・職員が行う評価が、民意による納得を得られないときには、行政機関・職員は適切な補佐業務をできていないということになる。

ところが、「叩かれ慣れている」行政機関・職員が行政評価に着手すると、評価はとたんに官僚制化する。官僚制とは「（批判・問責に）打たれ強い」ことをモットーにしている。その特徴は、例えば、以下のようなものである。

【総花性】　公平性・統一性を重視するがゆえに、全ての政策・施策・事業を濃淡なく網羅的・悉皆的に対象にしようとする。そのために、住民・政治家の評価情報へのニーズを反映した、メリハリのある評価にはならない。現実に、住民・政治家の注意・関心の及ぼせる範囲には限界があり、政治過程が処理できる案件には限りがあるため、特定の関心の高い政策・施策・事業への深い評価が欲しい。しかし、必ずしも住民・政治家の期待に沿う対象が選択されるわけではない。欲しい情報が得られないのである。もっとも、行政機関に対象を選択させると、行政側に都合のよい対象しか選定されないのではないか、という疑念が生じかねないので、行政機関が裁量的に選定をしないという対応をとるのも、やむを得ないと言えばやむを得ない。信頼できない公僕に仕事をさせても、期待する効果は得られないのである。

【基準の恣意性】　もちろん、網羅的に選定するとしても、本当に全部を網羅するとは限らない。そのときには、比較的に包括的な対象を選定できる基準を立てることになる。例えば、全予算事業、総合計画の政策体系に示された全施策、実施計画掲載事業、などという基準である。ところが、この場合には、これらの選定基準で漏れたものに関心が生じても、評価対象には入らず、住民や政治家の欲求不満は高まる。例えば、予算事業とは内部管理的業務を含まないとすると、内部管理の効率性の評価に関心のある住民にとっては、全くの無駄な評価になってしまう。

【画一性】　同様に、公平性・統一性の観点から、全部の対象に対して、客観的な基準やルールを参照する形で、画一的な評価項目を設定しようとする。このため、マニュアルを作成し、評価票という帳票の統一様式を作成し、説明会を開催し、「研修」やヒアリングと称する作業指示を行い、照会に回答する。個々の政策・施策・事務事業ごとに、場当たり的に評価項目を変えられては、信頼できる評価にならないともいえる。しかし、画一的に項目を設定しても、必ずしも意味のある情報が得られるとは限らない。しかし、官僚制的な評価制度にとっては、評価目的から見て妥当かどうかではなく、手続から見て正統かどうかが重要なのである。

【繁文縟礼・過剰文書】　大量の文書を作成することは官僚制の得意技なのであるが、行政評価でも大量の文書が作成される。これは、住民・政治家にとっては、判読することが困難になる。これはリテラシーの問題ではなく物量の問題である。一般に、行政評価は、何種類かの評価票（シート）を作成することであり、その結果は公表されるが、ホームページ上でも冊子体でも膨大なものに上る。そのため、住民が通読することなどは、ほとんど不可能である。また、仮に通読したとしても、右記のような要因で、画一的な評価項目からなり、必ずしも知りたい肝腎なことが記載されているわけではない。従って、ますます読むインセンティヴは生じない。行政機関としては、むしろ、読まれないことを期待しているかのごとくである。無駄な言い訳としての膨大なペーパーワークとは、まさに官僚制の病理の典型である。

【非人格性】　行政機関が組織として評価に取り組むということは、首長のトップダウンや管理部門（行政評価担当部課）の決定によるのであり、各所管部課の自発性によるのではない。このような非自発的仕事を、やらされ仕事として「怒りもなく感情もなく」淡々と処理するのが官僚制である。(13)このような仕事に長けているので、文書としてはそれなりの成果物は得られる。しかし、行政評価によって、こうした「怒りも感情もない」職員の意識が改革されることは、あまり期待できない。むしろ、意識改革がされてしまっては行政評価制度は継続されない。こうして、行政評価は形骸化する。

【セクショナリズム】　行政機関は、縦割り分業の体系である。評価は、このような縦割りの関係に囚われることなく、政策が効果を上げているかどうかを検証すべきものであるが、実際に行政機関が行政評価に取り組むとなると、組織的な分業によって、職務を割り当てていかなければならない。ある施策は複数部・複数課に跨る影響があるとしても、実際の作業は特定の部・課を責任担当として割り付ける。こうして「盥回し《たらい》」を避けることはできるかもしれないが、特定部課の観点からのみの評価になってしまう。

行政機関という官僚制にやらせる以上は当然ともいえるが、こうして、必ずしも住民や政治家が期待する評価にはならなくなってしまう。

④　評価における専門性

評価が官僚制化するのは、一般行政職からなる官僚制が「事務屋の仕事技能」（＝執務知識）によって仕事をするからである。行政評価担当部課の職員も、評価の素人であることが普通である。[14]自治体官僚制には専門性による指針が必ずしも存在していない。そこで、自治体は行政評価に着手せざるを得なくなると、何とか専門家による支援を得ようとする。よく知られているように、三重県が事務事業評価に着手したときには、コンサルタントである日本能率協会の支援を受けている。他の自治体でも、多かれ少なかれ、《民主主義体制のなかの非民主主義的な主体》であるコンサルタント・シンクタンク会社や、個々の専門家・研究者の支援・助言を受けている。

一般に、民主性と専門性は対立する価値のように受け止められるが、政策過程という実践に応用される技術としての専門性は、民主的統制の観点からすると、必ずしも対立するものではない。専門性とは、行政職員の執務知識では充分に住民・政治家の期待する成果が得られないときに、それとは別の専門知識によって、住民・政治家の期待により近い成果を出す技能である。[15]民主性と専門性が対立する事態が表面化するとしたら、それは、専門家に民意の期待を充分に汲み取る能力がなかっただけか、専門家が不当に政治権力を持っているかである。あるいは、民意は一枚岩ではなく複数なので、特定の民意を汲み取って専門性を発揮したが、たまたま、その民意が多数派民意とはならなかった、つまり、専門家の側が多数派民意の所在を見誤った、という事態である。

ところで、行政評価とは全く新しい分野であるとともに、実際の政策過程に関わる応用・実践技術であり、かつ、全ての政策分野や行政資源に総合的に跨るため、既存の確立した専門知識や専門家集団は存在しない。例えば、「評価学」が形成されたとしても、どうしても、多種多様な分野の専門知識・専門家の集合体であり、かつ、複数の既存の研究者諸学界とシンクタンク・コンサルタント業界と専門職業界との混成体にならざるを得ないのである。このため評価を一体的に指導する専門性は、現状では不安定である(16)。

ちなみに、複数の異なる専門分野、および、複数の学界・業界からなる混成部隊を仕切って運営する技能は、実は、政策の企画立案に携わるジェネラリストたる事務屋＝行政職員の基本的な技能である。いわゆる、行政の「隠れ蓑」としての審議会の舞台回しをする「事務局」とは、まさにこの作業をする。行政評価制度の構築や実際の評価の実施に際して専門性を求めるとしても、それだけでは行政評価は実現しない。評価に専門性を期待しても、それらの専門性をまとめ上げていくのは自治体官僚制である。そこには、評価が官僚制化に回帰する契機が内在している。

もちろん、「過去官僚」（役人ＯＢＯＧ）に限らず、専門家やコンサルタントのなかには、こうした舞台回しを事務局＝自治体官僚制と一体となって進める「座長業」に長けた人物はいる。しかし、この能力は専門知識に基づく専門能力ではなく、まさに、セミプロ行政職員としての属人的な執務知識である。とはいえ、こうした属人的な執務知識を持つ専門家の多い専門分野は、応用・実践技術に関わる専門家集団としては、政治的に有力かつ有能な集団となろう。ただし、現時点では、行政評価に関しては、土木事業などとは違って、発注額（＝利権）が少ないこともあってか、専門家集団や業界が確立はしていないようである。それでも、総合計画の策定支援業務や住民参加会議体のファシリテーションの業務程度には、将来性はあるだろう(17)。

⑤　評価における住民参加

自治体当局と住民の間の評価（あるいは《評価》）の乖離を埋めることが期待される行政評価制度ではあるが、その評価は第一義的には行政機関が行わなくてはならない。民意の期待に応えるような行政評価を行うことは、公僚としての行政職員の務めである。しかし、官僚制である行政機関が評価を行うと、行政評価は官僚制化し、住民の期待する評価からはかけ離れていく。かといって、民意の期待をよりよく具現化できる専門家の確立もされていない。こうして、行政評価の民主的統制は、極めて難しい局面に陥る。

そのようななかで試みられるのが、住民が評価に直接に参加する手法である。行政評価制度は、まずは行政機関による内部評価が行われる。それは、しばしば、所管部課による一次評価と、行政評価担当部課、庁内各部長横断組織あるいは理事者を交えた二次評価とからなることもあるが、いずれも、自治体の内部評価であることには違いがない。そのため、住民が参加する第三者委員会などを設けて、これらの内部評価をさらに外部評価をする三次評価を行ったり、内部評価とは別個の評価を独自に行ったりすることがある。

評価における住民参加によって、住民が期待する評価とは何であるかを、行政機関は直接に入手し、体感することができる。このような住民の評価に対するニーズや関心が、自治体当局にフィードバックされるのであれば、内部評価も改善されよう。あるいは、住民による評価と自治体当局による評価の乖離を明確に可視化することにより、その後の政治過程における評価の形成にも、具体的な情報資料を提供することができる。評価における住民参加とは、住民によって行われた具体的評価を金科玉条にすることではなく、それを踏まえて、適切な評価の構築に繋げていくことである。評価の民主的統制に、住民の直接参加が寄与する可能性は少なくはない。

しかしながら、評価における住民参加も、他の住民参加と同様に、様々な難点にぶつかる。第一に、住民は政策・施策・事務に関する情報を、必ずしも多くは有していない。乏しい情報に基づいて評価すること自体に、住民は自制的であることが多い。また、乏しい情報に基づいて評価すると、関係部課や関係団体からは、「いい加減な評価である」という反発と《評価》を受けることは必至である。では、評価票の他に資料・パンフレット・統計データ・住民アンケート調査結果などを提供し、所管部課・関係団体からのヒアリングに力を入れて、評価する住民に大量の情報を提供すれば問題は解決するであろうか。ことは簡単ではない。なぜなら、以下の第二点・第三点の問題が生じるからである。

第二に、評価に関する情報が膨大化していくことは、評価の官僚制化、あるいは、専門化、またはその双方の進行であるが、それでは、評価における住民参加を別途に行う意味は乏しい。官僚制化・専門化した評価では得られない評価でなければ、住民が行う評価の独自の意義はないからである。従って、評価における住民参加では、乏しい情報から素人の直感で判断するという割り切りを受容する意志が必要である。さもなければ、住民は体感的に、官僚制あるいは専門家が有する知識・情報とは異なった知識・情報を有していると推定するしかない。現場知・当事者知あるいは暗黙知である。しかし、これらのことを受容するのは、当該所管部課にとっても、当該事業に関わる利益団体にとっても、容易ではない。

第三には、住民は生活や生業を抱えて多忙であり、行政評価だけに多くの時間と労力を割くことはできない。行政職員は仕事であるから、割こうと思えば、実際の事業活動に充てる時間を削ってでも、評価に時間を割くことはできる。専門家は、自らの研究業績や実践業績になる場合には、時間を割くインセンティヴがある。コンサルタントやシンクタンクは、発注金額の範囲内で、仕事として労力を割くであろう。しかし、住民の場合には、仮に報酬が出たとしても些少であるし、そもそも、本来の生活や生業があるので、それに割ける時間に自ずと限界がある。時間を割けるのは、生業が行政と密接に関係している利害関係住民だけである。従って、通常の住民に大量の情報を提供したとしても、処理能力には限界がある。そもそも、専業の行政職員を公僕として雇っているのは、生活や生業を持つ多くの住民の時間を過剰にとらないための社会的分業である。大量の時間を掛けて住民参加による行政評価を行ったとしたら、それは成功ではなく失敗の証明である。

第四に、労力を掛ける行政評価は、生業が行政と密接に関わっているか、あるいは地域のしがらみで関わりを拒めない住民を除けば、「ヒマとカネ」のある住民に偏向した行政評価になる。評価には情報が必要であり、情報処理にもコストは掛かるのであるから、それが可能な「有閑市民」に期待した住民参加も充分にはあり得るかもしれない。特に、「団塊世代」「全共闘世代」の地域回帰によって、こうした人材層は今後さらに増えていくことも期待される。しかし、それは一般住民の参加というよりは、「職員もどきのプロ住民」による実働に過ぎない。生活や生業に囚われない住民のみが可能な住民参加は、「時間（ヒマ）と財産（カネ）」のある「初老（前期高齢者）」を中心とする「有閑市民」の民意を過剰に反映することとなろう。(18)

第五に、右記の点とも関連する難点は、具体的に登場する住民が、民意を反映・代表し得るかは不明な点である。住民参加によっても、民意が期待する評価が登場してこないのであれば、住民参加の意義は半減しよう。そして、どのような評価委員の選任方法によっても、それが民意のニーズや関心を反映しているという確証は得られない。そもそも、当の参加する住民自体、自分が民意を平均的に代位しているとは考えていないことが普通である。

（3）　行政評価の推進体制

①　首長

行政評価は政策判断を含むものであるから、住民の代表機関である《民主主義体制のなかの民主主義的な主体》たるべき首長・議会がどのように関わるかが、行政評価の推進体制としては最も重要である。

一般に、行政評価は、《行政を評価する》だけではなく、《行政が評価する》という自己評価の色彩を強く持っているため、最終的な行政評価の結果は、首長によって決裁される必要がある。行政評価の結果といえども、自治体の公式的な意思決定であるから、首長が責任をもって取りまとめ、対外的に表示する必要があるからである。行政評価票に書かれている内容に関して、首長が「私は知らない、関係ない」、という無責任な態度をとることは許されない。

しかしながら、行政評価は、他の政策決定などの意思決定とは異なり、過去の行政活動の是非を政策判断するものでもあるから、ここで深刻な問題が発生する。つまり、第一に、過去の行政活動を批判的に評価すれば、当然ながら自らの業績を自ら問責することとなる。このような場合、新たな対策とセットでなければ、首長は直ちに立ち往生せざるを得ない。他方、第二に、新たな対策の立案の前提としての行政評価は、評価そのものというより、新規施策の理由説明そのものであり、新規政策の宣伝にすぎない。また、第三に、過去の行政活動への批判を回避した評価になるのであれば、それは単なる自己弁明に堕する可能性がある。つまり、第二・第三のときには、《行政のための評価》になってしまう。住民が、そのような首長の自己弁明に対して「説明責任が果たされた」と納得すれば問題はないが、そうでなければ「評価がない」という《評価》は改善されない。どのような形であれ、首長が行政評価に関わるのは、副作用が生じ得るのである。

②　議会・議員

論理的に考えれば、首長の責任で公式に取りまとめられる行政評価結果を活用しやすいのは、二元代表制の一翼である議会・議員である。行政評価の導入以前あるいは導入当初には、議会質問も「行政評価を実施せよ」とか「行政評価のより一層の定着を求める」というような形態にならざるを得ない。しかし、ある程度の定着が進むと、行政評価の結果に示された様々な情報をもとに、議会質問や提言がなされることになる。二元代表制であるから、首長の責任で取りまとめられた行政評価の結果に対して、右記のような難点を感じることなく、自由に活用することができるからである。行政評価の最も主たる利用者は、潜在的には、議会・議員である。行政評価は、議会審議を活性化するための情報共有システムとなり得る。

とはいえ、議会・議員が行政評価を利用することは、現実の政治過程では必ずしも容易ではない。第一に、与党的立場を採る議員・会派からすれば、首長が直面した難点と同じ状態が発生する。むしろ、このような立場からすると、行政評価は桎梏になることもある。その場合には、「行政評価の導入が、執行部や行政職員を萎縮させているので問題である」とか、「行政評価に掛かる時間的金銭的費用から見て、効果は乏しい」などという「評価の《評価》」が表明されたりする。第二に、すでに触れたように、行政評価は官僚制化しているのであり、議員の期待する情報が示されているとは限らない。その意味では、使い勝手がよいとは限らない。むしろ、議員は自ら必要な評価情報は、非公式の説明や資料提供を求めたり、議会質問を通じて入手するしかない。

第三に、野党的立場を採る議員・会派からすれば、現政権を批判する「住民の目線に立った」と称する「厳しい」評価結果を期待する。そうした評価情報があれば、野党的立場を補強する知的インフラになるからである。しかしながら、右記のように、首長が責任をもって取りまとめる行政評価の結果が、自虐的なものであるはずがない。そのため「生温い」という「評価の《評価》」が表明されやすい。第四に、とはいえ、行政評価が評価機能を強力に果たすようになると、行政に対する抑制・牽制機能を担う議会としては、自らの評価機能を蚕《さん》食されることにも繋がる。簡単にいえば、行政評価が議会機能を代替してしまうのである。このため、議会・議員は、どこかの段階で、行政評価への疑念あるいは嫉妬を持つことがあり得る。

このように、行政評価は政策判断を含むものであるがゆえに、かえって現実の政治過程で政策判断に関わる首長・議会にとっては、扱いが難しいものなのである。特に首長にとっては、「行政が行政を行政のために評価する」ことになりやすい。簡単にいえば、「行政の行政による行政のための評価」であり、民主的統制が効きにくい。このため、評価は、しばしば、当面の主たる政治の当事者である首長・議会から切り離すという要請が生じる。この点に関しては、⑤で触れることとしたい。

③　庁内体制

行政評価は、「行政を行政のために評価する」だけではなく、「行政によって評価する」ものであり、すでに述べたように官僚制化のメカニズムを内包している。もちろん、最終的には政治家である首長の意思決定を支援するのは、行政機関・職員の任務であるから、適切な行政評価を行う庁内体制を構築することが求められる。

（ア）　行政評価担当課

一般に、ある施策・事業を推進するには、庁内で「音頭をとる」担当部課／担当職員の配備が不可欠である。この行政評価担当課が、行政評価制度を設計し、首長など幹部層の了解を取り付け、庁内の関係部課・職員に作業の内容・日程を指示し、意識喚起や啓発などの動機付けを行い、また、必要なノウハウや情報の支援を行う。

行政評価担当課は、庁内全部課を対象とするので、いわゆる官房総務系の内部管理部署ではある。そのなかで、どのような組織の内部に、あるいは、どのような部課と連携させて設置するかは、かなり多様である。「他に属さない事務」を引き受ける総務課あるいは企画調整課が担うこともあれば、行政経営担当・行政改革担当課がその業務の一環として担うこともある。ただ、財政課や人事課が担うことは少ないようである。これは、予算査定や人事評価・異動・処遇に、行政評価を直結させないという判断であろう。予算や人事に行政評価が直結されれば、「予算獲得・死守のための評価」「出世のための評価」に歪曲されていくことが火を見るよりも明らかだからである。

行政評価担当課の仕事は、庁内各部課に行政評価の必要性を理解して貰い、実際の実行を促すことである。これは、ある意味では容易であり、ある意味では困難である。容易というのは、すでに触れたように、自治体職員は「やらされ仕事」を粛々とこなすことには、極めて習熟しているからである。やることが決まったら、少なくとも形式的には成果物が得られる。「評価票を提出しない」というサボタージュをする所管課はあり得ない[19]。しかし、困難というのは、そのような「やらされ仕事」であるから、主体性もなければ、情念・やる気もなく、形式的にこなすというだけであり、余計な手間が増えたことへの不満は鬱積するからである。

このため、行政評価担当課は、行政評価制度を導入する目的・意義の説得・啓発から出発する必要がある。もっとも、行政評価担当課に配属された職員自身も、特に意気に感じて担当しているのではなく、「たまたま異動になった」という「やらされ仕事」でもあるから、自分自身への説得を込めた啓発でもある。そのため、先行する自治体の情報を収集し、視察し、専門家やコンサルタントを招いての意識啓発的な講演会や研修会を開催し、あるいは、首長・幹部の講話によってカツを入れる。さらに、行政評価という作業を各部課にしてもらうには、分かりやすいマニュアルと帳票形式（あるいはコンピュータ入力様式）を作成し、職員向けの研修会・説明会を開催する。また、職員向け庁内広報を発行し、逐次、意識啓発、注意喚起、情報提供を行う。もちろん、こうした努力が成果を上げない場合もある。

（イ）　所管部課

実際に行政評価を行うのは、まず第一義的には、それぞれの事業・施策・政策を担当する各所管部課である。行政組織とは分業の体系であり、どの部分の評価作業をどの所管・職層に割り付けるかが、重要である。日本の行政組織の分業の仕様は、一般的には、水平間の仕切りが高い縦割りであるが、加えて、職層上下の上司部下という垂直間の役割分担が曖昧という特徴がある。行政評価でも同様であり、政策・施策・事業は、とにかくどこかの所管部課に割り付ける。ここまでは、行政評価担当課が全庁的に調整する。現実の行政活動は複数の部課との連関が必然である。特に、行政評価においては、縦割りになりやすい行政活動が、全体としてどのような関係にあるかを評価することも求められている。とすれば、どこかの部課に割り付けるという縦割対応は問題を孕むはずである。とはいえ、複数部課に割り付けると「盥回《たらい》し」になるので、やむを得ない。

他方、部長・課長・係長・係員という垂直的な割付は、各所管部課の自主性に委ねられるのが普通である。行政評価担当部課が、一般的に「部長のリーダーシップで」とか「課内で充分な会議を開催して」とか訓辞を示しても、それが重視されるとは限らない。政策は部長レベル、施策は課長レベル、事業は係長レベル、などという機械的な職層割付も現実的ではない。ということで、各所管部課において、新規の作業を課内職務分担を決めるのと同様に、部課職員の能力・個性や、管理職層の指向や性格を反映して、適当に決められることになる。行政評価の作業に、どの程度の労力とやる気などのエネルギーが配分されるか、所管部課内での職場討議がどこまでなされるか、部課長のリーダーシップが発揮されるか、全体的な調整と検討がどこまでなされるか、などは、温度差が著しいものとなる。

(ウ)　全庁会議

行政評価担当課による指示と、各所管部課ごとの縦割的な作業からなる行政評価を、首長の責任で意思決定し、対外的に公表するためには、全庁的調整が不可欠である。公式的には首長が最終決裁をするので、首長が調整することになる。推進体制としては、首長の最終的な意思決定を準備するための仕掛けがどのようになっているか、が重要である。

行政評価担当課が、首長の意思決定の前捌きとして、各所管部課から提示される評価案の内容・形式をチェックすることがあり得る。しかし、予算編成における財政課査定のように確固とした手続は、予算編成手続に比べて新興の作業である行政評価には形成されていない。従って、行政評価担当課のチェックは、日程管理や、様式・入力項目などの調整が中心とならざるを得ない。

このため、行政評価の内容的・実質的な調整には、幹部レベルから構成される全庁会議が開催されるのが普通である。一種の庁議であるが、行政評価の取りまとめのための特定目的庁議である。全庁会議には、通常は首長も出席し、一定の見解を述べることもある。しかし、通常は、司会役である副市区町村長（かつての助役）や行政評価担当部長が中心になり、財政部長などが積極的に発言したりするようである。

しばしば、所管部課による評価を一次評価とし、全庁会議による評価を二次評価と位置付けることが見られる。所管部課の評価を「一次評価」として自治体として確定した意思決定とし、全庁会議の結果は、それとは独立した「二次評価」として、別途の確定した意思決定とすることが、二段階評価である。最終的な行政評価票では、両方の評価を見ることができ、それぞれの差異を検討することも可能である。他方で、自治体としての行政評価という意思決定が二つに分立・対比されるのが好ましくないとするときには、二次評価での調整を受けて、所管部課の一次評価を差し戻して修正することもあり得る。この場合には、「二次評価」というよりは「評価調整会議」である。もっとも、一次評価をそのまま追認して了承する場合もある。そのときには、一次評価と二次評価の差異は表面化しようもない。「二次評価」というよりは、「評価追認会議」である。

全庁会議に出席する部長の態度は、微妙である。所管部課における一次評価の作成に実質的には関わっていない場合には、あたかも「他人事」のように、自己の所管部課の一次評価に対するコメントを述べることもある。逆に、自己の所管部課の評価には、弁明役としてのみ発言するが、全庁的な評価調整や二次評価には積極的な関わりを示さないこともある。

④　政策決定過程との接続

総合計画の箇所でも触れたが、行政評価制度は、ＰＤＣＡサイクルの実現などといわれるように、評価から新たな政策立案や新規行動（廃止に向けた動きも含む）にフィードバックすることがイメージされている。これは理念的には正当ではあるが、大規模組織である現実の自治体官僚制に適用しようとすると、様々な困難に直面する。個人あるいは小規模組織であれば、評価作業自体に時間が掛かることは少ないし、それを直ちに新たな行動に結びつけることができる。しかし、大規模組織であると、評価作業にも、新規行動にも、それぞれ時間が掛かるのである。自治体の政策決定過程への接続をどのように図るのかが難しい。

自治体で最も制度化が進んでいる政策決定過程は、予算編成である。従って、会計年度の区切りを前提に、決算・予算過程のサイクルに合わせることが普通である。通常は、

三月末　　前年度会計年度の終了
五月頃　　評価の作業方針が全庁的に示される
六月頃　　前年度決算情報が収集可能になる
六月～七月　　所管部課で一次評価を取りまとめる

七月末～八月　一次評価をもとに全庁的な二次評価あるいは評価調整

行政の内部評価を確定する

九月　決算議会に行政評価結果を報告し、質疑を受ける

九月～一〇月　次年度予算編成作業の開始

各所管部課が前年度行政評価を踏まえて予算要求することが期待される

一一月～一月　予算編成・査定

二月～三月　予算議会、予算の議決

四月初　次年度会計年度の開始

というスケジュールである。

簡単にいえば、前年度の確定した決算情報を前提に、前年度までの行政の取組に対する評価を当該年度に行う。それを反映するのは、最短でも次年度予算になる。このような予算編成過程を活用した政策決定過程への接続は、以下のような問題も持っている。

第一に、フィードバックが遅いことである。意思決定に時間を要するという自治体の仕事のあり方自体が根本的問題なわけではあるが、そのような現実を前提にすると、行政評価をもとにＰＤＣＡサイクルを構想することは、遅延を是認することである。従って、本来、事中的に適宜適時あるいは随時に行政評価を行い、それをもとに常時フィードバックすることが必要になる。要は、フィードバック回路を短く小刻みにする必要があるのである。しかし、このような日常的評価は、意識のある職員や部課にとっては当然のことであり、「評価はあるといえばある」ものであるが、日常業務に忙殺されたり、漫然と仕事をしている職員や部課には「評価はない」といえる。大がか

りな行政評価制度ではなく、小振りで機動的な行政評価を所管部課・職員に埋め込むことは、必ずしも容易ではない。しかし、「行政評価は職員の意識改革である」としばしば指摘されるのは、このような特質を反映している。

第二に、自治体行政の多くの仕事は永遠であるとともに、駅前再開発など個別プロジェクトによっては会計年度とは異なる中期的なライフサイクルを持っている。また、施策・事業の効果が現れるまでには、ある程度の時間の経過を待つ必要があるものもある。会計年度という均一的・画一的時間の流れだけでなく、それぞれの政策・施策・事業には、それぞれ異なる時間の流れがあり、政策過程のサイクルが存在する。官僚制化した行政評価は全庁画一化が不可避的であるが、行政評価は個々の行政活動対象ごとに柔軟でなければならない。

第三に、総合計画の策定・改訂手続への接続も、同様の問題を孕む。すでに触れたことと重複するが、総合計画と行政評価の結合は重要な課題として認識されている。また、総合計画は自治体に普及しており、その策定・改定手続も定着している。しかし、総合計画策定は予算編成以上に時間が掛かることが多く、フィードバック回路は予算過程以上に長い。前計画期間が終了してから事後評価をするのでは、次期計画策定には接続できない。次期計画の策定作業は、現行計画期間が終了する前に開始されているからである。この接続を合理的に設計しないと、前計画の評価をフィードバックするべき場所がなく、新計画は評価なしに策定することになる。もちろん、総合計画のうち実施計画は、毎年度ローリングをされることがあるので、そこに接続することは可能であるが、最短でも予算編成過程と同様の時間サイクルである。

⑤　第三者機関

行政評価は政策判断を含むものであるが、それゆえに、政治過程の当事者である首長・議員の立場は微妙になる。そのため、評価を政治家あるいは首長の補助機関である行政職員から切り離して、独立した第三者機関を設置しようという力学が存在する。予算過程の評価段階に当たる決算では、最終的には首長が取りまとめ、議会の決算審査を受けるという意味で政治的・政策的判断が必要であることはもちろんであるが、その途中で、監査委員による監査が組み込まれている。監査委員制度とは、それが実効的に機能しているかどうかはともかく、予算・決算過程における第三者機関を制度化したものである。

行政評価制度における第三者機関は、しばしば、公募住民と団体代表と専門家で構成される。この点に関しては(2)④⑤で検討した。公募住民と団体代表と専門家とは、それぞれ立場が異なるので、評価基準や評価の正統性も異なる。公募住民の場合には、政治的主人である一住民として政策判断をすることは正統であるが、住民全体を代表している正統性はなく、「独断と偏見」によるともいえる。団体代表は団体の利害を反映せざるを得ない。専門家は、必ずしも自らの政策選好を強烈に主張することは、民主的統制の観点からは許されない。また、公募住民は現場知や素人性を評価基準とするが、団体代表は団体の利害や経験が評価基準であり、専門家は専門知識と専門性を基準とする。このように異なる属性のメンバーが、同一の第三者機関に混在していることが多い。

第三者機関も、行政評価過程および政策決定過程に組み込むことが必要である。通常は、行政機関内の二次評価あるいは評価調整を経て、公的に確定した行政評価をもとに、第三者委員会がこれに対する第三者評価・三次評価を行うことになる。ところが、右記の日程的スケジュールにあるように、九月決算議会に資料として提出するには、第三者機関が活動できる時期は、せいぜい七月から八月半ばまでというように、限定的となる。第三者機関には、充分な時間が与えられないことが多いのである。第三者機関の活動時間を確保するには、所管部課の一次評価、庁内会議の二次評価・評価調整を前倒しするしかない。前述するように、鳥瞰すると大変に遅いフィードバック回路が行政評価の特徴ではあるが、行政評価の作業に携わる個々の職員や第三者機関のメンバーにとっては、日程は極めてタイトなのである。

（4）行政評価の類型

①　評価視角 ～政策内在的評価・政策外在的評価～

行政評価をどのような視角から行うかは、それ自体でメタレベルでの政策判断を含むものである。行政評価は、PDCAサイクルという政策過程のCの段階を占めるものであり、当然ながら、直截な政策判断を含むものである。従って、最終的には、代表制に基づく民主的正統性が必要である。

とはいいながら、行政評価は、それ自体で政策決定そのものをするものではなく、政策立案・決定のための情報提供をなすものである。従って、行政評価の段階で政策判断をより強く含めるか、それとも、行政評価の段階では、政策判断をより弱めて、「中立」的「客観」的なものとするのかという、濃淡の置き方が選択可能である。この濃淡が、行政評価の視角の選択に関わる判断である。冒頭に述べたように、これ自体は価値判断を含むものであるが、通常イメージされるような、直接に政策決定に結びつく政策判断ではない。その意味で、メタレベルの政策判断なのである。

行政評価の段階で政策判断をより強く含めるタイプを「政策内在的評価」と呼ぶことができる。他方、行政評価の段階で政策判断を薄めて、「中立」的「客観」的なスタンスを強調するタイプを「政策外在的評価」と呼ぶことができる。もちろん、完全な意味での「中立」性・「客観」性は行政の世界ではあり得ないので、あくまで程度の問題である。また、メタレベルでの政策判断という意味は、政策過程のどの段階で政策判断の要素をより多く含めるのかという問題であり、政策外在的評価をすることが、行政評価のもつ政策判断としての側面を消去することにはならない。本書は、行政組織・職員という《民主主義体制のなかの非民主主義的な主体》に対する民主的統制に焦点を当てているので、どのような視角から行政評価を行うかということは、民主的な政策判断との関係での視角の立ち位置の取り方という問題である。

②　評価基準

評価視角は、具体的あるいは実務的には、評価基準に反映される。自治体の行政評価票の様式には、「必要性」「緊急性」「公益性」「公平性」「代替性」「有効性」などという評価基準が設定されることがある。これらの評価基準は、それぞれ、どちらの評価視角に親近するかという違いである。

（ア）「必要性」「緊急性」「公益性」「公平性」「有効性」

「必要性」とは、ある政策・施策・事業が必要であるかどうかという判断である。当然ながら、それは政策判断の要素が非常に強く、政策内在的評価の視角に傾くことになる。「公益性」なども、ほぼ同義といって差し支えない。また、「緊急性」という判断も、緊急かどうかというのは、時間的に現在あるいは直近で必要か、それとも、先送りすることができる程度の必要性か、という政策判断の色彩が強い。「有効性」も、ある政策・施策・事業が有効であるかどうかを判断するのである。通常は、必要性をどの程度現実に達成することに貢献したのかということであり、端的にいえば、政策目的を達成したのかどうかということであるから、政策判断の要素を強く含むことになる。

また、「公平性」も、行政にとっては重要な価値なのであるが、何をもって「公平」とするのかには、かなり政策判断の要素が含まれる。例えば、ある事業が受益対象者を極めて限定していたとする。この場合、特定の少数の受益者だけに行政を行うのは「公平」ではないという政策判断もある。しかし、真に必要な対象者にだけ限定するのは、「公平」であるのかもしれない。とすると、結局のところ、評価対象となった事業の対象者の線引きが妥当かどうか、対象者に求める自己負担の程度が適切かどうか、などという政策判断に左右される。

（イ）「代替性」

「代替性」という評価基準は、狭義には、当該自治体の各種の事業等の相互間で、他に代わることのできる事業等があるかという評価である。政策外在的評価として理解するのであれば、単に相互に「代替性」のある事業等が明らかになるというだけである。しかし、これは「重複性」ということでもあるから、どちらかの整理、あるいは、両者の統合、などの政策判断を求める指向性を有する。その意味では、政策判断に近づく。さらには、対象となった事務事業等に焦点を当て、他に代わるものが存在することが、ほとんど「廃止しても差し支えがない」ということを含意するのであれば、政策内在的評価の比重が大きくなる。

「代替性」は、広義には、当該自治体がその政策・施策・事業を行わなくとも、他に行うことのできる主体が存在するかどうか、という評価にも拡大できる。例えば、市区町村レベルであれば、都道府県、国、あるいは、民間団体が行うことができるかという判断である。いわゆる「事業仕分け」の発想である。(20)ある意味で、他の主体の可能性に関して「勝手」に判断するわけであるから、「僭越」な評価基準ではある。この「代替性」の評価の意味が、「他の主体が行うのが適切である」つまり「当該団体は行うことは適切ではない」という趣旨ならば、かなり強い政策判断を内在的に含むことになる。しかし、「中立」的に、「他の主体でも行うことは可能である」という代替選択肢の提示に留まるのであれば、より外在的評価に留まる。

ただ、あらかじめ事業等間あるいは主体間での優先順位付けが政策判断されていれば、この政策外在的評価も、直ちに政策判断に直結できる。例えば、《補完性の原理》が前提されていれば、国・都道府県に「代替性」が認められたとしても、当該市区町村が実施することが筋となるし、[21] 住民団体に「代替性」があれば、当該市区町村は実施しないことになる。あるいは、《国から地方へ》、《官から民へ》という前提があれば、国に「代替性」が認められたとしても、当該市区町村が実施することが当然となるし、民間団体に「代替性」があれば、当該市区町村は実施しないことになる。しかし、《行政整理の原理》《必要最小限の原理》あるいは《盥《たらい》回しの原理[22]》が前提されていれば、他でできることは当該自治体は手を出すべきではないとなり、「代替性」があれば、直ちにリストラという政策判断に結びつく。

（ウ）　監査基準の応用

政策外在的評価として歴史的に発達してきたのが、会計検査・監査や司法審査である。これらは、会計検査院・監査委員や裁判所という、政治的に民主的正統性を有さない機関による行政に対する評価であるため、政策内在的評価を正面から認めることが困難であることから、「中立」かつ「客観」的な政策外在的評価基準を組み立ててきた。このような蓄積は行政評価の基準においても有用である。司法審査は「合法性」を評価基準としてきたわけであるので、監査基準の方がより汎用的である。

監査基準は、古典的には「正確性」と「合規性」である。正確性とは、数字の計算など内容が正確に表記されていることであり、これは全ての行政文書の基本である。しかしながら、現実の行政文書は、間違ってはいないが、必ずしも必要不可欠な情報が、適切な表現で分かりやすく示されているとは限らないものであり、行政評価票も同様である。所管課などの行政評価する主体の意図が、行政評価票に正確に分かりやすく反映されているかどうかの確認は、第三者委員会によるヒアリングなどでは、しばしば問題となる。そして、多くの場合には、所管部課の意図が正確に伝わるような記載にはなっておらず、ヒアリングの席上で説明と質疑を繰り返して、ようやく「真意」が伝わるということが多い。

合規性とは合法性よりも広い概念であり、法令や内規などの広い意味での客観化されたルールが存在し、かつそれに依拠していることである。行政評価では、しばしば、法的根拠が存在するかどうかのチェックがなされた。これは、一般には「法令の機械的執行」とイメージされやすい自治体の事務事業が、実は、さしたる法令・例規の根拠もなく行われていた「法無」状態(23)であることを明らかにすることには役に立った。しかし、合法性を超えた合規性の観点からは、要綱、要領、マニュアルなどが存在していることは普通であり、それに照らして妥当であるかどうかを評価するものである。合規性の規準は、既存のルールを所与として受け容れた場合には、「客観」的な評価基準となる。しかし、そのルール自体が妥当かどうかを評価し始めると、政策判断そのものに踏み込むことになりやすい。

より拡大された監査基準が、いわゆる３Ｅ基準であり、「経済性（Economy）」「効率性（Efficiency）」「有効性（Effectiveness）」である。経済性とは、同じ産出あるいは成果を達成するのに対して、どの程度の費用が必要となっているかである。効率性とは、産出あるいは成果と費用との相対関係として、定義することができる。このように定義すると効率性のなかに経済性は含まれる。あるいは、効率性を、同じ費用によって、どの程度の産出あるいは成果を達成できるのか、という形で定義することもできる。いずれにせよ、経済性も効率性も、産出あるいは費用と成果との相対関係であり、能率性と一括することもできる。これに対して、有効性とは、ある目標に対する達成の程度である。

他の条件が等しければ、能率性や有効性は高い方が望ましいのであり、これは、政策判断をある程度は離れて評価をすることができる。ただし、この前提は、ある目標が政策判断によって選択され、かつ、政治的合意がなされていることにある。つまり、目標としてのより望ましい産出あるいは成果が既定であり、また、より少なければよいものとして合意されている費用が何であるかが決まっているときである。

しかし、そのような前提は必ずしも強固なものではない。例えば、職員数は、一般には人件費を必ず伴うので費用として理解されており、それは少なければ少ない方がよい。しかし、同時に、職員数は実際に可能な行政サービスの産出を意味していることもあり、その場合には、職員数は多ければ多い方がよい。これを両立するには、職員数を増やして総人件費を減らすわけであるから、給与単価が低ければ低い方がいいということにもなりそうであるが、「安かろう、悪かろう」であるとか、あるいは「違法」「不公正」ということになれば、それ自体がむしろ問題を意味することになりかねない。

③　評価対象　～政策評価か経営管理評価か～

行政評価の対象としての「行政」とは、何なのか、という問題である。

通常は、自治体の地域社会・住民に対する行政活動作用である広義の政策を対象とする。これが広い意味での政策評価である。さらに、この広義の政策は、より大きな固まりから、より小さな固まりに分類することができる。何層に分けるのかは全くの任意であるが、例えば、広い順から、政策－施策－事業、などというレベル区分が可能である。従って、行政評価の対象もこれらのレベルに応じて存在するのであり、政策評価－施策評価－事業評価、などと呼び倣わされてきた。そして、これらのレベル分けは、前者を目的として後者を手段とする目的手段関係で整理することが可能であり、自治体全体としての行政評価に繋がるように設計される。

しかし、現実の行政評価では、どれも中途半端になりやすい。一般に、細分化された単位である事業のレベルでは、投入産出関係は明確に評価しやすいものである。しかし、それが地域社会に与えたインパクトは当然ながら限られているため、結局のところ、役に立っているのかどうなのかよく分からない。他方、包括的な単位である政策のレベルでは、目標が多義的かつ曖昧で茫然としているうえに、そのような目標を実現するのに、いかなる行政活動が影響を与えているのか、必ずしも判然としない。地域社会のある状態は、行政活動とそれ以外の要因との複合的な帰結であり、かつ、行政活動も多種多様な活動の複合的な帰結であるため、分析が極めて困難なのである。

別系統の対象の組み立て方は、行政の経営管理活動そのものに焦点を当てるものである。ＩＳＯや行政経営品質などの行政評価は、組織の運営の仕方それ自体を評価するものである。広義の政策評価では、公開性・透明性、住民参加、契約・発注方式などの行政運営の仕方の質は明らかになりにくい。また、人事管理全般のようなも内部管理も、広義の政策評価では扱いが難しい。政策（施策・事務事業）別に人件費を配分することはできるが、そもそもの、人件費の決め方自体の評価は、これではできないからである。自治体の広義の政策も、最終的には、職員の個人レベルにまで分解されるのであるから、広義の政策評価は人事評価まで連続しそうである。しかし、事業をさらに細分化した行政作用活動が、個々の職員の活動と対応しているわけではない。従って、政策評価と人事評価が、関連しつつも、別の制度として導入されるようになるのである。

④　評価対象の抽出

政策評価であれ経営管理評価であれ、全てを悉皆的に対象とするのであれば、評価対象の抽出という問題は生じない。官僚制の特徴は公平性・画一性であり、官僚制化した行政評価では、公平な対象の選定が重要になる。公平性・画一性のためには悉皆が最も望ましいのであり、「全ての予算事業」というような対象設定がなされる。ただし、自治体の活動の全てが予算事業として括られているわけではないので、完全な悉皆評価ではないともいえる。しかし、少なくとも、一つの統一的尺度による抽出にはなる。

この他にしばしば見られるのは、総合計画の基本計画あるいは実施計画に掲載されている「計画事業」や「基本施策」である。総合計画は、一応建前上は、目的手段連鎖の樹形図状に政策・施策・事業などが配置されているからである。もっとも、すでに述べたように、一般に総合計画に掲載される計画事業は、自治体の全ての事業を挙げるとは限らず、むしろ、「氷山の一角」的なところがある。ところが、行政評価をしていくと、ある産出・成果に繋がった個別の事業には、計画事業もあれば、計画掲載外事業もあったりする。こうなると、行政評価をする段階で、あるいは、それを第三者委員会や市民に説明する段階で、色々な難しさに直面するのである。

また、行政内部の一次評価は、各所管部課による分業であるから、評価作業の割付さえ終われば、比較的に包括的に実施することができる。しかし、二次評価や評価調整になると時間も限定されてくるし、さらには、第三者委員会の評価となると、よりタイトな日程で、しかも本業を別に抱える外部委員の限られた時間で行わなければならないため、より絞り込んだ抽出が必要になる。この基準付けは難しい。場合によっては、二～三ヵ年を掛けて、一回りするというローテーション方式がとられることもある。

⑤　評価時点　～事前評価・事中評価・事後評価～

行政評価は、ＰＤＣＡサイクルを当初のイメージとしているので、事後評価が原則とされてきた。行政評価の基本は、「やりっ放し」ではなく、行政活動の帰結を正確に把握し、真摯に受け止めて、反省あるいは学習し、新たな行政活動に活かそうというものであるから、事後評価が基本になるのである。

事前評価は、政策の企画立案そのものであり、新たな事業の開始に際して予測をするというものである。費用便益分析によって土木事業の着手を判断するというようなタイプである。事前評価に真摯に取り組むことは重要である。何らの見込みも検討せずに、ある行政活動を開始するという政策決定は、論外だからである。しかし、通常は、政策立案・決定時にはそれなりに検討をしたうえで決定したことでさえ、結果的に振り返ると問題が生じ得ると言うのが、行政評価の観点である。もちろん、事後評価をしたからといって、過去に行った行政活動や政策決定がなくなるわけではないし、結果論で判断をして、それを以前に遡って望ましい決定ができなかったことを後悔あるいは問責しても限界がある。とはいえ、既成事実の単なる追認や忘却ではなく、次に繋げるには、事後評価には意味があるのである。特に、政策決定時の事前評価は、政策を導入・実施したいという所管部課あるいは政権からの陰陽のバイアスが掛かり得るものであり、そのような指向性から隔離された事後評価には意味がある。

ただ、すでに述べたように、事後評価からのフィードバック回路は、極めて迂遠であり遅延する。そもそも、後悔先に立たずであり、手遅れである。そのため、完全に終了して結果がでない途中の段階でも、逐次かつ適時に行政評価を行うことも考えられる。これが事中評価である。毎年度のルーティン事業にとって言えば、各年度終了ごとに行われる行政評価は、年度でみれば事後評価であるが、何度も続くルーティンの観点からより長いスパンで見れば事中評価となる。しかし、年単位でのフィードバックでさえ、かなり遅いものである。その意味では、日常的な問題発見と注意喚起も重要なのである。しかし、多くの行政評価制度は、こうした日常的な事中評価には適合的に設計されてはいない。

⑥ 評価目的

行政評価の目的には、多様なものが存在し得るし、通常は複数の目的を同時に掲げる。それゆえにこそ、行政評価制度は「どっちつかず」の中途半端になるのであるが、評価目的が多数あった方が、制度として政治的行政的な耐性が強い。

第一に、行政評価制度の最大の目的は、「評価がない」という《評価》に対する弁証を行うことにある。いわば、存在すること自体が最大の目的である。民主主義体制における対外的弁証は、問責に対する答責の形態をとるから、行政評価がアカウンタビリティ（答責性）を目的として自称するのは当然である。ただし、この場合の答責性は、通常レベルの行政評価票の記載内容によって市民に対して果たすと言うよりは、むしろ、メタレベルの《評価》あるいは問責に対して作用するものである。通常レベルでの答責性は、分量は多いが難解かつ曖昧な記載内容の行政評価票によっては果たすことはできない。むしろ、この通常レベルでは、簡単に「揚げ足」をとられるような「ぼろを出す」ことがないようにすることが重要である。

第二に、答責性と関連するが、対外的な情報提供と透明性の確保を目的とする。住民に対して公共財としての情報を提供することは、行政の重要な機能である。その典型は、統計情報の提供である。そして、社会の状態に関する統計情報は、一種のアウトカム指標ともなり、行政評価の一つの原初的かつ特殊な形態である。例えば、域内総生産という経済指標は、経済政策という行政活動に関する典型的な結果評価情報である。ただし、このようにして提供された情報が、民主的な政治過程においてどのように使われるかは必ずしも一義的ではない。むしろ、情報提供自体が行政の一つの任務なのである。

そして、行政としては右記のような情報を、行政管理の改善に利用する意図を持つこともあろう。また、住民や政治家としては、行政統制の手段として利用する意図を持つこともある。例えば、無駄な事業を削減する目的で行政評価を行う、というタイプである。しかし、政治過程は政策判断を含むものであり、多種多様な相反する立場があり得るので、複雑である。無駄な事業を死守する目的で行政評価を行うことも可能なのである。

第三に、しばしば指摘されるのが、行政職員の意識改革を目的としているということである。意識改革を目的とする行政評価制度は、批判に対しては頑健である。直接に答責性や情報提供に資さなくとも、ましてや、行政統制や行政管理には役立たなくとも、行政評価制度の必要性を弁証するからである。そして、意識改革がされたかどうかは、ほとんど確認不能である。職員アンケートで「意識改革が進んだと思うか」などと問うても、実態は不明である。検証あるいは《評価》不能な目的を掲げることは、政治的には極めて有用である。

ただし、こうした行政職員の意識改革という目的を冷笑的に軽視することは適切ではない。ＰＤＣＡサイクルを実効的に機能させるためには、通常の行政評価結果を政策立案にフィードバックするのでは、あまりにも迂遠である。むしろ、行政職員による日常的な検証と気付きと反省と学習により、日常的な自己改善にフィードバックすることが求められるからである。いわば、改善提案という非日常業務を、日常化するのである。その意味で、行政職員の《日常的非日常》を作る意識改革は、ＰＤＣＡの小さく短く早く頻繁なサイクルに貢献するのである。

とはいえ、行政評価制度が意識改革に有用であるとは、決まったわけではない。というのは、行政評価の運用の実際は、六月から八月頃までの季節労働で、しかも、所管課内の特定の職員に帳票記入作業を割り当てて、他の職員は関知しないことが普通だからである。これでは、ＰＤＣＡの小さく短く頻繁なサイクルには寄与しないからである。

(5) 行政評価と評価関連制度

① はじめに

2(1)①で触れたように、これまでの自治体にも行政評価に相当する機能や制度は存在してきた。しかし、新たな行政評価制度の導入は、既存の機能や制度では欠けていることがあるという《評価》を前提とする。一方で「評価はある」のであり、他方では「評価はない」のである。このような状況は、通常の団体や個人であれば、さしたる問題も生じないのかもしれないが、自治体のような行政組織では難しい仕分けを迫られることになる。

行政組織では、既存の制度や機能が不適切であると簡単に判定をすることは難しい。行政評価に相当する制度や機能に関する《評価》においても同様である。不適切と《評価》すると、過去に遡って、それを担ってきた首長以下の行政官僚制の責任問題が発生する。従って、政権交代がないなかでは、そのような過去に対する否定的な《評価》は容易ではない。また、「恒久政府」である自治体行政組織・官僚制・職員は、なおさら過去の責任を認めがたい。他方、将来に向かっては、既存の制度や機能を廃止するのか、改善するのか、何らかの対処を迫られる。いずれも簡単なことではない。

そこで、既存の行政評価に相当する制度や機能に、否定的な《評価》を下すことなく、新たな行政評価制度を構築する領域を確保する必要がある。その意味では、禅問答のようであるが[24]、「評価はある」としつつ「評価はない」という《評価》を下す必要があるのである。こうして、他の評価関連制度との整然とした機能分担が、行政評価制度の構築には必要なのである。

新たな行政評価制度の導入という観点からは、「評価はない」と《評価》する方が楽なのではある。しかし、自治体行政はそれでは維持できない。なぜならば、全く「評価のようなものがない」というのでは、過去に遡っての問責は避けられないからである。従って、ある一定程度の「評価はある」といわざるを得ない。とはいえ、それが充分であるならば、新たな行政評価制度の導入は必要ではなくなってしまう。そこで、既存の行政評価に相当する制度や機能には、一定の肯定的な《評価》を加えつつも、別の部分では欠けているという否定的な《評価》を同時に行うことになる。こうして、既存の行政評価に相当する制度や機能との一定の「棲み分け」あるいは「縄張り区分」を行って、行政評価制度は成立するのである。

そして、そのような新たな制度の存在を可能とする「領域」には、行政評価制度以外の新たな評価関連制度を存在させることも可能である。従って、新たな制度としての行政評価制度は、他の代替的な、あるいは、類似する新制度との競争に晒されるのである。「ブーム」といえるほどに、全国の自治体に適応放散した行政評価制度は、既存の制度と棲み分けしつつ、他の類似的な制度との競争での優位を得てきたのである。そこで、以下では、代表的な評価関連制度である監査制度、行政監察制度、行政関係訴訟制度、自治体オンブズマン制度との関係のなかで、行政評価制度を観察してみよう。

②　監査制度

すでに触れたように、財務会計制度はもっとも確立した政策過程であり、それをＰＤＣＡサイクルと見るならば、決算・監査過程が既存の評価関連制度として評価機能を有するといえる。ただし、これもすでに触れたように、単純に決算・監査過程が「言いっぱなし」の評価をすることは現実の政策過程では不可能であり、しばしば実質的な評価機能は予算編成過程に一体不可分に吸収される傾向がある。しかし、だからこそ、現実の政治過程のなかでの判断に引きずられ得る予算編成や予算執行とは、あえて区分される決算・監査過程の独自の存在意義もまた、主張されてきたのである。

監査制度は、法定された執行機関である監査委員の存在により、実態としていかに行政評価として機能していなくとも、自治体にとって廃止するという選択肢はあり得ない。従って、必置で存在する以上は、「評価はある」という《評価》方向に持って行かなくてはならないのである。このため、監査委員の行う監査は、定期監査、随時監査、行政監査、現金出納検査、決算審査、財政援助団体監査、資金運用状況審査、指定金融機関等監査、首長要求監査、議会請求監査、職員賠償責任監査、直接請求監査、住民監査請求監査など、多種多様にわたる。これは、一九四七年の制度創設以来、存在している以上は「評価はない」とは《評価》できないが、実際には実効的な「評価はない」と《評価》されてきたので、新たな評価を要求する《評価》が下され続けているため、監査の「領域」を継ぎ接ぎで増築してきたことを示している。

行政評価制度との関係で重要なのは、一九九一年の行政監査の導入と、一九九八年の外部監査制度の導入である。前者は、一般行政事務そのものを対象とすることが可能な幅広いものであり、財務会計面に限定した会計監査よりも新しい「領域」で「評価がある」と《評価》できるようになる。財務監査の枠内ではあるので、合規性・正確性や効率性・能率性などが監査観点となるとされるが、それ以外の基準を排除するものではない。法制改正の理由は、公正で能率的な行政の確保に対する住民の関心が高まっていることなどとされ、行政評価制度と類似した「評価がない」という《評価》への対応であったといえる。後者の外部監査制度も、監査機能の専門性・独立性の強化や監査への住民の信頼を高めるために導入されたとされ、素人的・内部的監査という実態から「評価がない」という《評価》が前提となっていよう。

このように見てくると、監査制度の存在によって「評価はある」とはいいながら、しかし、「評価がない」という《評価》が繰り返され、それに対応すべく、監査の「領域」が「古い旅館の建て増し」のごとく、そして、一向に魅力は高まらないが廃業はしない公営国民宿舎のごとく、増え続けてきた様子が窺える。行政評価制度の導入もまた、このような力学の延長線上にあるのである。このメカニズムの重要なことは、既存の監査の「領域」を傷つけることなく、新たな要請に応えるべく、新たな「領域」を純増させることにある。そして、行政監査は内容は漠然としているから、実態上は、すでに行政評価制度は存在し得たと《評価》することは可能である。

しかし、行政評価制度が導入されるメカニズムは、これまでの監査の「領域」拡大と決定的に異なる点がある。それは、国による法制改正を契機とした集権的・義務的なものではなく、自治体が自発的に採否を決める分権的・自主的なものであることである。時期的には外部監査制度の導入と重なるが、分権改革の時期だけに、自治体の自発性がより強く発揮されたといえる。

そして、法制を前提としていないため、改廃が容易なことが行政評価制度の特徴である。監査制度では「評価がある」けれども「評価はない」と《評価》され、それゆえに新たな評価の「領域」への適応放散が継続するメカニズムがあるため、監査類型（「領域」）は増えるばかりである。行政評価制度もまた、似た純増メカニズムを内包しているが、行政評価の各「領域」は必須・義務ではないので廃止することも可能であり、ときどき、評価の仕方を変えるという形で、「領域」の転換を図ることができる。つまり、「増築」ではなく、「改装」での対処が可能なのである。この点に、自治体にとっての行政評価制度の「使い勝手の良さ」がある。

③　行政監察制度

行政監察とは、行政評価とは異なり、自治体にはあまり普及しなかった概念・制度・機能である。しかし、国レベルでは、行政管理庁（→総務庁）行政監察局による業務として確立しており、それが、橋本行革（行政改革会議）による中央省庁等改革のときに「政策評価」として衣替えすることになった。右記の行政監察局も、総務省行政評価局となって、今日に至っている。その意味で、国レベルでは、行政評価あるいは政策評価は、行政監察の系譜に存在している。行政監察も、「追加的重畳的に登場し重点がシフトする」といわれるように[25]、評価一般に見られる増殖メカニズムが作用している。事前に、自治体レベルに行政監察が普及していれば、自治体版行政監察の「増築」あるいは「改築」形態として、行政評価が普及したかもしれない。

なお、自治体レベルでも、「行政考査」などという概念で、行政監察的な機能を行ってきたこともある。府県レベルで行政評価制度を導入していない例外事例である鳥取県も、行政監察監という役職を設置して、二〇〇一年から行政監察を行っている（二〇一〇年度現在）。このことは、行政監察が行政評価の機能的代替物であることを示している[26]し、両者の差異は事実上存在しないといってもよい[27]。

④　行政関係訴訟制度

行政事件訴訟や国家賠償訴訟などの行政関係訴訟は、自治体行政に関して司法的なスタイルをとって評価を行うものであり、その意味で「評価はある」。しかし、これまでは、これらの行政関係訴訟で行政側が負けることは稀であるとされてきた。このことは、実際の行政運営が適正・適法であるという「評価」を推論させるというよりは、行政に対する司法的チェックが実質的には機能していない、つまり「評価がない」という《評価》を生むことも多かった。そこに、行政評価制度が適応放散する「領域」の余地が残されていたのである。

とはいえ、近年、行政関係訴訟制度の評価機能は、かなり改善されてきているという《評価》も可能である。第一に、感覚的実感的にいって、自治体行政側が負けることが決して珍しくなくなってきたということである[28]。第二に、住民訴訟・情報公開訴訟のように、自治体の政策判断を直接に司法で問うのではなく、財務会計運営の適法性や情報の非開示事由への適合性など、形式的手続的内容を問うことが増え、この点で、裁判所が評価機能を発揮しやすくなったことがある。第三に、司法制度改革とその流れの行政争訟制度改革によって、全体として行政側の優位性が薄れている傾向が見られる。

今後、行政関係訴訟制度の評価機能が強化されれば、裁判所という外部者による法的に確定的で拘束力のある判断である訴訟が広まり、それだけ、内部者を第一義的評価者とし、確定的でもなければ拘束的でもない行政評価は、衰亡することもあろう。もっとも、近年では「判決を無視する」という風潮も生じており、必ずしも行政関係訴訟制度が効果的になるとは限らない。また、司法判断がより自治体に厳しいものになれば、自治体のマネジメント・サイクルの観点からは、内部的な法的評価を整備する必要性は高まる。これが、行政評価制度の「領域」で行われるか、従来型の厭訴主義的な審査法務＝法制執務の再強化という「領域」で行われるか[29]、政策法務的な新たな「領域」としての法制評価として構築されるかは、興味深いところである。

⑤　自治体オンブズマン制度

自治体では、公的制度としていわゆる自治体オンブズマンを置くことがある。この自治体オンブズマンは、確定的な定義はないが、最大公約数的に要約すれば、行政機関からは独立した第三者によって、住民などからの申立てを受けたり、自らの発意によって、行政運営の是非・適否を調査し、その結果を行政機関に勧告・提言しつつ、一般に公表することを通じて、行政運営の改善や住民などの救済を図る制度といえよう。調査過程では行政運営を「評価」することは避けられず、その意味で行政評価関連制度である。しかも、監査の財務会計面や、司法審査の法的側面という、特定の評価基準の基盤を持っていないため、それだけ融通無碍の行政評価に類似のものとなり得る。

総合的な自治体オンブズマン制度は、川崎市に置かれた市民オンブズマン制度がその嚆矢といわれ、いくつかの自治体に、多種多様な名称と多種多様な内容によって導入された。ただし、行政評価制度と比べると、その普及の程度は著しく低いといえる。つまり、適応放散の過程で、時期的には先行していたにも関わらず、類似制度である行政評価との競合において劣勢なのであろう。

その要因として第一に、内部・自己評価を第一次的なものとする行政評価に比べて、独立性と外部性を重視する自治体オンブズマン制度は、導入の是非を政策判断する自治体当局にとって、危険が大きい(30)。

第二に、自治体オンブズマン制度は、中立や発意などというアドホックに対象を選定することになるが、官僚制としての自治体が好むのは、画一的・統一的な対象選定である。そして、確定した制度の青写真のない行政評価制度は、このような官僚制化が容易なものである。「法典を閉じて心を開け」というオンブズマン制度は、むしろ官僚制現象への処方箋として登場したものであり、官僚制的な自治体に好まれるものではない。

第三に、自治体オンブズマン制度は、いわゆる市民オンブズマン(31)との競合にも敗れていった。純然たる民間団体である市民オンブズマンは、確定的拘束的な判断を出せる裁判所を、情報公開訴訟・住民訴訟を通じて活用していった。自治体オンブズマン制度は調査と勧告ができるだけであり、裁判所を活用する市民オンブズマンよりはるかに弱体であったのである。

そして、市民オンブズマンの訴訟による攻勢に対応するには、訟務体制を強化するとともに、行政運営の適法性を全分野にわたって再構築するしかない。これには、行政評価制度の方が適合していたのである。そして、自治体オンブズマン制度を導入する際には、既存の評価関連制度との棲み分けがされたわけであるが、その際に、争訟案件は扱わないという仕分けがされたことも、重要である。つまり、争訟が提起されるやいなや、自治体オンブズマンは役に立たない存在となるのであり、これでは自治体当局にとっては意味がない。奇妙なことであるが、市民オンブズマンによる攻勢は、自治体オンブズマン制度の腐朽あるいは立ち枯れを促進し、行政評価制度の普及を促進した。

第四に、自治体オンブズマン制度は、既存の評価関連制度としては、苦情・行政相談が拡張した「領域」として理解されてきた。つまり、住民の申立てから発動されるのであり、実際にも、個々の相談・苦情・要望から繋がる事案が大半である。端的には「苦情相談」「苦情処理」として理解されてきた。苦情処理は、既存の国の行政評価関連制度では、行政相談員などの第三者によるものを含む行政相談として位置付けられ、それは行政監察の前段階の情報収集活動としても位置付けされてきた。自治体オンブズマンとは、いわば、高い独立性を与えられた「行政相談員」であり、それは、国の行政監察の前捌き的な存在でしかない。行政監察が自治体に普及していなかった以上、行政相談の一形態である自治体オンブズマンも、その延長線上では普及しなかった。しかも、当の自治体オンブズマン制度の側も、分権的な出自とも相俟って行政監察の「出店」のような集権的な位置付けには納得していなかったのである。

このような要因により、自治体オンブズマン制度は行政評価制度と似た機能を持ちながら、必ずしも広く普及することはなかったのである。そして、自治体オンブズマン制度がある自治体でも、行政評価は別途並行して導入されるのが普通である。

（1）本書では、「行政評価」と「政策評価」とを同義で使っている。後述するように、行政評価制度の機能を、世論による漠然とした「自治体行政には『評価がない』」という《評価》」に対する、自治体行政側からの弁証にあると考えているからである。その意味で、民主的統制あるいはアカウンタビリティを目的・機能と見ている。しかし、分析の観点によっては、両者の相違を重視する必要があることはある。山谷清志「行政経営と地方自治体評価の動向」『月刊自治フォーラム』二〇〇七年八月号、五～七頁。

（2）現職首長に挑戦する新人立候補者などは、直截に現状の政策を批判して、新たな政策を公約に掲げることは、むしろ容易である。ただ、行政機関・職員は、全ての現職政権に仕えるのであり、常に現状を批判することは容易ではない立場にある。

（3）事務事業評価（三重県）、業務棚卸（静岡県）、時のアセスメント（北海道）、行政経営品質評価（三鷹市）などである。

（4）伊藤修一郎『自治体政策過程の動態』慶應義塾大学出版会、二〇〇二年。

（5）総務省「地方公共団体における行政評価の取組状況調」二〇〇九年一〇月現在、二〇一〇年三月公表。全体でも五〇・六％とはじめて過半数となり、特に市区以上では標準化している。都道府県は九八％（前年度調査では一〇〇％）、政令指定都市は一〇〇％、中核市が九五％、特例市は九五％、一般市区で七四％であり、町村が低く二七％である。調査の年を追うごとに増加している。

（6）《評価》の先送りということもできる。あるいは、行政評価制度という新たな政策についても、課題設定→政策立案→政策決定→政策実行、という四段階は通過したが、政策評価段階だけが不在であるともいえる。その意味では、「あるべき《評価》はない」という評価不在の状況が再現されているともいえる。評価不在の土壌に評価を意識的に導入しようとする行政評価制度は、行政評価制度の導入・実行が自己目的化し、行政評価制度自体への《評価》は、依然として不在であり続ける危険を孕む。評価不在の土壌にも関わらず導入可能な程度の行政評価制度に対する《評価》は、そもそも難しいのである。

（7）しばしば、自治体の行政評価結果を見るのは、①他の自治体の行政評価制度の導入の担当者（仕事のため）、②コンサルタント（商売のため）、③研究者（研究教育または実践活動のため）、④学生（論文やゼミ・レポート作成などのため）、であるという。

（8）実際、多くの自治体の行政評価の結果は、ほとんど読まれることを期待していないような文章で書かれている。

（9）「最小の費用」とは、「職員として投下しなければならない労力」のことである。「最大の効果」とは、「職員として叱責を受けないで粛々と平穏に日常が進むこと」である。

（10）マニフェスト検証などである。もっとも総合計画とマニフェストの関係と同様に、政治家のマニフェストと、自治体という団体の行政評価との関係は難しい。

（11）三圃式農業のように、次々に目的を変えつつ、行政評価制度を適応させて存続させることも考えられる。中長期のスパンで、「どっち付かず」を実現するのである。

（12）山谷清志、前掲注（1）論文、九頁。

（13）もちろん、徒労感や鬱屈した不満や文句はある。こうした欲求不満は、評価結果をきちんと読まない住民に向けられたりする。

（14）山谷清志、前掲注（1）論文、九頁。

（15）行政に関わる専門家（専門職的な行政職員も含む）の行政責任とは、専門知識と特定の専門的利害を持つ専門家集団の期待に応えること（「機能的責任」）と、社会経済文化的などの利害関係者・地域住民や一般市民の期待に応えること（「コミュニティの民衆感情に対する直接責任」）と、整理されてきた。

（16）二〇〇〇年九月に日本評価学会が設立された。

（17）ＯＤＡ評価や公共事業評価のように巨大予算のある領域は別である。しかし、少なくとも、自治体の一般的な行政評価には、そこまで充当される予算・財源プールはない。専門家集団及び専門性の確立には、それを担保する経済的基盤が重要であり、専門知識・ノウハウは、いわば「あとから付いてくる」。しかし、経済的基盤を確立する創業の段階では、専門知識・ノウハウがあるように提示していかなければ、受注は獲得できない。こうした「鶏と卵」を解決するのが、起業家的才覚であろう。ちなみに、日本評価学会の会長を財界人（宮内義雄氏）が務めている（二〇〇九年七月現在）。

（18）構想日本が自治体で進める行政の事業仕分けでも、同じ現象が生じよう。構想日本『入門　行政の「事業仕分け」』ぎょうせい、二〇〇七年。なお、国の行政刷新会議での仕分け人は、多忙な壮年層が多い。それだけ国には労働力年齢の人々を惹き付ける「魅力」があるのだろう。

（19）期限に遅れる、という程度のサボタージュは見られる。

（20）構想日本、前掲注（18）書。

（21）《補完性の原理》を主張する市区町村が、国・都道府県との「代替性」を評価することは無意味である。「代替性」があろうとなかろうと、当該市区町村が実施することに決まっているからである。逆に、《補完性の原理》を主張する都道府県は、市区町村や民間団体との「代替性」を評価することには、意味がある。なぜならば、「代替性」が認められれば、当該都道府県は当該事務事業等から撤退するという政策判断に直結するからである。「事業仕分け」手法は、国・都道府県レベルに適した行政評価であり、市区町村レベルには、必ずしも適してはいない。

（22）国、都道府県、市区町村、民間団体が、すべて担うことが可能なときに、全ての主体が相互に《必要最小限の原理》を採用すると、全ての主体は、他の主体に行政改革の名の下で「押し付け」合いをして、当該事務事業等から手を引くことになる。《行政整理の原理》である。その意味で、「お見合い」による「ポテンヒット」が発生する《盥回《たらい》し の原理》なのである。しかも、当該事務事業をしないことに対する問責を、他の機関・団体に転嫁できるので、政治的にも好都合である。

（23）金井利之「自治体における政策法務とその管理」『ジュリスト』二〇〇七年七月一五日号、第一五回自治体法務合同研究会おおさか大会、全体会Ⅱ・座談会「自治体『法無』の現状」、二〇〇九年七月一九日。

（24）　行政の立論は、多弁を労するが、何を言っているのかよく分からない、ということが多いのは、こうしたことが原因のひとつである。「よく分からないもの」を、「ありのまま」に分析記述する自治体行政学の研究が、何を言っているのかよく分からなくなるのもまた、避けがたいことなのである。

（25）　元総務庁行政監察局長・東田親司氏の表現。なお、同氏は地方分権推進委員会事務局長を務めた人物でもある。行政監察的なるものが「政策評価」・「行政評価」として国・自治体に適応放散する時期に、行政監察畑の同氏が分権改革にも関わっていたことは、単なる人事の巡り合わせかもしれないが、極めて興味深い現象である。

（26）　二〇一〇年度現在、公共事業評価委員会による公共事業評価制度は存在する。事務局は建設事業評価室であったが、現在は工事検査課である。行政監察監のもとには、行政監察室と建設事業評価室とが置かれていた（現在は、行政監察課・公益法人・団体指導課および工事検査課である）。なお、鳥取県庁行政監察室（当時）によれば、鳥取県の行政監察は、個別の不適切事例に応じた改善を目指すものであり、全般的な行政を対象とする行政評価とは異なるという位置付けである。また、「評価」という概念を実務上も、使っていない訳ではない。総務部行財政改革局業務効率化室（当時）では、経営品質賞の観点をもとに、自己評価（セルフアセスメント）を取り入れて、各部局ごとの指標（ベンチマーク）を含む工程表を作成することにより、経営品質の向上を目指しているということだった。これは、広い意味では行政改革のなかに位置付けられている。二〇〇九年七月二九日、電話ヒアリングによる。また、http://www.pref.tottori.lg.jp/dd.aspx?menuid=3363 参照、二〇一〇年四月二九日最終アクセス。

（27）　なお、「行政監察」や「監察」という概念を、行政評価的な内容とは異なる事柄に用いることもある。警察（警務）・自衛隊・海上保安庁・公安調査庁などで見られるように、監察とは通常、人事上の服務監督の体制を意味することもある。東京都総務局行政監察室も、職員の服務監察、賠償責任の調査に関する事務を行っている。また、かつて存在した郵政監察官制度では、人事上の服務だけではなく、特別司法警察職員としての警察的機能も持っていた。あるいは、刑事司法ではなくとも、広い意味での法令遵守・コンプライアンスに監察の用語を用いることもある。このような「怖い」響きの「監察」に比べると、実際に行政管理庁（→総務庁）行政監察局で行われてきた行政監察は、警察的／人事的／法規的色彩が脱色された、行政評価関連制度であった。

(28)　『自治体訴訟法務の現状と課題』日本都市センター、二〇〇七年、特に、第二部第一章（石津廣司執筆）。ただし、これは自治体側が、従来の厭訴主義的な法解釈では躊躇していた政策を、あえて政策法務を駆使して積極的に挑戦するようになったため、反射的に敗訴する事案が増えただけであり、裁判所の立場は変わってないということもできる。

(29)　ちなみに、行政評価の嚆矢となった三重県の事務事業評価では、事務事業の政策的な評価もさることながら、個々の事務事業について法令例規の根拠の有無を確認する機能も大きかったという。これは、当時の三重県が、食糧費問題などの住民訴訟の攻勢に晒されていたことと無縁ではないと思われる。

(30)　導入者の意図を離れて「暴走」するという、いわゆるエージェンシー・コスト問題である。行政評価制度でも第三者委員会を設置することはしばしば見られるが、これも、すでに内部の一次評価という防衛ラインを先に布陣してのものであり、住民からの申立てで発動される自治体オンブズマンのような「奇襲」は生じない。もっとも、自治体オンブズマン制度でも、住民からいきなり申立てが生じることは稀で、通常は担当部課・職員と住民との間でトラブルになっていることが普通であり、その意味では「奇襲」になることはまずない。

(31)　自治体オンブズマンの嚆矢である川崎市の制度名称は、「川崎市市民オンブズマン」であったのは、実に皮肉なことである。

3　事例研究（1）～立川市～

（1）　概要

立川市では二〇〇四年以来、行政評価制度を実施している。[32] 立川市ホームページによれば、行政評価制度とは、施策や事務事業等の市の様々な活動について、目的を明確にしたうえで成果を検証し、必要性や効率性などの視点から評価を行うものとされ、効果的かつ効率的な行政経営を目指すためのツールであり、評価結果については、具体的な予算編成や施策展開に活用しているとされる。立川市の行政評価制度は、市の基本的な方針を示す大綱である、総合計画であるところの第二次基本計画に定められた施策体系に基づいて行われている。(33) 当該計画の施策体系は、政策（六本）－大施策（四一本）－施策（一二七本）で構成されており、それぞれの施策目的を達成するための手段として事務事業（約七〇〇）が位置付けられている。このうち、事務事業と施策が評価の対象である。行政評価の結果を受けて、重点的に取り組むべき施策の方向性や重点見直し事項を明らかにした「経営方針」を作成し、予算要求・編成作業等に反映させることとしている。

例えば、二〇〇七年度に実施した行政評価では、市が行っている業務である個々の事務事業について、それぞれ必要性・効率性・有効性等の視点から点検・評価を行った。それらの事務事業評価を踏まえて施策評価として、施策の現状分析を行い、成果を測定したうえで、施策目的達成のための取組について検討している。事務事業のうち約四〇を抽出し、行政評価委員会（委員長：副市長、委員：部長職、庁内委員会）によるヒアリングを行い、重点的な見直しの対象としている。さらに、行政評価の結果などを踏まえて、「平成二〇年度各部の運営方針【暫定版】」を策定した。ただし、これは二〇〇八年度予算編成に活用するための各部の方針で、ある意味で各部から示された運営方針案であり、最終的な市の政策判断は予算議決後となるため、正式決定と公開は予算議決後である。

また、立川市では、行政評価制度を有効に機能させるために、外部委員による行政評価第三者委員会（以下、委員会）を設置した。委員会では、第三者の視点から、市の行政評価制度の取組に対して「制度監視型」の第三者評価を行った。「制度監視型」というのは立川市の独特の用語であるが、具体的には、「予算編成過程を評価することによって、行政評価の結果に基づいた予算編成がされているかどうかを検証し、行政評価制度に関する改革提言を行う」ものとされている。

立川市の事例研究では、行政評価制度の全体の構成と運用というよりも、市独自の「制度監視型」第三者評価という形態に、注目していきたい。外部評価をどのように構築するのかは、非常に興味深く、また、難しい課題だからである。併せて、「制度監視型」の第三者評価が形成される過程で生じた、一般市民による三次評価として構想されている「市民力型評価」[34]についても触れることとしたい。

（2）　制度監視型第三者評価

①　導入経緯

立川市で第三者評価への着手がされたのは、二〇〇五年度の本格実施が一段落し、二〇〇六年度からの新たな施策評価の実施が目睫に迫ってきた、二〇〇五年度も押し詰まってからのことである。委員会の人選も二〇〇六年一月ごろになって、ようやく具体化したものである[35]。制度監視型第三者評価および市民力型評価の制度構想は、このような慌ただしい日程の中から生成したものである。

二〇〇六年二月六日に開催された委員会「事前説明会」では、市側の見解は、以下のようなものであった。委員会による行政評価の目的は、①行政評価制度の客観性・公正性・透明性を確保する、②行政評価による改革を外部の視点から推進する、ことにある。そのために、委員会の役割は、③市の事務事業に対する再評価（三次評価）を実施し、④評価制度に対する提言を行う、こととされた。委員会の評価は「市民意見を代表するものではなく、行政内部の甘い自己評価を断ち切るための客観的な評価と捉える」とされ、「行政内部の自己評価との乖離が大きい場合には、その原因を検証し重点的に事業の見直しを検討することとする」とされた。そのため、二〇〇五年度の事務事業評価の実施方針に定められた評価基準[36]に基づいて、委員会委員のそれぞれの識見から評価するとされた[37]。

これらから窺えることは、市としては、①委員会に内部評価と同じ評価基準を用いて評価をするという三次評価を期待していたこと、②その際に委員会には市民意見の代表性は期待されていないこと、③委員会の外部評価と内部評価の乖離のある項目を重点的に内部検討・見直しの対象とすること、を考えていたことである。つまり、同じ評価基準を用いながらも、異なる評価意見が生じることを期待し、それをもとに庁内的な政策決定に繋げようという指向を持っていた。委員会に代表性を期待せず、市が提示した評価基準に従うことを求めることで、《民主主義体制のなかの非民主主義的な主体》である委員会が直面しやすい「代表性＝正統性の不足」を回避し、最終的には市長の民主的正統性のもとでの政策決定に繋げようということである。その前提としては、内部評価と外部評価に乖離があることを公的に是認するものであった。いわば《代表性なき外部評価意見と内部評価の間の乖離に基づく事業の検証・見直し》という第三者評価モデルである。

二〇〇六年二月二四日に開催された正式の第一回委員会では、この点がより明確にされた[38]。行政評価の目的は、①行政評価制度の間主観性・透明性・討議性を確保する、②行政評価による改革を外部の視点から推進する、とされた。そして、委員会の役割は、評価制度に対する提言が七割程度、三次評価が三割程度の比重、とされた。

第三者評価をどのようなものにするのかは、委員会の議論の論点であった。事務局（行政経営課）は、例示として五パターンを示した[39]。

パターン１：事務事業の内容自体を評価：事務事業数が膨大なため網羅は困難

パターン２：事務局が指定した事務事業を評価

パターン3：委員会が指定した事務事業を評価：委員会が事業内容に精通していないと選別が困難
パターン4：補助金・民間委託など、横断的なテーマに沿った事務事業を評価
パターン5：評価システムが適切に作動しているかについて追跡・検証

このうち、パターン5は、制度監視型評価として後に提言されるものである。それ以外は、どのように三次評価をするかの例示である。このうち、パターン2が陪審員型として提言されるものの原型である。

②　二〇〇五年度第三者委員会提言

二〇〇六年三月に、委員会は「立川市の行政評価制度に対する提言書〜予算編成・総合計画と連動したシステムの構築に向けて〜」（以下、「提言書」）を取りまとめた。提言書は全体で四部構成で、その要旨は以下の通りである。

「はじめに」では、委員会の基本スタンスが表明されている。行政評価制度は、評価結果を活用する手法が確立しておらず、有効に機能させるのが困難なツールである。そこで、第三者で構成される委員会を設置して、内部に限られない視点を導入することとなった。しかし、市政に必ずしも精通しない第三者が、限られた人数と時間で、事業・施策内容そのものを評価することは技術的に困難である。また、委員会は、客観性を担保しているとも、市民意見を代表しているとも言えない。それらの点を踏まえて、委員会を活用する行政評価制度のあり方を根幹から検討して提言する。具体的には、予算編成・総合計画と連動したシステムとしての行政評価制度を、時間を要するかもしれないが、目指すこととした。

「Ⅰ　平成一七年度　行政評価の運営実態について」は、既存の行政評価制度に対する《評価》、つまりメタレベ

ルの《評価》、を行っているものである。二〇〇七年度の行政評価は事務事業を対象とし、そのうち、重点見直し事業（四〇事業）を指定することで重点的に予算査定を行い、事業の見直しにつなげた。また、担当職員が評価表を作成することで、一定の意識改革の成果はあったという。また、評価表の作成過程への調査によって、「よき前例」の取組を明らかにした。その意味で《「評価」はある》。

しかし、重点見直し事業以外では予算編成へのつながりは、各所管課の自律性に委ねられ、システム化は欠けている。予算編成・総合計画と連動したシステムとして、施策・大施策を意識した取組が求められているという。また、委員会は、庁内の一次評価・二次評価の評価表をさらに評価するという三次評価を試行した。そこからは、評価表の記載自体は、市民に分かりにくい、抽象的、目的と論理整合的ではない、他からの転記部分が多い、などの問題が見られた。その意味では、《「評価」はない》というわけである。

委員会の課題認識は、特に評価手続が中心であった[40]。一次評価（各部課）では、職場全体の取組になっていない、評価表作成自体が自己目的になっている、課によって取組に温度差がある、行政経営課（評価担当部署）の指示が不充分である、という諸点である。二次評価（庁内横断の行政評価委員会）では、時間が限られている、それでも庁内部課長の拘束時間が長いという反発がある、などである。また、実施時期が遅く予算要求に反映しにくい、重点見直し事務事業以外は予算編成に反映されているか不明である。さらに、評価が本来業務として捉えられず、本来業務を圧迫するものとして自課・自分と切り離される部課・職員もあり、結果として全庁的な取組にならず温度差が生じる。このため、（a）評価の活用目的を明確化する、具体的には、予算などに反映させる仕組みとし、本来業務として捉えられる全庁的な取組にしつつ、（b）担当者・評価者に緊張感を持たせる、ことを重点課題とした。

「Ⅱ　第三者評価制度の確立に向けた提言」では、右記の重点課題への処方を検討している。（a）のためには、評価から予算編成に繋がるPDCAサイクルの確立が必要であり、そのために、基本計画の施策体系に基づき、各部が行政評価（特に施策評価）の結果を受けて「施策別取り組み方針[41]」を予算要求前に作成し、その方針に基づき予算編成（要求・査定）を行うこととした。そして（b）を目指すことが委員会の役割の中心とされた。委員会は、行政評価の間主観性・透明性・討議性[42]を確保し、行政評価に基づく行政改革を推進することを支援する。そのために、全評価過程に併走する形で評価を行い、PDCAサイクルの構築のために緊張感を与えることとされた。

委員会がどのように行政評価システムに関わるかには、三つの案が示されている。第一は、個別施策・事業評価型である。庁内の一次評価・二次評価の結果をもとに、さらに委員会が自ら評価するという三次評価である。第二は、陪審員型である。一次評価を行う各担当課の評価・資料と、事務局（行政経営課）から示される論点を、委員会が付き合わせて、どちらの見解に妥当性があるかを陪審員のように判定する。第三は制度監視型である。行政評価から予算編成過程までの制度自体の運用の是非を監視する。端的に言えば、行政評価に基づいて施策別取り組み方針・重点見直し事業が決定されているか、また、それらを踏まえて予算編成が行われたか、という過程を「評価」する。そのうえで、委員会は、個別施策・事業評価型は、委員が事業に必ずしも精通していないため、困難であるとした。また、陪審員型は、不充分ではあるが第三者評価として試行したので不可能ではないが、同試行の結果、次年度より、各担当課と行政経営課が委員会の席上で相対するためには、双方（特に、行政経営課）の体制が整っていないとして、導入の判断には至らなかった。そこで、予算編成に直結する行政評価制度のシステム構築の観点から、制度監視型第三者評価の導入を主に提言している。

「Ⅲ　平成一八年度　行政評価取り組み方針（案）」では、右記の提言内容を具体的な方針とスケジュールに落とし込んでいる。方針は、①予算編成までのＰＤＣＡサイクルをシステム化する、②施策・事務事業を対象に行政評価を実施する、③二〇〇七年度「施策別取り組み方針」を決定する、④同方針が予算要求・編成に反映されるシステムの構築を目指す、⑤二〇〇七年度の「重点見直し事業」の指定を行い、事務事業のスクラップ＆ビルドを行う、とされた。

そのための年間スケジュール(43)として、

ステップ１：行政評価制度・工程表を庁内説明（行政経営課・財政課・企画政策課、五月）
ステップ２：施策・事務事業評価表の作成（各担当課長、五～六月）
ステップ３：二次評価（庁内の行政評価委員会、七月）
ステップ４－１：第三者事務事業評価（陪審員型三次評価、委員会、七月）
ステップ４－２：第三者施策評価（三次評価、実質的には施策別取り組み方針原案の審議、委員会、七月）
ステップ５：施策別取り組み方針の策定（施策担当部・総合政策部・財務部、八月）
ステップ６：予算編成過程第三者評価（制度監視型、委員会、九月～一月）
ステップ７：予算編成終了後第三者評価（制度監視型、委員会、二～三月）

をチャート図で示した(44)。これによれば、制度監視型外部評価だけではなく、三次評価も行うこととされている。

また、行政評価のシステム化までの中期的なスケジュールとして、四ヵ年の「中期的展望」も表により示している(45)。

図表1　2006年度の実際の進行

5月18日	係長級職員への行政経営課による説明会
6月1日	課長級職員への行政経営課による説明会
6月5日	第1回委員会：行政評価実施方針、委員会実施方針
6月28日	各担当課による事務事業評価表、施策統括課長による施策評価表の作成・提出期限
7月10日～14日	行政評価委員会による2次評価ヒアリングの実施
7月	施策別取り組み方針原案の作成
7月31日	第2回委員会：2次施策評価ヒアリングの課題検討
8月16日～18日	理事者による施策別取り組み方針原案に関する部長ヒアリング
8月25日	予算説明会
9月6日	政策会議「平成19年度施策別取り組み方針」了承
9月7日	第3回委員会：理事者ヒアリングの課題検討
10月26日	政策会議：施策別取り組み方針及び理事者ヒアリングの反省点
11月17日	第4回委員会：理事者ヒアリングの課題検討、予算要求状況の検討、市民型評価の試行状況
11月14日～24日	予算編成理事者ヒアリング
12月22日	予算内示
1月10日～15日	予算編成理事者ヒアリング（最終調整）
2月9日	政策会議：「平成19年度行政評価実施方針」
2月14日	第5回委員会：理事者ヒアリングの経費、予算内示結果、市民型評価の試行状況、提言書骨子の検討
3月16日	予算議決
3月22日	第6回委員会：行政評価の経費、提言書、次年度活動

③　二〇〇六年度の行政評価　～制度監視型第三者評価の設計・実施～

「提言書」を受けて、行政経営課は、二〇〇六年五月に、二〇〇六年度の行政評価の実施方針を定めた[46]。その概要は前年度の委員会審議に示された説明や「提言書」に沿っている。大きな変化は、八月に予定される第三者委員会による評価が、施策別取り組み方針原案等について制度監視型の観点から第三者評価を行うとされ、事務事業・施策の両レベルの三次評価が消えたことである。二〇〇六年度の具体的な進行は図表1の通りである。

五月～六月時点での想定では、第二回委員会を八月第一週に開催し、各部からの施策別取り組み方針原案のいくつかを第三者評価することとされていたが、実際には、二次評価ヒアリングの課題を検証することが中心となり[47]、施策別取り組み方針原案そのものを検討することは、ほとんどなされなかった。そのため、当初の想定よりさらに制度監視型に純化して運営された。そして、第三回委員会は九月の政策会議が終了し、施策別取り組み方針が正式決定されてから開催された。つまり、委員会は、あらたなPDCAサイクルのツールである施策別取り組み方針原案について評価を行う機会を持たず、むしろ、施策評価ヒアリング、施策別取り組み方針決定のための理事者ヒアリング、という庁内意思決定過程を、直後に第三者評価するという、制度監視型に純化していったのである。

このため、第三回・第四回委員会では、理事者ヒアリングのあり方自体が、詳細に第三者評価の対象となった(48)。理事者ヒアリングは右記三日間の日程で合計一六時間三〇分である。市長・助役（当時）・教育長・総合政策部長・経営改革担当部長（司会進行役）・行政管理部長・財務部長をヒアリング者に、各担当部長・担当部長指名職員（ほぼ全課長）を被ヒアリング者とし、オブザーバーが全部長・企画政策課長・行政経営課長・人事課長・財政課長、事務局が企画政策課・行政経営課・財政課職員であった。ヒアリングは、各担当部長の大施策の説明のあと、市長が一言述べて、助役を中心に理事者が大施策ごとに質疑を行ったという。

これまでも行われてきた予算編成ヒアリングは要求事業レベルの議論が中心だが、この行政評価での理事者ヒアリングでは見る位置を変えて施策の意味を目的と評価の観点から検証される機会となった。助役が特に各部長を叩く役割になったという。各部長も理事者との直接のヒアリングの機会は少なく、その点でも効果があったという。しかし、行政経営課などからは、内部的な反省も示された。第一は、理事者の時間拘束は難しいものの、実際ヒアリングをやってみると時間不足が否めなかった。第二は、各部長は施策間での優劣はないという回答に終始し、大施策内の優先順位付けはある程度できたが、大施策間の優先順位付けに失敗したことである。行政経営課は、理事者ヒアリングの最終日午後の総括の席上で、七つの重点大施策を選定しようとしたが(49)、総括ヒアリングでは時期尚早として打ち出すことはできなかった。重点化への議論が不足しており、行政経営課と各部長の認識ギャップがあり、事前にアナウンスはしていたが総括の議論では各部長の反論にさらされ、行政経営課の吟味不足が明らかであった。日程的にも、午前中にヒアリングをしてそのまま午後に総括決定をしようとしたことや、全部長職を総括ヒアリングに招集していなかったというミスもあったという。

委員会側からは、その他の課題も指摘された。第一は、各部長の「部門間で相互に口出ししない慣行」である。理事者ヒアリングには全部長へ出席依頼をしたが、実際に担当でないときには二～四名程度しか同席しないし、出席しても相互批判もしない。部長レベルでは、全庁的な責任感が共有されないのである。第二に、決定された施策別取り組み方針自体への第三者評価として、工程表に具体性が欠ける、新規充実という表現が過多である、空欄が多い、などである。なお、委員会での理事者ヒアリングへの第三者評価と並行する形で、政策会議（庁議）でも自己評価が試みられている(50)。

第五回委員会は予算内示を受けた検討であり、行政評価がどこまで予算編成にシステム化されたかを第三者評価するものである。施策別取り組み方針に記載された事業がどのようになったかの追跡調査では、大概は要求通りの査定となっている。ただし、一部は減額方向での修正がなされているが、これは予算査定では当然であろう。また、中には別途の政策判断を行った事業もある。これらの事業を中心に第三者委員会での質疑がなされた。マクロ的には、一三億円の事業充実、六億円の事業削減であり、差引七億円の増額に施策別取り組み方針は関連したことになる。ただし、充実のうち八億円は新庁舎関係であり、六億円弱の基金から調達しており、全体的には一般財源の枠内でのスクラップ&ビルドとも説明されている。

④　二〇〇六年度第三者委員会提言

二〇〇七年三月に、一年間併走した第三者評価活動を踏まえて、委員会は「立川市の行政評価制度に対する提言書」（以下、「二〇〇六年度提言書」）を取りまとめた。全体は二部構成であり、その要旨は以下の通りである。

「Ⅰ　はじめに」では委員会の基本スタンスが触れられているが、前年度と基本的には変わっていない。むしろ、庁内には依然として委員会が評価の名のもとで政策判断に踏み込んでいるという誤解と、誤解に基づく反発があるためか、「個々の施策や事務事業の良し悪しを評価して政策判断を下すものではない。委員会が評価するのは、あくまで行政評価制度の取り組み過程に対してである」と特記している。

「Ⅱ　平成一九年度　行政評価制度の実施に対する提言」では、二〇〇六年度の制度監視型評価を踏まえて、次年度への改善点を提言しているものである。その指摘事項は多岐にわたる。例えば、

- 評価は実施と同様に職員の本来業務の一環として取り組むべきである
- 行政評価制度の成否及び大局的なスクラップ＆ビルド（事務事業の取捨選択）の鍵は部長である
- 市民にとっての必要性が評価視点であり、廃止の決断に際しては、担当部だけに責任を負わせるのではなく、市長のリーダーシップのもとに全庁的な対応が必要である
- 職員は担当する事務事業の基本計画の施策体系での位置付けを把握すべきである
- 施策に関連する事務事業・部局間の連携を自発的に取るのは当然である
- 施策の優先順位付けなど施策体系の検証が必要である
- 予算査定結果は満遍なく予算化されており、選択と集中、スクラップ＆ビルドを徹底するべきである
- 事務事業評価は予算の事業単位と一致させるべきである

●各部から枠配分を超える予算要求がされているのは不適切である
●新規事業についても事前評価を検討すべきである
●施策の重点化やスクラップ&ビルドに市長のトップマネジメントが発揮されるべきである
●市議会でもスクラップ&ビルドなどに行政評価を活用すべきである
●行政評価の結果が見直しや予算編成にどのように反映されたのか市民に発信すべきである
●評価の実施に際しては、部長の責任ある関与のもと、所管課で議論をすべきである
●事務事業の見直しには期限を明記するべきである
●施策別取り組み方針は新規充実という予算要求の羅列に留まっている（ただし、予算的金額的な見通しが固まる前の策定であった問題もある）
●理事者ヒアリングではスクラップ&ビルドに積極的でないものは厳しい議論をすべきである
●全部長が出席した理事者・部長による集中的な政策論議の場が重要である
●政策論議では行政評価表という根拠に基づいた議論が期待される
●行政評価制度の費用や、見直し効果額を明示するべきである
●委員会は行政評価システムの構築が目的であり、三ヵ年で区切りをつける
●次年度（二〇〇七年度）の委員会は最終年度として、政策決定・マネジメント全般への検証を行う
●〝委員会は政策判断しない〟ことを職員に再認識してもらう

などの指摘がされている。

（3）市民力型外部評価

①　二〇〇五年度第三者委員会提言

すでに述べたように、委員会は自らの民主的正統性・代表性には、懐疑的である。「提言書」では、少人数（委員数五名、学識者二名、市民三名）で構成されるため、市民意見を代表する正統性があるとは言えない。従って、事務事業・施策そのものを評価しても、市民意見を代表したことにはならない。その機能は議会の役目としている。そのため、（2）で見たように、制度監視型という、評価そのものから一歩距離をとって、総合計画・予算編成に繋がるシステム自体の構築を目指す方針を採った。しかし、委員会は、第三者評価でも市民感覚・世論を反映することは重要と考えている。そこで、委員会は試論的に、以下の五つの案を提示している。

(1)　市民力型[51]行政評価：事務事業・施策評価を評価する市民・市民団体を公募で募集して、市民評価をする。評価主体は立川市民（在勤・在学・交流市民を含む）に限定する。

(2)　一次評価へのパブリックコメント：市民から自由に評価意見を提出する機会を設ける。ただし、市民意見が多く出て来ない可能性もあるので、広報活動が不可欠である。

(3)　市民意識調査：一次評価に市民意識調査結果を活用することで、所管部課の一次評価の段階で市民感覚を反映する。その意味で、意識調査の設計自体が、市民感覚を踏まえた行政評価には重要である。

(4)　公聴会：委員会の審議の場で、市民意見を取り入れる公聴会を開催する。

(5)　広聴機能の活用：日常的な市民意見・苦情の声を集約して、行政評価に活用する。

これらの市民評価の方式は相互排他的ではないが、委員会が特に提言しているのは(1)の市民力型行政評価である。当面、二〇〇六～〇七年度は研究・試行段階として、位置付けている。そこでの評価実施市民団体は、特定分野に携わる市民・団体ではなく、市政全般のバランス判断ができる施策全般にわたる活動を行っている団体を想定している。つまり、市民力型行政評価が、特定利害関係者による陳情・要求活動にならないためである。他方で、市政への一定の知識を持っている必要もある。この観点から、試行団体としては、総合計画である第二次基本計画の策定に携わった市民委員[52]で自主的に組織されている「たちかわ協働みらい会議」を想定している。ただし、この提言は同会議との組織的な摺り合わせをしたものではなく[53]、委員会側の一方的な期待表明である。

なお、正式の市民力型行政評価は、全ての市民に開かれたものでなければならないとしている。市民意見の代表性という委員会の観点からは、自発的に公募してきた市民・市民団体の全てによる評価を想定していよう。特定の市民・市民団体（試行段階で言えば、「たちかわ協働みらい会議」）を行政側が選抜・指定するのでは、それが市民を代表しているという根拠を失うからである。もちろん、応募してきた市民・市民団体の意見が、全市民を代表あるいは反映している保証は全くない。しかし、公募した全ての市民・市民団体は評価主体になり得るとすれば、仮に、既存の市民評価が「偏向」していると《評価》されるとしても、そう考える市民・市民団体が、自ら「公正」と《評価》できる市民評価を自ら行う途が保証される。実際、「提言書」でも、「たちかわ協働みらい会議」以外に、市民力型行政評価の試行に名乗りを上げる市民団体が出てくることを期待はしている。

②　「たちかわ協働みらい会議」による試行

「提言書」の提案に対して、「たちかわ協働みらい会議」では市民力型行政評価の試行を行うことがなされた。その経過は、二〇〇六年度第四回委員会（一一月一七日）・第五回委員会（二〇〇七年二月一四日）で報告されて

ば、

いる。[54] それによれば、三回で各回二時間程度で、事務事業評価を行ったという。関わったメンバーの所感によれば、

(1) 市民・民間・当事者感覚による評価には一定の「手応え」はあった。

(2) 同会議の性格かもしれないが、陳情・要求型の評価にはならなかった。

(3) 行政と協働の経験のある市民でないと難しいという感触があった。役所側のものの考え方を理解できないと、判断が難しい。これは理解力によるか慣れによる。

(4) 人数が少なかった（三名から六名）が、三人寄れば文殊の知恵とも言える。

(5) 一つの報告・答申にまとめず、自由意見列記が望ましい。責任を持って評価しようとすると、意見が出にくくなるからである。

(6) 責任ある施策への反映は議会の責任であり、市民評価ではないという前提に立った。

(7) 三回で一五事業しか検討できない。時間が掛かるので何百もの事業は見切れない。

(8) メンバーの中には、「サービス削減を市民を巻き込んで行うもの」として捉え、参加しなかったものもいた。

というものであった。

③　二〇〇六年度第三者委員会提言

「二〇〇六年度提言書」では、市民力型行政評価の試行結果についての所感と展望がまとめられている。それによれば、以下の所感が指摘されている。

(1) 所管課・事業担当者の出席が、事業の細部を知るには不可欠である。とはいえ、市民が職員を〝糾弾〟した

り、反対に〝陳情〟したりする懸念もある。しかし、市民からの質問に職員が答えることは、説明責任の観点から有効である。

⑵　実施主体は、試行段階では事務事業に対しては中立の市民団体であったので、しがらみのない評価が可能であった。事務事業に関係する市民団体に聞くことは、事業背景を踏まえた検討が可能であり、よりよい仕組みになると考えられる。しかし、行政への要求型の議論になる懸念も残る。そこで、公募や無作為抽出など一般市民の参加と、関係団体からの参加との混合型とすることが考えられる。なお、人数は、有効な議論のために、一五名程度が望ましい（大人数であれば一五名程度の分科会にする）。

⑶　評価対象は全事務事業が望ましいが、時間が相当に掛かることが確認された。そこで、市が提示する事務事業に限定するとか、施策単位で行うなどの対処が必要である。

⑷　評価結果の反映されない前提での試行のため、自由で活発な発言ができたが、政策に反映されるとなると責任を感じて発言はしにくくなる。しかし、市政に反映することが担保されなければ、「ガス抜き」「アリバイづくり」という批判も出かねない。そこで、「市の政策判断の参考資料として最大限に尊重する」という位置付けが望ましい。発言の萎縮や遠慮が起きないためには、傍聴や会議録の作成方法に工夫が要る。また、提言・答申として取りまとめるときには、両論併記の方向で検討すべきである。

これを踏まえて、展望が示されている。それによれば、次期の総合計画である第三次基本計画の策定の市民参加の過程に市民力型行政評価の導入が検討され得る。市政をあまり知らない参加市民にとっても勉強会を兼ねることになる。また、基本計画はビルドの議論が中心になるが、その前提として財源捻出のためにも、スクラップの視点での評価は有益とされている。このように、市民力型行政評価を、総合計画の策定過程の前段に連続的に位置付けることが展望されている。ＰＤＣＡサイクルを総合計画に構築するとすれば、企画立案の前に評価がなければならないのであり、ある意味で自然な位置付けであろう。

（4）二〇〇七年度

冒頭に触れたように、二〇〇七年度も制度監視型第三者評価を含む行政評価制度の運用が行われている。

二〇〇七年度の行政評価実施方針に関しては、二〇〇七年二月九日の政策会議で決定され、第五回委員会で提示された[55]。見直しの基本方針は、①財務会計システムの導入による事業別予算に合わせて、予算を伴わない事務事業を含めて、目的体系図を整理する。②施策評価によって施策体系における事務事業の位置付けを確認したうえで、事務事業評価を中心に取り組む。③重点見直し事業を市の決定事項として明確にする、というものである。

政策会議では、重点見直し事業は予算に確実に反映させ、それ以外は予算編成の判断材料として活用するという仕分けが確認された。予算編成に関わりすぎる行政評価になりすぎており、政治的配慮などもあるので評価を予算に直結できない、という意見を反映している。施策体系は政策会議でも賛否両論が分かれた。結局は、第二次基本計画を変えずに踏襲するが、目的・施策体系を整理する必要があるという対処をする。また、施策は評価単位として無理があるという意見を受けて、事務事業評価を中心とすることとなり、施策評価表は事務事業の位置付けを確認するとともに、優先順位付けの際の資料とするに留めた。

そして、「各部の運営方針原案」を予算要求前に各部に作成させるのではなく、予算要求段階で運営方針を提出させることとした。これは、予算要求前に取り組み方針原案を策定することは、財源的裏付けが不確定ななかで取り組み方針を定めることとなり、枠配分された予算枠での自主的な各部内スクラップ＆ビルドの原則を無視する

図表2　2007年度の実際の進行

4月24日	課長対象の行政経営課による説明会
4月25日～27日	一般職員対象の行政経営課による説明会（注56）
6月15日	各担当課による事務事業評価表、施策統括部長による施策評価表の作成・提出期限
6月25日	第1回委員会：行政評価実施状況、第三者委員会実施方針
6月末	行政評価委員会ヒアリング対象事務事業の抽出
7月19日	政策会議：ヒアリング対象事務事業の決定
7月23日～27日	行政評価委員会による2次評価ヒアリングの実施 ：重点見直し事業の候補を挙げる
8月24日	政策会議：重点見直し事業の決定
9月2日	市長選挙
10月19日	平成20年度予算編成について（いわゆる予算編成方針、市長決定）
10月19日	第2回委員会：評価表の策定手順の第三者評価　行政評価委員会ヒアリングについての第三者評価　予算編成に向けた取組の第三者評価 リーディングプロジェクトの進捗状況の第三者評価
11月13日	概算要求期限、「各部の運営方針【暫定版（案)】」の作成
11月19日～30日	予算編成理事者ヒアリング（各部半日相当）
12月7日	「各部の運営方針【暫定版】」の決定
12月26日	予算内示
1月10日～17日	予算編成理事者ヒアリング（最終調整）
1月28日	政策会議：予算案決定
2月7日	第3回委員会（注57）：「各部の運営方針【暫定版】」および重点見直し事業についての第三者評価、予算編成理事者ヒアリングについての第三者評価、次年度の行政評価実施方針について
1月～2月中旬	最終予算案との整合を図り、「各部の運営方針【暫定版】」の補正
3月上旬	政策会議：「各部の運営方針」の決定

（つまり、ビルドに偏した）方針を策定する傾向がある、という経験を踏まえたものである。また、全体にスケジュールに余裕を持たせることが了解された。また、前年度の「施策別取り組み方針」ではなく、「各部の運営方針」に改めたことも、大きなポイントである。これは、予算要求が部単位で行われることから、施策評価の結果を集約して、部としての取組方針をつくる趣旨であるという。

こうして、事務事業評価（主管部課）→ヒアリング対象事務事業の抽出（総合政策部・財務部）→行政評価委員会ヒアリング（助役以下）→重点見直し事業の決定（政策会議）→予算編成方針→予算説明会→予算要求＝各部の運営方針原案、というフローに修正されたのである。

二〇〇七年度の具体的な進行は図表2の通りである。[56][57]二〇〇七年度は、市長交代が行われた選挙が九月にあったため、行政評価の民主的統制の観点からは、難しい点もあった。というのは、重点見直し事業は予算編成に直結させるという、行政評価システム上の仕切りが既決されていたが、それを決めたのは前市長時代であったからで、前市長時代の決定に拘束されるPDCAサイクルであった。とはいえ、行政に一定の継続性があり、また、市長交代で恣意的に政策選択が歪むことは適切ではなく、こうしたサイクルのシステム化は一定の意味がある。

他方で、通常は八月末に出される予算編成方針「平成二〇年度予算編成について」[58]は、市長交代を受けて一〇月中旬になった。予算編成方針には、「生活重視」や「スピード感」という新市長の思いは強く反映されている。また、行政評価のシステム化が目指してきたこと、つまり、行政評価を用いて「施策の優先度などを的確」に決定し、「諸制度の変更・廃止などについては市民に対して丁寧に『説明責任』を果たしていく」ことが、新市長にも確認された。そして、「生活重視のまちづくり」を具現化するために、行財政改革、環境・まちづくり、教育・子育て、安全・福祉の四つの政策視点を重点項目とした。概算要求は、一般財源枠配分方式を継続し、新規施策についても枠配分額の範囲で既存施策を見直して予算編成するとしている。[59]特別指示事項として、事務事業評価を踏まえて、全ての施策について改革改善・見直し・事業展開を図るとされた。[60]また、重点事項として、施策の優先順位を定めた。[61]

各部長は、枠配分額内での予算の概算要求が求められ、それを超える予算見積書の提出は原則として財政課は受理しないこととした。既存施策とのスクラップ&ビルドを原則としたのである。[62]各課・経費ごとの配分は部長の裁量とし、前年度までの財務部長ヒアリングを廃止し、直接に市長ヒアリングにすることとした。「部の単位」で行うというのは、各部長の声によるという。もちろん、部によって課の壁を越えられる一体感があるかどうかについては強弱がある。また、次長・課長補佐のない職制のため、部長を補佐するのは筆頭課長・庶務担当係長だけしかいないという限界があり、部課長のリーダーシップに期待されている。これを受けて予算要求、「各部の運営方針【暫定版】」の策定および予算編成理事者ヒアリングが進められた。いずれも新市長就任後であり、政権交代を踏まえて、円滑に施政方針と予算につなげる工夫もなされている。

（5）小括

第三者委員会の活動は、二〇〇七年度をもって終了した。もともと、制度監視型第三者評価は、自治体が自己評価を行うことが基本であり、そのような制度が円滑に進行することを第三者として伴走するという発想になっていたからである。また、市民力型行政評価は、多くの市民が参加する舞台が必要であり、現実的には、行政評価のための市民参加による第三者委員会ではなく、次期総合計画の策定の際の市民参加と一体不可分で行われることを期待していたからである。

行政評価の結果を受けて、市としての経営方針を策定するスタイルは、第三者委員会が閉鎖された後にも定着している。直近で言えば、二〇〇八年八月の平成二一年度経営方針に続けて、二〇〇九年八月に「平成二二年度経営方針」が策定され、二〇一〇年度の市政運営において重点的に取り組むべき施策の方向性や重点見直し事項を早い段階に明らかにし、その後の予算編成、制度改正などにつなげている。その意味で、行政評価を政策立案にフィードバックするというPDCAサイクルの外形は整備されたといえよう。

しかしながら、第三者委員会は、行政評価の中身に直接的には関与していないし、また、庁内の意思決定である「経営方針」の意思決定に関わるものでもない。これは、行政評価とはあくまで内部自己評価であるという委員会の方針を反映したものでもある。そのため、庁内の関係者からも、行政評価やそれを受けた「経営方針」では、なお、庁内や関係団体とのしがらみのゆえに、充分な切り込みがなされていないという不満もあるようである。二〇〇九年一一月一六日の行財政問題審議会の答申では、これまでの行政評価制度を検証し、形骸化を防ぐため、評価対象の重点化を行うなどの工夫や改善を図るとともに、事業仕分けなどへの外部評価の活用を検討すべきとされている。いわば、「評価はない」と《評価》されているのである。その意味では、市民力型行政評価のような、市民による外部評価（第三次評価）が、なお求められているのかもしれない。第三者委員会の目指した内部自己評価の実効化は、第三者委員会による制度監視型外部評価の終了とともに、官僚制的な日常業務に吸収され、「形骸化」していったものと考えられる。しかも、本来は、市民による外部評価の好機である総合計画の策定の市民会議体[63]において、必ずしも外部評価の視点は活用されなかったようである。その意味で、市民力型外部評価さえも、さらに先送りされたといえる。結局のところ、内部自己評価は実効化せず、さりとて総合計画策定時の好機を外部評価としても活用できず、流行の「事業仕分け」なるものに言及しつつ、次期統合計画・行革計画のなかで検討するものとされたのである。

(32)　より正確には、二〇〇二年に試行開始（各課一事業）、二〇〇三年に試行（各係一事業）、二〇〇四年に試行の拡大（約五〇〇事業）、二〇〇五年が本格実施（約五〇〇事業）、二〇〇六年に施策評価の試行、二〇〇七年が施策評価の本格実施（事業別予算の開始により約七〇〇事業）、という経緯である。その後は二〇〇八年現在まで公表されており、二〇〇九年度も継続中である。

(33)　http://www.city.tachikawa.lg.jp/cms-sypher/www/service/detail.jsp?id=1366 参照、二〇〇九年七月二九日最終アクセス。

（34） 「市民力型評価」については、（3）で後述する。本文にある通り、現行の立川市の行政評価では、「市民力型評価」は本格実施されるには至っていない。

（35） その時点での想定は、学識委員一名、市民委員三名で、一月下旬から三月上旬までに三～四回開催するというものであった。市民委員がいるので、原則平日夜間か土曜開催であるが、うち一回は主管課ヒアリングを予定していた（恐らく三次評価のため）ので、平日昼間開催もあり得るというものであった。

（36） 立川市「行政評価における評価基準（概要）」二〇〇六年二月六日付、委員会・資料2。それによれば、必要性（五段階）、効率性（五段階）、有効性（五段階）、事業の現状（四段階）、外部委託の可能性（必要性と連動）、総合評価（今後の方向性、六区分＝拡充、現状維持、改善・効率化、縮小、終期設定、休止・廃止）である。

（37） 立川市「平成一七年度 行政評価における第三者委員会のあり方について」二〇〇六年二月六日付、委員会・資料1。

（38） 立川市「平成一七年度 立川市行政評価第三者委員会の進行方針（案）」二〇〇六年二月二四日、委員会・資料1。

（39） 立川市「事務事業評価における第三者評価実施パターン（例示）」二〇〇六年二月二四日、委員会・資料5。

（40） 立川市「立川市における行政評価制度の現状と課題（行政経営課把握分のみ）」二〇〇六年二月二四日、委員会・資料3、も参照。

（41） いかなる理由かは判然としないが、「取組方針」や「取組み方針」ではなく「取り組み方針」という表記を用いている。

（42） ここでの間主観性とは、各委員、各部課がそれぞれの主観を複数出し合うという意味である。そのため、評価過程は、評価の結論が出る前から「透明性」を持つし、評価過程では庁内外関係者間での異なる意見による討議がなされることになる。

（43） 立川市「平成一八年度 行政評価制度取り組み方針（概略）―政策会議決定事項要旨―」二〇〇六年二月二四日、委員会・資料2、によれば、委員会の非公式の見解をもとに、市行政内部の検討を経て、委員会に諮られたことが分かる。委員会が三次評価を行う方針は、この段階でも明示されている。

（44） 「提言書」一一七頁。

(45)「提言書」二八頁。

(46) 立川市行政経営課「平成一八年度　行政評価の実施にあたって～予算・総合計画と連動したシステムの構築に向けて～」

(47) 立川市「平成一八年度　施策評価試行の取り組みにおける課題検討シート～二次評価ヒアリング終了時点～」二〇〇六年七月三一日、委員会・資料5。施策評価について、以下の七つの課題にまとめられている。①評価が困難な施策の取扱い、②評価の視点が一致していない、③複数の施策に貢献している事務事業の取扱い、④市民への公表、⑤基本計画と施策評価表の関連、⑥施策の優先順位付け、⑦その他（ヒアリングで部長の日程を拘束しすぎ、基本計画が職員に意識されていない、職員が施策という視点に慣れてない、予算・組織が計画とリンクしていない、二次評価コメントが喚起力がない、など）。

(48) 立川市「施策別取り組み方針　理事者ヒアリングを終えて」二〇〇六年九月七日、委員会・資料9。

(49) 立川市行政経営課「平成一九年度　施策別取り組み方針（案）～予算要求にあたって」二〇〇六年八月一八日理事者ヒアリング総括提出資料。二〇〇六年九月七日、委員会・資料10。

(50) 立川市「政策会議概要（平成一八年一〇月二六日）議題：施策別取り組み方針および理事者ヒアリングの反省点について」。二〇〇六年一一月一七日、委員会・資料13。

(51)「市民力型」という表現も、立川市独自のものである。「市民力」という用語は、第三次長期総合計画（二〇〇〇年度～二〇一四年度）第二次基本計画（二〇〇五年度～〇九年度）の副題「市民力と連携のまちづくり」に用いられている。

(52) つまり、総合計画の策定段階だけではなく、総合計画の進行管理段階にも、市民参加を入れるのが、市民力型行政評価の狙いと言えよう。

(53) ただし、委員会の三名の市民委員のうち、二名は「みらい会議」のメンバーである。もともと、第三者委員会の委員人選では、「市民意見を代表するものではなく、……委員各位それぞれの識見から評価」をすることを期待していた（「立川市政策会議資料編集版」、日付なし（おそらく二〇〇六年一月ごろ））。たちかわ協働みらい会議は、「第二次基本計画の策定に携わったみらい会議のメンバーが発展的に発足させた会議」で、「施策評価による第二次基本計画の進行管理に適任である」と備考記されている。なお、もう一人は、立川市行財政問題審議会の公募市民委員である。これは、行政評価制度が、経営改革プラン（いわゆる行革計画の一種）の取組項目の一つであり、いわゆる行革審議会である右記審議会のメンバーが適任とされている。

(54)　たちかわ協働みらい会議「市民型行政評価試行を実施した市民グループ代表責任者としての所感」二〇〇七年二月二日付。二〇〇七年二月一四日、委員会・資料19。

(55)　立川市「政策会議決定（二／九）　平成一九年度行政評価実施方針（概要・第三者委員会用）」。二〇〇七年二月一四日、委員会・資料19。

(56)　説明会は積極的な出席があったが、質問は主として財務会計システムに関することが多かった。

(57)　なお、事務局は一二月中の開催で日程調整をしていたが、なかなかうまくいかずに、開催が二月にずれ込んだものである。

(58)　立川市「平成二〇年度予算編成について（抜粋）」二〇〇七年一〇月一九日市長決定。二〇〇七年一〇月一九日、第二回委員会・追加資料。なお、この時点の財務部長は、二〇〇五年度末に第三者委員会を立ち上げた当時の評価所管部長（経営改革担当部長）である。

(59)　明文化されていないが、行政評価の活用が示唆されている。

(60)　各部運営方針を意味している。

(61)　具体的には、①基本計画推進（行財政改革、情報公開）、②福祉・保健（障害者・高齢者・子育て支援）、③生活環境（ごみ減量、地球温暖化対策）、④教育・文化（たちかわ市民交流大学、子どもの居場所づくり、教師の指導力向上、学校教育（習熟度別授業など）、スポーツ振興）、⑤都市づくり（立川駅南口周辺、都市観光、安心・安全）、⑥産業（商業、都市農業）である。これを重点化と「評価」するか、総花的と「評価」するかは評者によって異なろうが、市としては重点化として理解している。

（62）なお、枠配分内のスクラップ＆ビルド原則は予算要求という「入口」のものであり、理事者査定を経た「出口」ベースでは、変更し得るものである。理事者ヒアリングでは、枠を超えることを議論することになる。

（63）第三次基本計画策定市民会議として、七一名の市民により、二〇〇八年一〇月から二〇〇九年七月まで開催された。全体会の他に、計画推進分科会、政策分野別の五分科会、幹事会に分かれて検討を行い、提言書を取りまとめた。通常の、総合計画策定のための市民会議体であり、必ずしも外部行政評価の市民参加とはなっていない。その後の総合計画審議会に相当する第三次基本計画策定懇談会（二〇一〇年三月〜五月、計六回開催）でも同様である。同懇談会は、学識者二名、団体代表六名、市民会議代表二名である。

4　事例研究（2）〜世田谷区〜

（1）　はじめに

行政評価は、すでに述べたように、全国に普及しており、また、自治体発の自生的な取組であるため、多様な形態を採るとともに、同一自治体でも変態を遂げていくことができる。そこで、一つの事例では不充分と思い、もう一つの事例として世田谷区を採り上げる。もちろん、これまでの事例と同様に、「先進的」だからという理由で、採り上げるわけではない。むしろ、行政評価が直面している悩みと難しさを提示することが目的である。

世田谷区役所公式ホームページ（最終更新二〇〇九年四月二四日）[64]によれば、行政評価とは、「『行政活動を一定の基準・視点に従って評価し、その結果を改善に結びつける手法』のことです。区では、限りある資源を有効に活用し、効率的な行政経営を進めるため、自らの取組みを振り返り、成果に対する評価を行い、課題や今後の進め方についても明らかにする行政評価を実施しています。その結果については、次年度以降の計画や予算への反映を通じて、区の行政経営に役立てています」とされている。行政として「経営（マネジメント）」が重要となっているため、その手法として行政評価を考えているという。このように、世田谷区の行政評価は、行政経営の改善ということを重視している建前となっている。

（2）概要

① 経緯

世田谷区では、比較的に早期の一九九九年度に一部試行を開始し、二〇〇〇年度から、区の実施する全事務事業を対象とし、必要性・有効性・効率性の視点から評価する「政策評価制度」を導入した。右記の通り、行政評価（当時の用語でいえば「政策評価」）は、「行財政改善推進計画」に結びつけられ、事務事業の改廃に効果を上げていた。しかしながら、一通りの行政改善あるいは行政整理が終わると、同じ手法ではそれ以上の改善効果が上がらなくなることはしばしば見られることであり、この政策評価制度も同様だったようである。そこで、行政評価の手法自体も、変態を遂げていかなくてはならない。こうして、政策評価委員会によって行政評価のあり方についての検討が諮られ、二〇〇五年二月に「『行政評価のあり方』検討報告書」としてまとめられた。その後の数年の行政評価制度は、この報告書をもとにして行われた。

② 行政評価制度の目的

行政評価制度の目的は、以下の四つであるという。第一は、目的―手段関係の明確化である。区政運営の効率化のためには適切な目標を定めて、これを実現する手段を体系化する必要があるという観点から、政策―施策―事務事業の三層の計画体系を構築するという。つまり、いわゆる総合計画の体系が、目的―手段関係を評価する際の基盤となるという位置付けである。

第二は成果管理である。そこで、客観的な数値指標を作成し、目標達成度を示すことに比重が置かれた。なお、ここでいう「成果」とは、効果（アウトカム）を意味しているとは限らない。区民生活に直結するアウトカムの指標の方が望ましいとされるが、計測することが困難ということや、効果が現れるまで時間を要するということから、アウトプットを対象としている。このような用語法に基づく「成果」の定義であるから、アウトカムをイメージする者が見ると、評価表で主として設定されている指標は、違和感が生じることとなる。

第三は、区民への分かりやすさである。行政評価は、行政の透明性を高め、区が区民に対してどのような取組を行っているのかを説明する機会である。さらに、評価結果を分かりやすく公表することは、区民の関心を高め、区政参加をさらに進める狙いもあるという。いわば、上位目的が存在している。

第四は、マネジメント・サイクルの強化にあるとされる。評価結果を成果の可否の判断で終わらせず、以降の区政運営に活かすために、計画→実行→評価→改善→計画というサイクルを確立する。そのためには、行政評価制度は、評価表を記載することだけでは終わらず、決算附属資料や予算要求基礎資料として活用し、評価結果を予算編成や計画改定に反映させることまで含むこととなる。

③　行政評価制度の対象・基準

総合計画のうち、二〇〇五年度開始の実施計画は、「実施計画事業」―「実施計画事業を構成する事業」―「実施計画に該当する事務事業」という、三層体系を有している。総合計画体系を与件とするため、これら三層を「政策」―「施策」―「事務事業」として、目的―手段関係にあるとして評価をすることになる。マネジメント・サイクルという観点から、実施計画のサイクルを念頭に置いていると観察することができる。特に、政策レベルの評価が導入されたことは、大きな括りを区民に実感しやすい指標で評価するという狙いもあり、区民に分かりやすい評価を目指してもいる。しかし、同時に、全ての事務事業が行政評価の対象には入っていないことにも、留意が必要になる。対象となっているのは一五四の実施計画に該当する予算事業であり、約九〇〇のその他の事務事業は実績・コスト管理しかしない。

行政評価は内部評価と外部評価からなる。区の所管部課による評価は、（a）実績・目標達成度に対する評価、（b）目的手段関係に関する評価、（c）目標達成に向けた課題の整理、（d）課題への対応方針、今後の進め方、の四つの視点に基づく。外部評価は、評価の客観性・信頼性を高めるために、区の自己評価のうち政策評価・施策評価について、公募区民・学識経験者で構成される外部評価委員会が行う[65]。外部評価の視点は、（a）目標の設定は適切か、（b）指標の設定は適切か、（c）目標達成のための手段は適切か、（d）目標達成のための課題把握は適切か、（e）評価は適切で分かりやすいか、というものである。これらの内部・外部評価を受けて、次年度の予算・計画改定にどう反映させたかを明らかにするという。

④　行政評価の日程

マネジメント・サイクルの強化、あるいは、行政評価に基づく行政改善を重視するのであれば、政策決定の年間スケジュールにどのように行政評価を位置付けるかが重要になる。これが、一月から二月頃に取りまとめて公表さ

れる「評価を踏まえた取り組み」の役割である。世田谷区で二〇〇六年度に実際に採られた日程は、

四～六月　区による内部評価（自己評価）
四～五月　所管部課による一次評価
六月　主管部による二次評価
　最終的には行政経営改革推進委員会（庁内委員会）で確定
七～八月　外部評価
八月下旬　決算附属資料（自己評価結果を反映）の完成
九月　区議会（決算議会）への報告
一〇月　行政評価結果の一般区民への公開（ホームページ）
一一～一二月　外部評価
一月　「評価を踏まえた取り組み」の作成
二月　区議会（予算議会）への報告（区による自己評価結果・外部評価結果、「評価を踏まえた取り組み」）
三月　行政評価結果の一般区民への公開（ホームページ）

である。

二〇〇七年度も基本的には同じ進行でるある。ただし、二〇〇六年度の外部評価は、七～八月の時期と、一一～一二月の二つの時期に分けて行われたが、二〇〇七年度の外部評価は、六～七月の時期に集中して行われた。なお、区の自己評価は毎年度、全ての対象に対して行っているが、外部評価は委員会の労力の限界から、二ヵ年をか

けて全二〇政策を対象とした。逆にいえば、各年度では必ずしも全ての領域の政策・施策が外部評価を受けているわけではない。また、二〇〇八年度は、内部評価である一次評価・二次評価の進行は同じであるが、外部評価は行っていない。また、実施計画（二〇〇五年度～〇七年度）の最終年度の実績に対する評価になるため、二〇〇七単年度に対するの評価ではなく、三ヵ年の評価を行った。なお、外部評価はなくなったのではなく、二〇〇九年度には、新たに六名からなる外部評価委員会[66]が設置されて、外部評価を再開している[67]。ただし、二〇〇六年度～〇七年度の外部評価委員会とは、メンバー構成も、運営方法や視点も異なっている。そのため、本稿の以下の記述は、二〇〇六年度～〇七年度の外部評価を対象としている。

（3）外部評価の実際

以上が世田谷区の近年のある時期（二〇〇六年度～〇七年度）行政評価制度であるが、内部評価に関しては、総合計画体系に基づく政策・施策・事務事業に対して、一次評価、二次評価を行うものであり、比較的に標準的な手法に従っている。それに対して、二〇〇八年度を除き、外部評価が行われている。世田谷区役所公式ホームページ（最終更新二〇〇九年七月一五日）によれば、「行政評価は、まず行政自身が取り組む（区による自己評価）必要がありますが、評価の客観性・信頼性をより高めるためには、外部の視点から評価する（外部評価）ことも有効であると考えています。『外部の視点』としては、専門家の視点、区民の視点などが考えられます。特に行政評価を区民の視点から行うことは、区政への区民参加の観点からも重要と考えています。外部評価委員会は、区がまとめる行政評価の中で提案等を行い、区が政策等の改善に活用するために設置するものです」とされている[68]。

世田谷区の場合には、外部評価という形で、自治体業界の標準ではない外部者のコメントが付されているのであり、そこに、行政評価の実際の動きがよく現れる。そこで、以下では、外部評価の実際について、特徴的なものを紹介していくことにしよう。

①　班別評価体制

世田谷区の二〇〇六～〇七年度の外部評価委員会は、当初八人、その後、委員が辞任した関係で六人体制となっているが、実際の評価活動は、区民公募委員と学識委員とのペアによる班が構成され、各班がそれぞれの担当する政策・施策を、それぞれに評価することになっている。

評価基準や様式は統一されているものの、委員会として統一的な評価をしているわけではない。この点は、外部評価委員会で当初方針を審議した際に論点となった。結果的には、外部評価委員会が特段の政策判断をするものではないから、委員会内部で摺り合わせて合意形成をしたり、あるいは、採決をしたりして意見を取りまとめても、意味がないということである。むしろ、区の内部にはない外部の視点や観点を導入することが目的であるので、委員間で相互にカドを削って合意した提言を示すよりも、そのままの形で所管部課に投げ掛けた方がよいと考えられたようである。また、実際の作業を考えても、所管部課へのヒアリングを全員で行うことや、全ての政策・施策・事務事業評価表や関係文書に全員が目を通すことは困難であり、結局は分業でやらざるを得ず、その場合には、他班の行った評価への充分な知識を別の班は持たないから、実質的には各班の結果を追認するしかなく、それならば、あえて委員会の統一評価にすることはないと考えられたようである。さらにいえば、各班でそれぞれ創意工夫があれば、そのなかからよりよい外部評価手法が見つかるかも知れないという期待もあった。

② 情報収集（1）～利害関係人ヒアリング・現地視察～

各班とも、基本計画・実施計画・行政経営改革計画・区政概要、内部評価表、および、所管課から個別政策・施策に関連して提供される各種文書資料をもとに、さらに、各所管部課からのヒアリングを行ったことは共通している。

班によっては、所管課以外の区民等関係事業者（利害関係人）からのヒアリング調査や、さらに、それを現地視察を兼ねた形で行うこともあった。一般に、外部評価では所管部課ヒアリングを行うことは、標準的な作業手続になっているが、それを超えて、関係事業者・区民などの外部者の意見の聴き取りを行うことは、あまりなされてはいない。しかし、区民・関係事業者などの利害関係人からの意見聴取は、世田谷区の各班の経験からすれば、それなりに有効な情報源になったようである。外部評価の心証形成は、区の作成した評価表およびヒアリングでの説明と、外部委員の個人的経験との対比にならざるを得ないが、そのときに、区の所管部課とは異なる利害関係者の意見があることは、各意見を相対化して突き合わせるのに有効であった。さらに現地視察を兼ねるときには、「百聞は一見に如かず」の諺通りの機能があったという。

もっとも、こうした利害関係人からの意見聴取には、同時にいくつかの限界があった。一つには、外部委員会の労力の限界である。外部委員会の弱点は、割ける労力が限られていることにあるが、所管部課ヒアリングに加えて利害関係人ヒアリングを行うと、ヒアリング時間は激増するからである。

二つには、利害関係人の招請の難しさである。外部委員は、どのような利害関係人がいるのかの情報を持たず、結局のところ、所管部課に委ねざるを得ない。実際、このような場に出て話して貰えるのは、ある程度、活動が「成功」して、また、所管部課との関係も良好なときに限られるであろう。真に「深刻な問題」を抱えた利害関係人は、招請しにくいのである。また、技術的には、相互の日程調整も容易ではない。限られた時間のヒアリングに、しかも、特定の時間帯でお願いすることは、実質的には半日の活動をやり繰りして貰うことになりかねないからである。さらに、利害関係人としても、まさに日頃所管部課との接触があるため、かえって言いにくいこともあり、あるいは、陳情要求的なスタンスで臨みたくなる誘因もある。

このような限界からすれば、外部委員会で利害関係人ヒアリングを行うことは容易ではない。そもそも、同様の理由で、所管部課ヒアリングを行うことすら、決して簡単なことではない。そのため、所管部課ヒアリングさえ行わず、評価表と事務局（行政評価担当部課）の口頭説明のみで、簡便な外部委員会の運営を行うことも自然な形態である。そのときには、外部委員の個人的経験と事務局の情報提供に情報源は大きく依存することになる。

③　情報収集（2）～区民意見公募の失敗～

さて、利害関係人ヒアリングでは、区民一般からの意見を聴取したことにはならない。前述のように、当該施策・事務事業に関わりのある区民・事業者等であり、また、選定過程でも所管部課による調整が必要だからである。このような限界を補うものとして、一つの班で試みられたのが、区民意見公募である。具体的には、当該班の評価対象の政策に関して、ホームページのトップページ「お知らせ」欄で二週間程度の募集記事を掲載して（二〇〇七年度の場合には、六月一一日～二四日）、区民意見の公募を試みた。しかしながら、応募された意見は一件もなかったため、情報収集の手法としては効果がなかった。

一般に、パブリック・コメントには必ずしも寄せられる意見は多くはないといわれるが、この事例でも同様であった。その意味ではある程度想定の範囲内の結果だったとはいえる。これについては、いくつかの理由が考えられる。一つには、募集期間が直前で短すぎるとか、意見公募の対象としては単に、政策・施策名（例「サービスを安心して利用できる環境の整備：消費生活相談、消費者カレッジ、消費者啓発、保健福祉サービス第三者評価の推進、成年後見制度など」）が示されるだけで、何に対して具体的な意見を求めているのか判然としない、などの技術的な理由も有り得よう。実際、意見公募の段階では、内部評価の各評価表は公表されていないから、区民としても何に対して意見を言うべきなのか、対象がないのである。

しかし、二つには、より根本的に、行政評価は区民の関心と乖離したことを行っていることも考えられる。世田谷区の場合には、三ヵ年の実施計画に掲載した政策・施策・事務事業を一律に対象としているが、区民の関心事項が必ずしも評価対象になっているとは限らない。

例えば、外部評価委員会の席上で、ある区民公募委員が関心を表明した道路整備事業は、行政評価の対象となっていなかった。なぜかといえば、道路整備に関する区民の関心は、もっぱら「次にどこを整備するか」（目的効果から見た選択基準）と「整備した道路はちゃんと役立っているのか」（目的効果の事後評価）、という道路整備の目的に沿った効果の検証にある。これに対し、実施計画が掲載しているのは、事業決定された道路の用地買収や築造の進捗度合いであり、いわば、目的を問わずに事業を進捗させる実施計画になっており、あるいは、事業が進捗さえすれば目的は自然と達成できるという暗黙の想定を前提とした実施計画になっており、区民の関心と決定的に食い違っているためである。

あるいは、例えば、マスコミ等で耳目を集めた下北沢駅前再開発事業についても、それ自体としては評価対象には入っていないのである。これは同事業が都市計画決定の手続段階にあり、用地買収や道路築造等の進捗管理の対象ではないため、そもそも実施計画の対象となっていないことによる。ところが、一定程度の駅前開発が終了して事後評価できる段階となった成城学園駅前整備などは、これまたすでに事業が終わっており、三ヵ年の実施計画の対象ではないのである。一般に行政評価は、前年度実績を対象とした直近の事後評価の体裁を採っているが、こうした大規模公共事業については、区民の関心に応じて、事業決定までの事前評価と、事業が一段落し、まちが出来上がってからの、より事後的な評価を実施すべきなのかもしれない。あるいは、もっといえば、区民の関心に沿って行政評価対象を臨機応変に設定することが求められるのかもしれない。

もっとも、実際に応募意見がなかったということは、公募機会を設ける意味がないということには直結しない。少なくとも、外部評価の手続として、区民意見公募の回路を有していることは、手続の公正性・中立性を確保するうえでは有意義であろう。しかし、逆にいえば、単に「聴く機会を設けたのだからそれでいいではないか、言いたいことがあるなら言ってこい」という弁明や開き直りにも活用できるものであり、慎重に《評価》すべきものである。

④　論理整合性の評価

外部評価のスタンスは、所管部課を叱咤激励して行政改善を促すものから、独自に政策判断をするもの、さらに、内部評価の論理整合性に限定した評価など、班によって温度差がある。また、区議会の意見のなかにも、もっと積極的に政策判断に近い評価を簡明な分かりやすい形（例えば、ＡＢＣＤランク評価）ですべきというものから、評価が職員を萎縮させているという批判まで、多様なものがある。ただ、外部評価の視点は、（a）目標の設定は適切か、（b）指標の設定は適切か、（c）目標達成のための手段は適切か、（d）目標達成のための課題把握は適切か、（e）評価は適切で分かりやすいか、というものであり、最終的には、一定の政策判断を所与としたうえでの、それぞれの設定の適切性と明解性を問うものであった。つまり、政策内在的評価というより、評価表の記載の論理整合性を問う政策外在的評価の視角に近いものとなった。実際、行政評価制度の目的の一つは、目的－手段関係の明確化にあり、つまり、目的－手段関係が論理整合的に記載されているかを問う傾向が強くなった。

しかし、目的－手段関係の明確化といっても、評価を実際に行うと、二つの問題が混在して、混乱を来すことになった。一つは、総合計画（実施計画）の体系自体が目的－手段関係を明確に構築しているかどうか、という評価がなされる。端的にいえば、事務事業は施策を目的とする手段といえるのか、施策は政策を目的とする手段となっているのか、という根本的な計画体系それ自体に対する評価である。二つには、総合計画の体系は目的－手段関係を構築していると看做して、実際に実施された事務事業や施策が、上位目的にとっての手段として役立っているかどうか、という評価である。

行政評価制度への期待は後者に置かれているようであるが、実際の評価を行う所管部課や外部委員会が直面するのは、既存の総合計画体系が、そもそも目的－手段関係を明確にしているものとは評価できないという事態である。従って、所管部課は、しばしば、総合計画とは全く異なる独自の「政策世界観」に基づいて、所管部課の事務事業や施策を体系的に説明しようとし、実施計画に掲載されていない事務事業を含めた、「政策世界観」が披瀝される。さらに、実際の「政策世界観」では、一つの事務事業が一つの施策に、あるいは、一つの施策が一つの政策に手段として「仕える」状態はほとんどなく、多くの事務事業・施策は相互交差的に関係しながら、実際の行政は説明されるのである。

しかしながら、総合計画体系が目的－手段関係を体系化・明確化しているはずだ、という区行政全体あるいは企画部門・評価部門の建前を前提にすると、既存の計画体系への批判的評価は困難となり、事業実施所管部課の実感に基づく本音とは異なる建前だけが、評価表に記載される結果となる。行政評価記載用の説明と、一般区民や外部評価委員会への当該所管部課の説明とで、使い分けがなされるようになる。こうして、評価表の記載は、建前論の「ます埋め」作業に転化していく。

これでは自己評価を契機とした所管部課の「気付き」も生まれなければ、区民への説明責任も充分果たせない。外部評価委員の指摘を受け、こうした事態に気付いた行政評価担当部課（事務局）は、評価表の修正例等を示し、計画の体系と一部齟齬を来しても、所管部課が責任を持ってきちんとした説明を行うことを奨励した。が、やはり評価表の記述は建前的であった。そのため、所管部課ヒアリングでは、評価表の記述と所管部課の説明の間に乖離が見られた。このことは単に現行の実施計画の体系の不備というより、政策―施策―事務事業といった三層体系が、果たして事業所管部課にとってリアルに存在しているのかという疑問を生じさせるのである。

しかし、逆にいえば、総合計画の持つ「建前性」やフィクション性が露わになったという意味で、外部評価には一定の意義はあったのであろう。とはいえ、そうしたリアリティの欠如を明示したくないのであれば、こうした外部評価の方法は望ましくない。むしろ、フィクション性を露わにせずに、非体系的で雑多な所感を外部委員からもらう方が、より頑健である。論理整合性を厳密に外部評価されるよりは、委員の個人的経験に基づいて、政策内容に関わる評価を頂戴した方が、行政はラクなのである。

（64）　http://www.city.setagaya.tokyo.jp/030/d00022932.html、二〇一〇年四月二九日最終アクセス。
（65）　世田谷区『平成二〇年度行政評価結果』二〇〇八年九月、五頁。
（66）　前述の政策評価委員会（二〇〇三年三月～〇五年三月）とは、別の組織である。外部評価委員会は、二〇〇五年一一月の設置要綱に基づくものである。

（67）二〇〇九年度末までは開催されている。また、二〇一〇年度の特定課題が示されているので、二〇一〇年度も開催が予定されていよう。http://www.city.setagaya.tokyo.jp/030/d00022935.html、二〇一〇年四月二九日最終アクセス。

（68）二〇一〇年三月二日最終更新版も同じ表現である。前掲注（67）とURL及び最終アクセスは同じ。

5　おわりに

以上で、これも長くなったが、行政評価についての検討を終えることにする。行政評価制度が導入されて一〇年以上が経過し、一定の普及を見たところであるが、同時に、ただ導入することが「標準装備」という時期は終わり、腐朽も含めてそれぞれの見直しの時期に入っているといえよう。そして、法定規律密度の弱い行政評価制度は、廃止することを含めて、自治体にとって裁量と創意工夫の余地の大きな制度でもある。今後とも各地の自治体の実践がどのように進められるのかは、極めて興味深いものである。

【参考文献】

○岩渕公二『外部評価の機能とその展開――行政監視と政策推進』第一法規、二〇〇七年
○上山信一『「行政評価」の時代――経営と顧客の視点から』NTT出版、一九九八年
○上山信一・伊関友伸『自治体再生戦略――行政評価と経営改革』日本評論社、二〇〇三年
○小野達也・田渕雪子『行政評価ハンドブック』東洋経済新報社、二〇〇一年
○人見剛・辻山幸宣編著『協働型の制度づくりと政策形成』ぎょうせい、二〇〇〇年
○日本行政学会編『行政の評価と改革（年報行政研究37）』ぎょうせい、二〇〇二年

○熊坂伸子『ＮＰＭと政策評価――市町村の現場から考える』ぎょうせい、二〇〇五年
○佐藤徹『創造型政策評価――自治体における職場議論の活性化とやりがい・達成感の実現』公人社、二〇〇八年
○白智立『日本の行政監察・監査』法政大学出版局、二〇〇一年
○古川俊一・北大路信郷『公共部門評価の理論と実際』日本加除出版、二〇〇一年
○山谷清志『政策評価の実践とその課題――アカウンタビリティのジレンマ』萌書房、二〇〇六年
○山谷清志編著『公共部門の評価と管理』晃洋書房、二〇一〇年

終章　◇　自治体行政学の展望

1 《民主主義体制のなかの非民主主義的な主体》

自治体行政学の関心は、多々あり得るが、本書では《民主主義体制のなかの非民主主義的な主体》に焦点を当ててきた。簡単にいえば、自治体行政職員という職業公務員であり、その集団であり、さらには、その特有の組織形態である自治体官僚制というものである。

自治体における民主主義は、基本的には、首長と議員を選挙することを通じた間接民主制を採っている。そこで、首長や議会・議員が、自治体職員・自治体官僚制を統制することが期待されている。これを行政統制と呼ぶ。しかしながら、それは言うは易く行うは難しいものである。首長や議会・議員が自治体職員・官僚制を行政統制するための代表的な手段が、自治基本条例であり、総合計画であり、行政改革であり、行政評価である。とはいえ、そうした統制手段をどのように作り、使いこなし、手入れをしていくのか、という問題に直面するやいなや、首長や議会・議員は、自治体職員の助けを借りなければならない。統制される職員自体が、自らを緊縛するようなマゾヒストでもない限り、適当で緩やかな行政統制手段に変容していくだろう。あるいは、官僚制を統制するための手段が、そもそも官僚制化していくだろう。ここに色々な難しさがある。

もちろん、自治体職員もそれなりの意識と意欲を持っているから、《民主主義体制のなかの非民主主義的な主体》として、適切な支援・意見具申を行うことも多い。そうでなければ、そもそも、行政改革所管部課などは機能し得ない。むしろ、人員抑制などに尽力する行政改革所管部課が存在し、住民への目的手段の明確化を要求する行政評価所管部課が活動すること自体が、自治体官僚制の不思議なところである。

そのメカニズムには色々あるが、一つには、首長・議会の意向を忖度して、全体としての自治体職員・官僚制にとっては厳しいことであっても、他の職員・部課への統制を支援することで、自らの考課が高まる場合には、一部の部課・職員は、こうしたことに尽力することがある。これは、広い意味で、「官僚制整形モデル」(パトリック・ダンレビー)と呼ばれる。自治体職員集団も官僚制も一枚岩ではないから、一部を取り出してきて、首長・議会が使いこなす可能性はなくはない。それだけではなく、二つには、首長・議会の意向は、自治体職員にとっても納得できる方向性を示していることもある。そのようにビジョン・ミッション・理念・戦略が示されれば、あるいは、やる気を鼓舞するリーダーシップや人徳・人柄が示されれば、生身の人間である職員も、それなりに意気を感じて動くこともある。単に損得利害計算だけで動くわけではないからである。

2　住民の作用

首長・議員を通じた間接民主制が基本であるとしても、それだけで充分とはいえないこともまた事実である。一つには、首長・議員が必ずしも民意を充分に代表しないことがあることである。二つには、首長・議員が民意を踏まえたとしても、自治体職員をうまく統制できないことがある。この両方は相互に絡み合っている。

すでに見たように、首長・議員は自治体職員を行政統制する立場にあるが、実際には、自治体行政職員からの支援・補佐にかなり依拠することになる。つまり、端的にいって、首長・議員は仕事をする際には、一般住民からの支援は要らないが、職員からの支援を必要とする。一般住民よりは職員の方が頼りになるのである。確かに、選挙のときには住民(有権者)の支援がなければ当選しない。しかし、一旦、選挙で当選するやいなや、有権者よりも職員の支援が必要になる。こうして、首長や議員は、自治体官僚制に取り込まれていくのである。もちろん、首長・議員と自治体職員とは、「持ちつ持たれつ」であり、一方的に取り込まれるわけではない。しかし、相互の取引によって、一種の利益共同体が形成されるのである。《首長＝議員（通常は多数与党会派議員）＝自治体職員集団》、という関係である。そして、しばしば、一部の住民や事業者も、このような利益共同体に組み込まれていく。こうして、それぞれの自治体に特有の政治体制が構築されるのである。自治基本条例策定委員会・総合計画審議会・行政改革審議会・行政評価第三者委員会の委員構成などは、こうした政治体制の構成員の名簿でもある。

このような首長・議員・職員・住民という四極政治体制（寄本勝美）のもとで、自治基本条例も作られ、総合計画は策定され、行政改革がなされ、行政評価制度が運用される。この四極それぞれの構成員は、ときによって変動する。首長はときどき選挙で交代するのが典型であるが、住民・事業者のうち、どのようなタイプが有力になるかは、ときにより、ところにより、異なってくる。「住民」といっても、いわゆる自治会町内会のことなのか、農業・商工業・観光業といった経済利益集団が強いのか、企業城下町なのか、老人なのか主婦パワーなのか、色々である。自治体職員といっても、職員労働組合なのか、幹部職員なのかという、違いがある。また、四極間の相互の力関係も変化する。議会が強いところもあれば、官僚制が強いところもあるし、住民団体が強いところもあるし、企業などが強いところもある。

従って、政治体制がどのように構築され、あるいは、変動するのかは、《民主主義体制のなかの非民主主義的な主体》のあり方にも大きく影響する。そして、こうした体制を一番流動化させ得るのが、住民の関与の仕方なのである。首長・議会・自治体官僚制は、ある意味で制度的に大枠は固定されている。しかし、住民がどのように関わってくるのかは、それぞれの自治体ごと、時期ごとで、変化が可能なのである。自治基本条例とは、まずもって、自治体首長・議会・官僚制と住民の関係性を、顕在化・明文化・公定化しようというプロジェクトである。

総合計画、行政改革、行政評価のいずれを採っても、どのように住民の関与を構築するかが、大きな論点であった。もちろん、住民参加を設計するのもまた、首長の意向を忖度して、自治体官僚制が行うことも多いのであって、一筋縄ではない。そもそも、一部の住民・事業者は、すでに既存の利益共同体に動員させられているからである。既存の利益共同体を再生産させるために、住民の包摂が行われることも普通である。しかし、同時に、多くの住民が、為政者側の意向とは無関係に自発的に、これらの行政統制の手段に関わり、既存の政治体制の流動化にも働きかけることがある。そして、自治体職員ですら、既存の政治体制あるいは利益共同体の桎梏を打破すべく、住民参加を設計することもある。首長とて同様である。既存の利益共同体のなかで勝ち上がってきたとはいえ、環境変化によってはそれが足枷になることはある。あるいは、既存の利益共同体の一時的な「敵失」で勝った首長は、それこそ、現政治体制を打破したい。そのようなときにも、住民参加が設計されていく。

近年、色々な場面で「公募住民」や「ＮＰＯ活動団体」の参加が増えてきた。これは、自治体の四極政治体制のうち、住民の「極」において、構成員の性格を交代させる試みである。これは微妙な政治バランスを要する営みである。既存の住民・事業者が、スンナリと場所を明け渡すはずはないからである。また、こうした「公募」や「ＮＰＯ」とはいっても、住民一般あるいはサイレント・マジョリティを〝代表〟あるいは〝代弁〟している保証は全くない。ただいえるのは、それまでの政治体制や利益共同体に反映されていなかったことだけである。しかし、それは既存の政治体制を揺さぶるものである。行政統制の代表的手段である自治基本条例、総合計画、行政改革、行政評価は、こうした状況への対応を迫られているのである。

3　自治体行政学の実践領域

理論と実践、あるいは、研究と教育と実務の交錯は、自治体行政学の場合には、こうした住民参加による政治体制の流動化という局面で、特に先鋭に発生する。自治体行政学の固有の専門性は、政治学を母体にしている関係上、あくまで、《民主主義体制のなかの非民主主義的な主体》に対する民主的統制の領域である。このような緊張関係なくして成立する、つまり、独裁体制でも民主体制でも同様に機能する学問ではない。帝王学・官房学でもなければ、経営学でもないからである。また、専門家が自治体実務に関わるのは、このような住民参加の設計と運用のときが多いのである。

逆にいえば、住民参加から周到に隔離されて守られている領域、その典型である予算査定と人事異動には、自治体行政学の専門家が関わっていくことは少ない。たしかに、予算編成過程や公務員制度あるいは人事管理は、自治体行政学の重要な研究領域ではある。それは、基本的には、事実の解明であり、実態の報告である。これらは、究極的には民主的な行政統制のための情報インフラとしては重要である。また、単に、自治体職員という「部族」または「身分」の生態と民俗を知りたい、という知的好奇心あるいは「羨望」または「差別」の欲求に答える機能もある。これらは重要ではあるが、それだけでは理論と実践の交錯は生じにくい。それゆえに、本書では採り上げることはなかったのである。

しかし、住民参加がどの領域まで及ぶかは、そのときどきの政治情勢と政治体制の流動化の状況次第である。実際、比較的に内秘的であった給与などの勤務条件や、人事考課・人事評価は、急速に住民からの関心を集め、また公開性が高まっている。予算査定本体は内部的なままであっても、その前捌きとしての総合計画や行政改革計画あるいは行政評価には、かなりの住民参加が始まっている。その意味では、近い将来には大きな変化が生じることもあろう。

4　おわりに

伝統的な自治体行政学では、《民主主義体制のなかの非民主主義的な主体》として主に想定してきたのは、自治体行政職員集団・官僚制である。それ自体は、今後とも変化はないのであるが、それだけでは不充分である。現代国家では、行政の仕事とは、民間活動に対する規制・支援をどのようにしているのか、であるといっても過言ではない。さらに、二一世紀国家では《官から民へ》の各種潮流があり、従来の自治体官僚制が担っていた任務が民間企業・民間団体に移されていくようになっている。こうして、《民主主義体制のなかの非民主主義的な主体》としての、各種の民間企業・民間団体が大きく登場してくるのである。

このテーマはかなり重く広い領域を持つ。それは、アウトソーシング、民間開放、規制改革であるとともに、「新しい公共」や「協働」の領域である。もちろん、これまでの四極政治体制でも、民間企業・民間団体は一定の利益共同体のメンバーであり、利権集団でもあった。従って、特に新しい現象というよりは、既存の政治体制の流動化と、体制の再構築が行われつつある、ということかもしれない。既得権益が破壊され、新たな権益が発生しているのかもしれない。あるいは、既得権益集団の延命と脱皮にすぎないのかもしれない。いずれにせよ、これらの《民主主義体制のなかの非民主主義的な主体》への民主的統制は、ますます重要な課題となって来るであろう。

しかしながら、これらの企業・団体は、統制されるべき客体としての《民主主義体制のなかの非民主主義的な主体》とは、簡単にいえないところに難しさがある。それは同時に、民意を構成する基礎要素、すなわち、《民主主義体制のなかの民主主義的な主体》でもあるからである。今日の民主主義は、諸個人が諸個人として活動するだけではなく、一定の集団を構成して、相互に説得や取引を行う。従って、民主的に統制されるべきこれらの《民主主義体制のなかの非民主主義的な主体》は、同時に、民主的統制をするときの意思を形成する母体である。

民間の領域が拡大すればするほど、統制主体の方向を決定する民意が、統制されるべき客体によって形成され、自家撞着や利益相反を起こしやすいものになる。それだけ民主的統制は難しいものとなる。これは自治体行政学を超えた自治体政治学一般のテーマでもある。そもそも、民主主義とは自己統治あるいは治者と被治者の自同性をもっており、内在的に難しいものである。統制主体と統制客体が完全に同一化しては、問責答責関係は消滅し、「一億総懺悔」的に責任と統制は消滅する。そうならない工夫が間接民主制ともいえるのであるが、今度は逆に治者と被治者が乖離しやすいのもまた事実である。自治体の民主主義のための制度の設計や運用の工夫が、今後の自治体行政学の理論と実践の交錯領域でのテーマとなるであろう。

あとがき

『自治フォーラム』誌への連載が終了してから、本書の単行本への取りまとめに、予想外の時間が経ってしまった。本来は昨年当初には脱稿するつもりであったのが、ズルズルと伸びて昨年七月頃のとりまとめとなってしまい、さらに、種々の事情によりさらに、遅くなってしまった。その間、大学の講義では、本書を近刊予定として参考書指定はしていたのであるが、結果的には受講生に提供することもできず、その点でも迷惑を掛けてしまった。今年度も、四月開講の授業開始には間に合わなかったが、辛うじて、七月の授業終了前には間に合いそうであり、迷走の上、六月末の決着が何とか果たせたというところであろうか。

別に隠すことでもないし、また、明らかにする必要が特にあるわけではないが、本書の事例研究で扱ったものは、基礎的自治体のなかで、全て、筆者が審議会委員などで実際に参与観察し、実践に関わったものばかりである。その意味で、本書は、自治体行政学の研究者による実践の自己観察記録である。こうした場合、自己の業績を高くアピールしたい誘惑に駆られるのであるが、努めて、冷静かつ「客観」的に分析記述したつもりである。むしろ、批判的に書きすぎているかもしれない。いずれにせよ、当事者特有のプラス・マイナスのバイアスは拭いきれないであろう。また、一般的には検証しきれない情報（非公式の聴き取りや会話、その場の「空気」や「表情」の感触、など）に基づいている部分があることも否定できない。これらの点はここに明らかにして、ご寛恕を頂ければ幸いである。

事例選択の基準が、「先進的」とか「参照に値する」というものでないのは、そのためである。たまたま、筆者が縁あって関わったというのが基準なのである。だから、首都圏に偏在している。また、『自治フォーラム』誌連載時期との関係で、筆者が関わった事例でも、採り上げられなかったものがある。例えば、自治基本条例では川口市・豊島区、総合計画では川口市・立川市・逗子市、行政改革では立川市、行政評価では横須賀市・豊島区・八王子市などである。しかし、そこに特に他意があるわけではない。ただ、学者として審議会員に参加するのは、社会・地域貢献だけでなく、研究教育に役立てることをも目的にしているのであって、これらの書いていない自治体も何らかの形で、研究教育に活かしていきたいと思っている。

本書の観点は、《民主主義的体制のなかの非民主主義的な主体》である行政職員・行政組織に対して、《民主主義的体制のなかの民主主義的な主体》であるはずの住民がいかに民主的統制を達成できるか、というものである。この観点は、ある意味で、至極、伝統的であり保守的であり常識的なものであると考えている。とはいえ、当たり前のことを当たり前に行うことが一番難しい。保守的な観点を実現するには、改革をせざるを得ない。しかし、その改革は様々な限界に衝突し、保身的な日常に埋没させられていくか、かえって混乱と悪化をもたらすこともある。自治運営の実践は、当たり前のことが当たり前にできないということなのである。

ところが、こうした観察や論述を続けるうちに、自治実践の現場では「新しい公共」や「協働」や「住民自治組織」や「地域のことは地域で」と称する動きが拡がってきた。筆者自身は、実践でこうしたことに関わる機会はあまりないのであり、それゆえに本書でも採り上げていないのであるが、重要な動向として関心を持ってきた。「地域のことは地域で」というスローガンは、自治の観点からは一見するともっともなのであるが、実は、自治体の行政職員・行政組織への住民による民主的統制という観点がすっぽりと欠落している。あたかも、住民から民主的統制を受けない行政が存在し、その行政と住民が「対等」に協働するようである。あるいは、そうした超然と存在する行政とは別個に、「住民は自分たちで自分たちのことを解決する／しろ」、といわんばかりの論調である。ましてや、「これまでは住民は何でも行政に解決を求める行政依存であった」などと、当の行政職員から言われる始末であり、「お上の手を煩わせて不届き至極」という状況である。何のために自治体行政が存在するのか、改めて問い直す必要があるのかもしれない。

《民主主義的体制のなかの非民主主義的な主体》である行政職員・行政組織に対して、《民主主義的体制のなかの民主主義的な主体》であるはずの住民が、いかに民主的統制を達成できるか、という極めて保守的かつ伝統的な視点は、自治実践の現場では、特に、活動的で「良心」的な行政職員や住民活動者の間では、急速に弱まっているようである。その意味で、本書の視点は一定の価値があると信じている。さらにいえば、「新しい公共」や「協働」や「住民自治組織」や「地域のことは地域で」と称する動きのなかで、住民による民主的統制の確立というのが、今後の大きなテーマであると思われる。

最後であるが、連載時の執筆から本書取りまとめの時点まで、今回も家族には色々と負担を掛けた。大いにお礼を述べたい。

事項索引

な 行

は 行

ま 行

や 行

ら 行

わ 行

著者紹介

金井 利之（かない・としゆき）

【略歴】

1967 年　群馬県生まれ

1989 年　東京大学法学部卒業

1989 年　東京大学法学部助手

1992 年　東京都立大学法学部助教授

2002 年　東京大学大学院法学政治学研究科助教授

2006 年　同教授、現在に至る

【主要編著書】

『赤池町の財政再建と財政課長・安武憲明――自治に人あり②』
　共著、公人社、2009 年

『倉敷の町並み保存と助役・室山貴義――自治に人あり①』
　共著、公人社、2008 年

『分権改革の動態』共編著、東京大学出版会、2008 年

『ホーンブック　地方自治』共著、北樹出版、2007 年

『自治制度』東京大学出版会、2007 年

『財政調整の一般理論』東京大学出版会、1999 年

サービス・インフォメーション

通話無料

①商品に関するご照会・お申込みのご依頼
TEL 0120(203)694/FAX 0120(302)640
②ご住所・ご名義等各種変更のご連絡
TEL 0120(203)696/FAX 0120(202)974
③請求・お支払いに関するご照会・ご要望
TEL 0120(203)695/FAX 0120(202)973

●フリーダイヤル(TEL)の受付時間は、土・日・祝日を除く9:00~17:30です。
●FAXは24時間受け付けておりますので、あわせてご利用ください。

実践自治体行政学
自治基本条例・総合計画・行政改革・行政評価

平成22年7月15日　初版第1刷発行
平成29年8月10日　初版第3刷発行
著　者　金　井　利　之
発行者　田　中　英　弥
発行所　第一法規株式会社
〒107-8560　東京都港区南青山2-11-17
ホームページ　http://www.daiichihoki.co.jp/

実践自治体行政　ISBN978-4-474-02497-7　C2031 (6)